高中班主任班级管理与主题班会课设计研究

李贵美◎著

湘潭大学出版社
XIANGTAN UNIVERSITY PRESS

图书在版编目（CIP）数据

高中班主任班级管理与主题班会课设计研究 / 李贵美著. -- 湘潭 : 湘潭大学出版社, 2024.5
ISBN 978-7-5687-1415-0

Ⅰ. ①高… Ⅱ. ①李… Ⅲ. ①高中—班主任工作②班会—教案（教育）—高中 Ⅳ. ① G635.16 ② G635.5

中国国家版本馆 CIP 数据核字 (2024) 第 065064 号

高中班主任班级管理与主题班会课设计研究

GAOZHONG BANZHUREN BANJI GUANLI YU ZHUTI BANHUIKE SHEJI YANJIU

李贵美 著

责任编辑：单　越　王亚兰
封面设计：夏茜旸
出版发行：湘潭大学出版社
社　　址：湖南省湘潭大学工程训练大楼
电　　话：0731-58298960 0731-58298966（传真）
邮　　编：411105
网　　址：http://press.xtu.edu.cn/
印　　刷：长沙印通印刷有限公司
经　　销：湖南省新华书店
开　　本：710 mm×1000 mm 1/16
印　　张：14.25
字　　数：234 千字
版　　次：2024 年 5 月第 1 版
印　　次：2024 年 5 月第 1 次印刷
书　　号：ISBN 978-7-5687-1415-0
定　　价：57.00 元

作者简介

AUTHOR

李贵美(1991.01—),男,汉族,云南会泽人,本科学历,中学物理一级教师,贵州省毕节市威宁县第九中学思政处主任兼年级部主任,威宁县县级教育管理骨干,工作以来连续担任班主任9年,研究方向是教育管理。曾获毕节市安全教育与管理工作突出个人、威宁县先进工作者等荣誉,曾多次参加县优质课、安全教育主题班会课比赛获一等奖、二等奖。近年来承担市级、县级教育行政部门组织的示范课、观摩课、学术讲座20余次。发表论文30多篇。

前　言

PREFACE

班级是构成学校的基本单位，也是引领学生成长与发展的重要载体，班级文化、班级氛围对学生成长成才有着重要影响。高中阶段是学生成长过程中的关键阶段，处于未成熟至成熟的过渡期，在人生发展中占据重要地位。高中生相对于初中生、小学生更加独立于家庭，对班级更加依赖，其性格、能力、行为习惯、人生态度、价值观等的形成受班级环境影响较深。班主任是班级环境营造的第一责任人，是实现良好班级管理的重要力量，对提升班级管理效果、促进学生发展具有积极影响。班主任不仅是高中生日常思想道德教育和学生管理工作的主要实施者，还是高中生健康成长的引领者。因此，重视高中教育的班级管理，充分发挥高中班主任的引领作用，对提升高中阶段的育人实效有着积极作用。

主题班会是学校德育的重要形式，也是提升学生品格和开展思想道德教育的有效载体。它在引导学生自我管理和自我教育方面发挥着重要的导向作用。同时，主题班会也是完善班集体建设和增强集体凝聚力的重要途径。它通过集体力量的发挥和集体智慧的呈现，使学生在集体活动中受到教育和熏陶，有效激发学生追求自身发展和提高综合素质的内驱力。总体而言，主题班会作为培养学生核心素养的一种重要方式，它涉及学生成长的方方面面。因此，一次成功的主题班会对学生具有重要的引导和促进功能，从而产生显而易见的教育成效。

随着教育体制改革的不断推进，我国基础教育面临着课程改革的需要，新的课程改革不仅仅是针对教科书的变化，而是需要从课程内容和教育理念方面进行全面的更新，是对人才培养模式的全面转变，既是一项系统工程,也是一个牵涉到方方面面的改革的过程。班主任管理是学校管理的一种重要方式,通过班主任的责任机制建设,可以有效地保障一个班级的政策学习生活的开展。因而,班主任在进行班级管理过程中,需要运用一定的班级管理方法和策略,发挥主题班会在班级管理中的作用,充分调动学生进行自我管理的积极性,将班级管理激活,形成整体的活力,使得学生能积极地参与其中,在获得个人成长的同时,也能最终将班级管理工作开展得有条不紊,培养出符合社会发展能力的创新型人才,最终实现教育目标。

目 录

CONTENTS

第一章　高中班主任工作内容概述

第一节　高中班主任工作基本任务

一、高中班主任概述

（一）班级

班级，是学校里的基层组织，是学校行政根据一定的任务，按照一定的规章制度组织起来的正式群体。班级群体是儿童与青少年成长中重要的微社会环境，是他们社会化的重要场所。自17世纪中期捷克教育家夸美纽斯提出班级授课制以来，这种形式便一直被继承和沿袭下来，显示了其特有的强大生命力。

一般而言，班级有自己的特点：成员的相似性，即学生的年龄、文化程度、学习任务都是接近的；组织的严密性与强制性，学生由学校分派进入某一班级，一经编定就相对稳定，不能随意调班；活动的目的性与计划性，即严格按照教学计划系统地按一定的时间安排活动；教师的权威性，教师（包括班主任）是由学校行政指派，具有较大的权力。班级作为学生成长的重要环境，具有很强的包容性，为学生全面发展提供了空间。

1. 班级为学生成长提供空间

（1）物质空间

班级为学生成长提供的物质空间包含固定的物质空间与流动的物质空间。固定的物质空间主要指教室，当学生成为某个班级的学生时，他就有了属于自己的那间教室，这个物质空间给了他与其他学生在一起学习生活的安定环境；流动的物质空间则指学生以班级为单位开展多种教育活动时所占据的空间，当学生在操场上游戏的时候，操场是他们成长的物质空间；当学生在田野参加社会实践的时候，田野就是他们成长的物质空间，等等。

(2)精神空间

实践中，班级更重要的是为学生提供发展所必需的精神空间，即在建设班集体过程中，班级为学生的人格、品德形成所提供的发展机会、氛围、环境等。

一般而言，班级由一群相对固定的人组成，在围绕教育为目的而开展各种教育活动的过程中，共同体验各种情感和认识各种价值，创造属于自己的文化。经过一段时间的共建，班级逐渐具有某种文化特质，拥有使学生产生精神涵养的作用，即可形成班集体的精神核心。心理学家指出，教师要想对个别学生施加影响，与其把主要精力用在面对面的个别工作方面，不如大力创设一个具有良好心理氛围的集体。

良好的班集体通常具有积极向上、团结友爱、朝气蓬勃的氛围，这种氛围能对学生产生潜移默化的影响，其无形的力量可使每个学生热爱该集体，在集体中常存上进意识，自强自励，成为班集体生活的主动参与者。

某种程度上说，班级给学生提供精神空间，表明班级不仅是一个物质实体，即以物质生产和分配为主要职责和目的的实体，也是一个精神实体和道德实体，即以传递精神产品和形成个人精神为目的，时刻进行精神交往和精神建设的实体。对于这样一个实体，它的发展目标就是让学生达到精神的丰满和心理的健康。也就是说，班级不仅是一个物质存在，也是一个精神存在，是一个促进学生全面发展的特殊环境。

2. 班级中的个体与集体

形成一定的班级精神核心，需班主任在班集体建设过程中准确把握随时代变化而产生的个体与集体关系的变化，并能在此基础上科学巧妙地驾驭班级发展方向。在既注重社会和谐发展，又重视个体创新能力的社会大背景下，班主任需要从以下三个方面把握班级中的集体与个体的关系。

(1)个体的逻辑优先性

集体的形成并不是件自然而然的事情，它需要全体成员的付出与努力，所以，班集体中个体具有逻辑上的优先性，即班集体的最基本的含义就是“为了每个人的个人的组合体”。组建班集体的逻辑起点就是把每个人都包纳进来，着眼于每个人，把每一个人看成具有能动的或潜在的能动力的个体，把培养每个人在班集体中的自主能力作为教育班集体的根本任务。班集体不是建立在模糊或混淆个人自由和责任的基础上，而是建立在对这种自由和责任的共同而真实的尊重基础上。

班主任注意了个体的逻辑优先性后，在班级建设中学生就不是仅仅在执行着指令性任务的消极受教育者，而是以主人的身份积极参与到班级的管理、班级文化的建设中来。其独具个性的参与和努力，能使班级成为一个具有凝聚力和吸引力具有独特文化与精神气质的集体。

（2）集体的逻辑超越性

班集体逻辑上的超越性表现在，它并不要求学生在发展上达到完全的一致，也不倾向让学生在智力因素方面展开激烈竞赛，集体主要是为了改善学生的关系和存在状态而设，为改善个体的人格特征而设。集体使学生在精神上相信他人、依赖他人、依赖班级，在精神上处于对自己和集体的双重信任之中，生活在一个能让他释放能量并相对自由的环境中。

（3）集体与个体的和谐统一

班集体的活动宗旨是调动每个人对于活动的热情，贯彻一种非压制的、非强迫性的活动方式，可以说集体由个体造就。然而集体一旦形成后，它又成为一个相对独立的存在。集体与个体是一种辩证统一的关系，这种和谐使个体与集体相互依赖，有着共同的利益、共性的追求；同时，个体与集体又各有自己特殊的利益需要，价值追求，彼此相互独立。因此，在班级建设和发展过程中，应当处理好集体和个体之间的关系，不以集体之名否定个体的存在价值，也不以个体之利否定集体的存在价值。

3. 失衡的家园

班级是学生成长的家园，但学校教育无可避免地受到社会意识、舆论、价值取向变化的影响，这些构成了班集体的外部环境，使现实中学生成长的家园出现各种异化现象。

（1）承载重荷的家园

中学教育的目的是培养全面发展的人。当前，我国中学教育在一定程度上存在着对全面发展的教育目的的偏离。考试、分数等因素从教育的手段变成教育的目的。传统教育是这种偏离现象的典型。人们对分数的追求使原本宽厚的教育目的变得窄化与肤浅,其结果是学生承受超负荷的竞争,常常生活在巨大的学习阴影下。在沉重的学习压力的扭曲下,班级已经远离了其促进人全面、健康发展的价值取向,成了学习牢笼的代名词,成了学生急欲逃离的地方。而此时班主任工作的优劣就会成为学生成长的一大促进力或是一股压迫力。

(2)缺失情感的家园

事实告诉我们,一个以情感为纽带联结起来的班级才能真正成为学生开心成长的家园。然而,现实中的班级,考试压力大,一些教师对教育功能认识不够全面,师生关系变得十分简单,就是围绕知识教学与考试,情感交流成为一种奢望,这使班级变成一个缺乏温情的训练场。其实,在考试压力下的校园里,学生的成长已不仅是从表面可以理解的。学生内心的需要与压力,需要教师、家长、社会等多方力量从不同角度进行深入地了解和切入。班级作为个体社会化成长的重要场所,需要营造温暖而积极的和谐气氛,如此,才能使学生在知识学习过程中获得心情上的放松、感情上的归属及性情上的陶冶。

(3)遭遇侵蚀的家园

给学生创造一个安全而健康的学习和成长环境,是学校教育的初衷。可是,翻开报纸、打开网页,人们常常能看到学校生活遭受外界侵蚀的信息,学校不再是远离世间喧嚣的一方净土,而校园暴力则是较为突出的问题之一。

(二)班主任

学校教育是一个系统工程,班主任则是这个系统得以顺利有效运转的力量。我国自1952年起在中小学开始设立此职。概括地说,班主任是学校中全面负责学生班级工作的教师。《教育部关于进一步加强中小学班主任工作的意见》指出,中小学班主任是中小学教师队伍的重要组成部分,是班级工作的组织者、班集体建设的指导者、中小学生健康成长的引领者,是中小学思想道德教育的骨干,是沟通家长和社区的桥梁,是实施素质教育的重要力量。这指明了班主任角色多重性的特征,明确了班主任角色的地位,也框定了班主任工作的主要任务。

有人说，有什么样的将领就会带出什么样的兵，有什么样的班主任就会教出什么样的学生。这种说法有一定道理。班集体所表现出来的精神面貌，一定程度上是班主任教育思想和世界观的具体反映。班主任的任务就是要塑造一个集体的高尚灵魂，培养良好的班风。所以，班主任必须清楚地认识自身的职责，遵循科学规律，培养自身的威信，使班集体建设科学合理地发展。

1. 班主任的职责

班主任是根据社会的需求来培养、教育学生的。其工作的目的、任务、内容和手段等反映了社会的要求。因此，班主任职责就是班主任完成其作为班级工作的组织者、班集体建设的指导者、中小学生健康成长的引领者、中小学思想道德教育的骨干、沟通家长和社区的桥梁、实施素质教育的重要力量等职务规定的工作时应尽的责任。

班主任工作是一门科学，有很强的理论性，要运用许多其他有关的学科：教育学、心理学、社会学、管理学、语言学、美学等。所以，班主任对自身的职责越明确，其工作的自主性和创新性越强，越能有目的、有计划地提升自身的理论水平，从而灵活机动、科学有效地开展工作，对学生产生积极的影响。班主任的职责如下：

(1)班主任要注重自身的形象，给学生树立良好的榜样

班主任的工作就是和学生打交道，要和全班同学进行交流，通过交流能够在无形之中给学生带来影响。班主任在工作中最重要的就是给学生树立良好的榜样，用自身的良好品格吸引学生。因此在平时的工作中，班主任不仅要时刻注意自己的形象，还要给学生做好模范带头的作用。教师自身的品格、学识以及内涵也将成为学习的标榜。

例如，班主任在日常的工作、学习和生活中，要严格要求自己的言行举止，自己不迟到，不早退，以身作则，讲文明，讲卫生，平时严于律己。在自己的每项工作中，都做到认认真真。班主任的工作就是一个言传身教的典范，但是也不能只在工作中进行言传，还要从自身做起，不断地提高自身素质和工作的综合能力，将自身的形象在班级中树立起来。若班主任自身没有做到表率作用，可能在学生群体中就难以树立威信，从而导致在班级管理上各种大小问题的产生。所以要想学生从内心深处认可班主任的做法，教师就必须用自己的一言一行去感染学生，从而培养

学生分辨是非的能力。

(2)用心培养班级的学生干部,辅助班主任进行教学管理

班主任在班级管理中起着举足轻重的作用,但是如果单凭班主任一个人的力量,就无法达到最佳的效果。班主任在教学管理中可能无法兼顾每一个人,这给班级的发展带来一定的问题。试想如果一个班集体中所有的事情,例如学习、工作以及生活都由教师一个人说了算,没有学生的意见,这就忽略了学生在学习中的主体地位,无法发挥他们“师生合作”的作用。因此,班主任应促使教师和学生的关系变成合作关系。

例如,班主任可以每学期轮流选择不同的学生作为班委,负责班级中的作业收发、卫生值日、纪律监督等事宜。另外班主任要鼓励学生积极进行竞选,给学生充分的实现自我价值的机会,也能让学生在参与班级管理的过程中培养自己的管理能力。班主任要用心选拔一些优秀的学生作为自己的得力助手,而学生在参与班级管理的过程中,也会对自己进行严格要求,给同学树立一个积极正面的榜样。这样学生的管理能力也能得以快速提升,继而营造出浓厚的班级学习氛围。

(3)班主任在班级工作中要积极指导,发挥民主精神

高中生的表现欲是十分强烈的,一些学生都喜欢在课堂上充分地表现自己的特点和优势。教师要利用学生的这一特点,在课堂上发挥学生的主动性,让学生在课堂上积极地进行交流、讨论。对于那些在课堂上积极进行互动的学生,教师要及时地进行鼓励,并且用心地听取学生的意见,和学生一起分析讨论学习以及生活上的问题。对于那些一直影响课堂纪律的学生,班主任不要一味地批评,要对学生进行观察,给学生做好思想工作,让学生明白自己的问题所在,充分考虑学生的感受,使学生能够体会到教师的民主政策。

例如,在英语课上,教师给班主任反映有位同学一直在课堂上讲话。这时候,班主任就要在课后和这位学生进行深入的交流,并且给学生做好思想工作,让他明白自己的错误之处,并且让他自己进行检讨,分析自己的错误。对学生进行开导之后,学生就会认识到自己的错误,并在以后的课堂上不再扰乱纪律,还会在课堂上认真发言,争做同学的表率。

2. 班主任威信

威信,即威望和信誉。班主任威信是指班主任所具有的一种通过其

人格、能力、学识及职务在学生心理上引起信服与尊敬态度的感召力量。

威信这个词往往容易与“权力”相连，这是两个既有区别又有联系的概念。权力是指个人或团体控制或影响他人行为的能力，不管这些“他人”是否愿意合作。班主任具有学校赋予的制订班级计划，组织班委会和班级活动，对学生进行操行评定，进行表扬、批评、奖励、处罚等权力。这种权力既是一种控制力，又是一种影响力，是与班主任本身的职务相应的。在这一点上，有别于其他任课教师。但是，如果一个班主任只凭手中的权力去管理班级，那必然导致专制，不可能实现其集体的目标和领导的功能。威信，是运用权力的心理基础。威信与班主任的自身素质和行为密切相关，它对学生心理和行为的影响是建立在信服的基础上，潜移默化地自然发生的。在教育实践中，班主任只有把权力和威信很好地结合起来，才能产生更大的影响，发挥更大的教育作用。

(1)班主任威信的来源

班主任的威信通常来自两个方面：一是由班主任的职务带来的；二是由班主任个人的人格和能力带来的。前者为职务影响力，后者为个人影响力。

职务影响力是每个班主任都具有的。担任了班主任，就承担了更多对某个班级及班级全体学生的教育责任，拥有更多对学生进行考核、奖惩和评价的权力，这就使得班主任在学生心目中有更多的影响力。

个人影响力主要由品格因素、能力因素、知识因素和情感因素组成。品格因素，包括道德、品行、人格、作风等，它能使学生产生敬爱感，自觉地仿效；能力因素，包括自学能力、教学能力、表达能力、组织能力、观察分析能力、教育能力等，它能使学生产生敬佩感，具有心理磁力，从而使学生自觉主动地接受影响；知识因素，教师的知识渊博，能使学生产生信赖感，其教育影响力也会增强；情感因素，凡是能使被教育者产生亲切感，使学生相信班主任的确爱护、关心自己，或赞同班主任的见解、喜欢班主任的做法等方面的情感体验，都会产生加倍的影响力，都会使班主任的施教产生更显著的效果。

(2)班主任威信的形成

班主任威信的来源中，更重要的是其个人影响力。任何规章和纲领，任何人为设置的组织都不能取代教育事业中的人格力量。离开教育者的人格对受教育者的影响，那么真正能深入灵魂的教育是不可能的。班主任的人格对学生心灵的影响深刻而久远，甚至可能会影响学生的一生。形成班主任威信的方法有很多，根据我国的教育现实和课程改革所提出的要求，有三条形成原则需要班主任予以重视和实践。

第一，真诚为基、平等共事、师生相容。班主任培养自身威信的首要一点是以真诚对待学生，而真诚最明显的表现就是在管理中做到师生平等，也就是班主任不超越于班级或凌驾于班级之上，而是把自己当作班集体的一员。

将一个原初的班级塑造成具有精神性的班集体，使班级不仅从知识获得的角度而言具有精神性，而且在人际交往上也具有精神性，需要师生在建设班集体的过程中接受并遵循班集体的约定，认可他们的身份在某种程度上被他们所处的社会环境所规定，这也表明，任何规则对教师应该具有同样的约束力。

班主任以真诚的心与学生平等共事，自觉地把自己融入班集体中去，其身份便能获得班集体成员的认可，使班级充满亲密与协商、平等与合作，学生情感上容易接纳班主任，也为班主任的言传身教奠定了基础。

第二，行教为重、身先士卒、师生相促。培养班主任的威信，还要求班主任加强品德修养，严于律己，注意自己的言行举止，起好表率作用。班主任是与学生接触最多的人，往往更能成为学生学习和模仿的对象。许多优秀的班主任都注重以自己高尚的人格来影响学生，要求学生做到的，自己总是首先做到；要求学生衣着整洁、仪表端庄，自己就要十分注意仪表和举止；要求学生诚实，自己就应该是个表里如一的人。班主任只有以身作则，才能赢得学生的敬爱，才能像磁铁一般地吸引着学生，也才能激发学生发自内心地对真善美的追求。

第三，言教为引、开智启慧、师生相应。班主任的威信是班主任开展教育的条件，是一种教育力量。但对威信的某些不恰当认识有时也增加了班主任的焦虑。威信是建立在能力、品德、职责基础上的影响力，体现了一种信服和信任的情感。

语言是人际沟通的重要工具，它能够反映一个人的认识水平与价值观。当教师真正地从学识、能力、品德等角度入手提升自身水平树立威信时，他的言语就会真实有力，对学生认识社会和人生产生深远的影响。

如某老师,学生对他虽不认识名字却能坦然告知的言行,不仅不轻视,反而报以热烈的掌声。而当教师对威信没有正确的认识,教育有失误时,就难以正视自身的失误,言辞虚闪,就会对学生树立正确的人生观产生不良影响。如某老师因为不坦诚读错名字而引起学生们不服气的哄堂大笑。这启发我们在树立班主任威信时,需要班主任的言语、行为要真诚、谦虚、开放、有力。

二、高中班主任工作的基本任务

熟悉高中班主任工作的教师都知道这样一句话:一个好的高中班主任就等于一个好的班级。换言之,一个差的高中班主任就等于一个差的班级。

这一现象的出现原因,在于班主任的基本素养的高低。有较高素养的高中班主任,他对高中班主任工作的理解就是科学的、全面的、自然的,他的高中班主任工作水平是比较高的。

(一)思想品德教育:培养品德高尚的高中生

对学生进行思想品德教育是高中班主任的重要任务,基本要求就是把高中生培养成一个品德高尚的人。这一任务可以分解成五个方面的教育内容。①

1. 价值观教育

价值观是指人们关于基本价值的立场、取向、态度等。对于高中生而言,价值观实质上是一种内心的尺度,支配着高中生的行为、态度、信念、理解等,支配着高中生认识世界,明白事物对自己的意义和自我了解、自我定向、自我设计等,也为高中生实践正当的行为提供充足的理由或方法论。高中班主任首先应该帮助学生建立一个正确的、理性的价值观系统,以指导高中生未来的健康发展。

对高中生的价值观系统的建构主要包括:社会价值观的建构,培养高中生对集体和他人的正确认识和科学态度;政治价值观的建构,培养高中生对权力和地位的正确认识和科学态度;理性价值观的建构,培养高中生对知识和真理的正确认识和科学态度;审美价值观的建构,培养高

①王红予.班主任管理策略[M].成都:电子科技大学出版社,2017:23-24.

中生对色彩和形体的正确认识和科学态度;经济价值观的建构,培养高中生对效率和收益的正确认识和科学态度;宗教价值观的建构,培养高中生对信仰和追求的正确认识和科学态度。

2. 爱国主义教育

爱国主义不仅仅是一种感情,还是一种思想、一种精神。爱国主义应当是热爱自己的祖国,具有为祖国的繁荣、富强、独立而献身的精神。总体来说,对高中生的爱国主义教育,目的是振兴中华。

对于高中生的爱国主义教育内容主要包括:民族自豪感的培养,就是培养高中生为自己伟大的民族而感到光荣和自豪的精神;民族自信心的培养,就是培养高中生充分相信自己民族必然越来越强盛的信念;国家独立和主权完整意识的培养,就是培养高中生在外敌入侵的时候,奋起保卫祖国的精神;民族团结和统一意识的培养,就是培养高中生维护民族团结和祖国统一的精神;国家进步和富强意识的培养,就是培养高中生为了祖国的繁荣富强,创造物质财富和精神财富。

3. 集体主义教育

集体主义就是主张个人从属于社会,个人利益应当服从集团、民族、阶级和国家利益的一种精神。对于高中生而言,集体主义教育就是要使高中生的言论和行动在获得自身利益的前提下,还要符合班级群体的利益,由此而延伸,让高中生意识到自己利益的取得还要符合广大人民群众的利益。

对于高中生而言,集体主义教育的内容包括:培养高中生把集体利益放在首位,主动为集体尽义务,努力做到个人服从集体,小局服从大局,局部服从整体;在保证集体利益的前提下,把国家利益、集体利益和个人利益有机结合起来,保证个人的正当利益和个人才能充分发挥。

4. 道德教育

道德是调整人们之间以及个人与社会之间行为规范的总和。这里的行为规范是指人们为了维护群体成员的共同利益、协调彼此关系产生的一些约定俗成、调节个人行为的准则。

对于高中生的道德教育应当包括:社会公德教育,培养高中生爱祖国、爱人民、爱劳动、爱科学、爱社会主义,并倡导高中生形成团结互助、平等友爱、共同进步的人际关系;职业道德教育,主要是培养高中生具备爱岗敬业、忠于职守、秉公办事等职业精神；家庭美德教育，主要是培养高中生尊老爱幼、孝敬父母等意识。

5. 法制教育

法制就是法律和制度，它包含两方面：第一，法律和制度；第二，执行和遵守法律制度的行为。

对于高中生的法制教育，内容主要包括：法制意识的培养，主要是教育高中生意识到法制的存在，法制对社会秩序的作用等；熟悉法律常识，主要是让高中生明白生活中常见的法律问题；使用法律武器，主要是培养学生在了解法律常识以后不触犯法律，还要运用法律来保护自己，并与违法行为作斗争。

（二）学习策略的辅导：培养会学习的高中生

高中生的主要成长任务是学习，不断提高自己，高中班主任应该加强对高中生学习策略的辅导，使高中生成为一个会学习的人。高中班主任对学生学习策略的辅导主要包括三个方面的内容。

1. 端正学习目的与学习态度

学习目的是学生进行学习活动所期望达到的结果。学习目的的教育主要包括培养学生为祖国富强而学习的理想和抱负；根据学生自身的实际情况确立不同层次的学习目标。升学指导也是学习指导，但主要是对高年级学生的指导。

端正学习目的的重要内容还有让高中生正确对待升学考试。教育学生正确对待升学，指导学生全面系统复习；升学考试时指导和帮助学生了解报考门类专业知识、考场知识、考试心理调适知识等；升学考试后针对录取学生和落榜学生的情况，做升学志愿填写、人生规划以及考试失意后的心理调节等。

端正学习态度。班主任要在教育学生明确学习目的的基础上，帮助学生树立严肃认真、一丝不苟的学习态度；教育学生树立勤奋好学、踏实求精的学习态度；教育学生树立刻苦钻研、勤于思考的学习态度。

2. 激发学习兴趣与学习动机

学习兴趣是学生对学习活动或学习对象的一种渴求认识或趋近的倾向。培养学生的学习兴趣，应该做好以下工作：采用适合学生特点的学习方法吸引学生;指导学生参加课外活动,并使其有所收获;培养广泛兴趣等。

学习动机是影响学生学习活动的重要因素,它不仅影响学习的发生,而且还影响到学习的进程和学习的结果。因此,培养和激发学生的学习动机成为人们日益关注的问题。激发学生的学习动机可以从几个方面进行:向学生提出具体而明确的学习目标;注意教师自身教学内容和方法的新颖性;创设学习问题的情境,启发学生思维;适当地开展学习竞赛活动;利用学生已有学习成果的反馈对学生的学习进行正确评价,等等。

3. 掌握学习方法

学习方法是指学生在学习过程中采用的手段和方式。学习方法是否科学,直接影响着学习效果。在对学生学习方法的指导上,教师应该注意:第一,指导学生自觉按照学习进程的基本环节进行学习,学生的学习过程由预习、听课、复习、作业和系统小结五个基本环节组成;第二,指导学生合理安排学习时间,科学用脑,养成良好的学习习惯;第三,引导学生根据学科特点以及自身的学习状况,采取相应的学习方法。

学习方法也包括让高中生学会制定学习计划。制定学习计划可以减少学习上的盲目性,提高自觉性、主动性和积极性,养成良好的学习习惯。班主任指导学生制定学习计划,应做好以下工作:提高学生学习上的计划意识;对学生的计划决策进行指导;帮助学生不断总结检查学习计划的执行情况。

另外,还要加强对学生的自学能力的培养。学生的自学能力是在教师的指导下,在自学活动中形成的独立学习、独立探索和独立获取知识、更新知识的最基本的能力。班主任应从学生实际出发,因人而异,引导学生掌握学习活动的特点和规律;结合教学内容传授学习方法;指导学生私下交流学习经验,等等。

(三)个人生活的辅导:培养会幸福生活的高中生

高中生个人生活的辅导的根本目的是培养会幸福生活的高中生。内容包括帮助学生正确认识人生的意义和价值,培养积极向上的生活态度;指导学生正确处理家庭关系,尊重和体谅父母,能分担父母的忧愁,与父母同享快乐;指导学生正确对待男女同学的友谊和爱情;指导学生料理日常生活，培养自我保护能力等。

1. 积极生活态度的辅导

班主任的重要任务是将正确的价值引导蕴涵在鲜活的生活之中，注重课内课外相结合，鼓励学生在实践中积极探究和体验，通过道德践行促进思想品德的形成与发展，指导学生在这个过程中正确认识人生的意义和价值，培养积极向上的生活态度。

2. 科学处理家庭关系的辅导

学生在成长中离不开家庭的影响。父母是孩子的第一任老师，家庭教育对于一个人的成长具有不可替代的作用。现实生活中，不少家庭有各式各样的矛盾和冲突，比较突出的就是在亲情关系的处理上。不少家庭中亲情关系紧张，子女与父母、长辈之间的冲突时有发生，冲突的原因多数是因为学业、交友、对长辈不尊重、生活习惯等。指导学生处理好个体独立性与家庭亲和性的关系，恢复亲情关系，对于建立现代家庭伦理是至关重要的，同时也是学生成长中必须学会的一项重要内容。尊重亲人、平等相待、履行义务、承担责任，是对学生进行家庭关系指导的主要方面。

3. 健康的物质生活的辅导

物质生活，主要体现在学生的住宿、饮食等生活环境、生活服务和生活质量诸方面。它既是学生身心健康的基本保证，也是育人的环境。教师的爱不仅是学习上的诲人不倦，更有生活上的关心、爱护、体贴、照顾。因此，班主任要对学生的物质生活方面的内容给予关心、帮助与指导，增强学生的自我保护意识和提高学生的生存能力。班主任要关心学生在校生活情况，如饮食、起居、卫生，特别是安全，引导学生建立严谨、健康的生活方式，这也是保证学生身心健康的基础。

4. 充实的闲暇生活的辅导

帮助高中生合理安排和利用闲暇时间，包括指导课外阅读、文体活动、创造性活动、欣赏活动和正当有益的趣味性活动、家务劳动等。闲暇时间的增加，一方面为高中生个性的充分、自由发展提供了条件；另一方面，如果利用不当，反而会带来一些消极的影响。这样，如何引导广大中小学生有价值地利用闲暇时间，提高闲暇生活的质量，便成了一个迫切需要解决的问题。通过闲暇教育，应帮助广大高中生树立起科学的闲暇价值观念，并且在符合个性需要的前提下，向他们传授一些利用闲暇时间的技能与技巧，使他们逐渐掌握一些交际技能、文艺技能、体育技能、旅游技能和鉴赏技能等，满足他们精神上的发展和享受需要，从而使其个性得以充分自由地发展，成为一个有理想、有道德、有文化、有纪律的精力充沛、生活愉快的社会公民。

（四）人生规划的辅导：培养能把握自己的高中生

一个人要实现自我，达到自己的理想状态，活出精彩美好的人生需要拟定自己的人生规划。而对于高中生的人生规划指导，应把重点放在规划生活（尤其是高中生活）、规划学习上，还要适当设计日后的成长。高中生人生规划辅导的重点应放在教会学生如何规划人生上。

1. 高中生人生规划的重点

生活规划。生活规划包括婚姻家庭生活、人际关系、时间管理、消费理财等内容。这些内容和高中班主任的其他教育任务有交叉的地方。但是，对于高中生而言，规划的重点应放在学习生活的谋划上。

学习规划。主要包括各学习阶段规划。如把学习划分为中学、大学、职业进修、自我学习、短期学习、专业进修、其他学习等各个学习阶段，并制定出各阶段要达到的学习目标、具体开展的方法及实施细则等。

工作规划。工作规划就是职业生涯设计。所谓职业生涯设计，即依据自身的条件及所处的环境，确定一生的职业理想目标，并根据这一目标来进行相关努力的过程。它包括职业选择、善尽职责、精益求精、工作乐趣、舒解压力、追求创新等。特别是高中生的职业生涯设计关系到其未来发展方向，迫切希望得到科学有效的咨询与指导。

2. 高中生人生规划的方法

制定人生规划的方法有多种，例如，方向、目标的系统决策法，人生总流程的具体设计法，信息反馈调控法，等等。各种方法都具有自身的特点和优势，但万变不离其宗，大致可以分为四个方面的内容。

自我认知。人生规划的前提是要了解自己，因此，班主任要帮助学生做好自我认知。自我认知可以是自己认识，也可以通过别人的帮助来认识，便于在今后的生活中扬长避短，在新的选择面前，做出更适合自己的决策。自知是个不断加深的过程，越早了解自己，人生的发展也就越顺利。

明确目标。即思索和确定日后为之奋斗的人生价值追求。遵循人生规律,按照完整及清晰的原则,划分人生各阶段的大体方向、核心内容及阶段目标。

目标分层。在这一步骤中,注意目标的时间限制要逐步细化,具体到年、月、日,尽可能详细。

调整目标。生活是动态的发展过程,人生目标的确定往往是基于特定的社会环境和条件的,并且这些环境和条件总在变化,确定了目标也应该随之做出修改和更新。

(五)班级文化建设:培养有文化的高中生

1. 班级物质文化建设

班级物质文化包含教室内的环境布置及师生的仪表等,是班级文化的基础及其水平的外显标志。

(1)教室布置的规划:建设优雅的班级环境

第一,教室的墙壁。在教室的前墙、左右墙等合适的位置悬挂或张贴《中学生守则》、班级学生的特点、班训等常规内容,明确培养目标。还要在适当的位置张贴课程表等班级建设常规用表。

第二,教室窗台。有些教室的窗台向外有延展,这样的较宽窗台,在充分考虑安全的前提下,可用于摆放盆景、花草。

第三,教室走廊。可以摆放盆景、花草,教室外墙墙壁可悬挂名人画像及语录。

第四,桌椅安放。桌椅安放要考虑教室的整体布置。比如,为了让学生近距离观看左右墙壁上的专栏内容,左右两大组的桌椅均应向中间靠拢,空出80 cm左右的空间,这也有利于学生上课时看黑板。另外,桌椅的安放一定要整齐,这是班主任应常抓不懈的工作,桌椅安放不整齐也将影响到教室的整体美观。

第五,教室后墙。设计班级管理信息公布的地方,以板报的形式出现,是教室布置时不可或缺的内容。设置班级管理园地不仅可以杜绝在教室里胡乱张贴的现象,保证教室整洁美观,还可以让班级管理科学化、规范化、有序化。只有科学、规范、有序的管理才能保证班级管理的质量，才能使一个班级健康发展，最终实现一个班级在整个学段的管理目标和育人目标。

(2)建设个性化的班级标识

班级标识是班级文化的可视象征之一，是体现班级文化个性化的标志，它主要包括班级名称、学校象征物等方面的内容。班级标志一般包括两大部分：第一，班级名称、班训、班徽等班级精神标志物；第二，如班服等物质形态的标志。这里主要介绍一下班级名称、班训的制作。

班级名称。在我国，班级的名称一般是根据学生受教育的程度(年级)和所在班级的序列构成，如高一(2)班，表示学生的教育程度是高中一年级水平，班级序列为2。但也有很多非常规的班级名称很适合建设班级物质文化。一是以地域命名的班级名称。在我国由于民族众多，民族语言、风俗习惯等有较大差异，我们可以按地域或者民族来命名，如西藏班、蒙古班、新疆班等。二是以志向命名。很多班级为了激励学生，选用一些含有特定意义的词汇来做班级名称，如“宏志班”“火箭班”等。三是以班主任名字命名。为了体现班主任带班的个性，或者是为了利用班主任特有的人格资源来管理学生，一些学校也采用班主任的名字来命名班级。

班训。班训指的是为激励全班同学勤奋学习、积极进取进而形成积极向上的班风而以简短的词句拟就的班级口号。它的特点是主题鲜明突出，简洁明快，富有教导和劝诫意义。那班训怎么拟呢？一定要兼顾内容和形式。好的班训应该是内容和形式的完美结合体。第一，要用形象的语言表达明快的意旨，力求具体丰厚，切忌华而不实；第二，要有较为明确的宣传和鼓动作用，以指导全班同学努力实践；第三，要醒目，时看时新，耐人寻味，给人以美的享受；第四，字数不宜过多，一般控制在4至12字之间，且多为双数。

2. 班级制度文化建设

班级制度文化，是指党和政府的有关方针、政策法规、条例、指令等和社会主义道德观念、行为规范、是非标准等在班级日常工作、学习和生活中的具体体现，是班级全体成员共同认可并自觉遵循的行为准则。

(1)班级制度的制定

班级制度必须以社会的制度为前提，与社会规范要求相一致。因此，班级制度只是对制度体系的一些细化，或者称为完善。由班级自行制定的制度规范，又称“班规民约”。包括“班干部岗位责任制”“自习制度”“寝室制度”“劳动制度”“值日制度”“春游制度”等等。在班级制度制定的过程中，我们应用人文理念建立班级人文制度，具体体现在以下三个方面。

第一，全员参与制度的制订。全员参与制订班级制度规范时，不能由班主任或者班委会闭门造车，而应该在交由学生广泛讨论的基础上形成，只有这样的班级制度学生才会认可并自觉维护和执行。

第二，制度的目的在于引导。制度是一种具有强制力、约束力的条文，但对天真烂漫、发展进步的学生而言，未必就一定要“板着面孔”，制度的内容完全可以也应该是人文化的。人文化表现在两个方面：一是班级制度的语言表达可以采用活泼生动、学生易于接受的形式；二是班级制度所涵盖的内容不应太绝对，因为学生是一个世界观还未形成的正在发展中的群体，生活中往往是处于“犯错不知错”或“犯错不自觉”的状态，所以，应该允许学生犯错误。制度制定的目的也并非要杜绝学生犯错，而是在于引导学生认识错误和改正错误。从学生成长的历程来看，学生犯错误不仅正常，而且也未必就是坏事。

第三，制度制定的可操作性。班级制度不宜太复杂，表述应通俗易懂，条款应具有可操作性。

(2)班级制度的落实

第一，要组织学生认真学习各种制度，要求他们严格遵守，并对照规范的规定约束自己的日常行为，长此以往，形成习惯。

第二，要经常性地开展诸如“今天我值日”“我是校园小警察”“我是校容校纪纠察员”“我是班级纪律检查员”等活动。通过这些活动，不但可以促使学生自觉地规范自己的日常行为，养成良好的行为习惯，还可以培养学生约束和制止不文明行为、扶正祛邪、扬善惩恶的社会正义感和责任感。

第三，要整合学校、社会和家庭的教育合力，充分发挥社会和家庭在制度教育中的积极作用，全社会共同努力，形成合力，才能使制度教育落到实处。

3. 班级精神文化建设

班级精神文化是班级在发展中受一定社会文化背景、意识形态影响而长期形成的一种班级理念、哲学以及价值观，它是一种以意识为形态的班级核心文化。班级精神文化是渗透在班级师生心灵中的一种精神动力，是班级健康发展的强大动力。

(1)班级精神文化的主要内容

班级精神文化主要包含两个方面的内容：办学宗旨和班级价值观。办学宗旨就是办学的主要目的。班级价值观是班级师生关于班级意义的终极判断，是班级在经营中所推崇的基本信念和奉行的主要目标。

(2)班级精神文化的建设途径

班级精神是班级文化植根历史、体现现实、引领未来的集中表现。因此，培育班级精神必须立足班级实际，继承优良传统，体现时代发展要求。培育班级精神是一个动态生成的过程，是一个在实践中不断丰富、升华的过程。任何一个班级，都必须将自己置于一个动态的发展中，在发展中传承文化、追求理想塑造精神。班级精神一旦生成，班主任就要引领全体学生努力实践班级精神，使班级精神融入每个学生的思想观念、道德情怀、行为规范中；使班级精神成为激励学生勤奋学习、塑造自我的精神力量，最终使班级精神成为班级教育的根本价值追求。

第一，提高学生的生命意识。尊重生命是社会的首要价值准则。它具有目的性、普遍性和平等性特点。增强学生的生命意识，将生命的唯一性与神圣性融入文化，铸成信仰。生命价值的内在意蕴在于：生命的偶然性让人不能不深深体味生命的唯一和可贵；生命的短暂性是人们尊重生命与珍爱生命的至上理由。对生命的理解及其态度，构成了生命的意识。让尊重生命成为一种文化信仰。尊重生命，必须从孩子开始教育。

第二，确定健康的奋斗目标。班集体的形成和巩固是以共同奋斗目标为前提的，正确的奋斗目标是维系师生为之奋斗的共同纽带，是班集体前进的动力。确立班级奋斗目标的方法是多种多样的。一般说来有以下两种：一是师生共同商定。对一个发展状况良好的班级，一般宜采用这种方法。它可以集思广益，使目标的确立更切合实际，增强了可行性；同时，也可以满足学生的情感需要，增强激励性。共商的过程就是学生自我教育的过程，从中还可以培养学生自我调整、自我教育的能力。二是班主任定夺。班主任作为班级的代言人，提出要求，以作为班级为之奋斗的目标。班主任在做出定夺前，必须进行细致的调查研究，尽可能地了解并吸收学生的愿望和要求，在目标提出以后还要反复地讲解、动员，使目标逐步转化为学生的自觉努力方向。

第四，营造积极的舆论氛围。学生在集体中，思想行为容易受到集体舆论的制约和同化，心理学上称之为“从众心理”。因此，班主任要重视舆论文化的建设，真正做到“以正确的舆论引导人”。要培养正确的集体舆论，可从以下几个方面入手：一是加强学习引导。组织学生学习思辨哲学、法规制度、道德修养等，提高学生的思想认识水平及明辨是非的能力，树立正确的价值观，养成良好的道德行为习惯。二是开展各种有益的健康活动。如学雷锋活动、演讲比赛、创建活动等，以培养正确的舆论。三是清除文化垃圾，净化校园空气。不传阅不健康的书报杂志，不学唱不健康的歌曲，清理课桌、书本文具盒上的不健康的图画及语言文字，消除消极文化的影响。四是针对倾向性问题或热点文化现象，举办专题讲座、主题班会、辩论会，澄清模糊认识，引导正确舆论。五是抓好宣传阵地。充分发挥广播室、黑板报、阅报栏、宣传橱窗、图书阅览室、名人名言警示牌的作用，大张旗鼓地表扬好人好事，同时批评错误的思想行为，抑制歪风邪气，树立正确舆论。

第二节　高中班主任日常管理

高中班主任的日常管理，以时间和内容为指标可以划分出两种不同类型的日常管理内容。以时间为指标划分，高中班主任的日常管理可以分为每日常规工作、每周常规工作、每月常规工作、每学期常规工作。

以内容为指标具体分析高中班主任的日常管理，具体可以分为：高中生的个别化教育、班级信息的采集与整合、班级财物管理、班级档案的保存与管理、安全隐患的提前发现与及时处理、突发事件的科学应对与善后。①

一、高中生的个别化教育

(一)高中生的个别化教育概述

高中生的个别化教育是指高中班主任对班级中每个学生的具体情况或不同类型学生的特点所进行的有的放矢的教育。因此,高中生个别化教育的内容分为两个方面:第一,针对高中生个体特点和实际需要进行的班级教育;第二,针对不同类型学生的特点和实际需要进行的班级教育。

根据不同的划分指标,可以将班级中的高中生分为好多种。如果以性别为指标,分为男生和女生两个群体;以学习力为指标,分为学优生和学困生;以高中生在校的班级角色为指标,可以分为班干部群体、普通学生群体,等等。相应地,高中班主任就要推进适合各类学生的班级教育。

(二)高中生个别化教育的日常实施

由于高中生的群体分布很复杂,分类指标很多,下面在阐释高中生个别化教育的实施时,选取以内容为指标来行文。

1. 面对个体的个别化教育:高中生作为个体的个性化发展

引导学生确定个性化发展目标。学生个人提出自己的愿望和要求,比如,学习成绩的提高、文艺特长的展示、组织能力的表现、个人兴趣的满足,等等。班级有责任为实现这些个体要求创造适当条件。应当建立一种机制,让学生个人在集体面前充分地表达自己期望借助班级力量实现的梦想愿望和目标,方式可以是在班级或小组会议上宣讲,也可以是在教室宣传栏上张贴“个人愿望广告”,这种表达机制对于内向的学生、缺点较多的学生尤其重要。为了切实帮助学生实现个人目标,就应该把它们变成集体议程,正式列入班集体计划(积极的但又是量力而为的),保证个人目标和愿望受到大家的关注,真正能够实现。

学生个性化发展的主渠道打造。毕竟课堂教学是培养学生的主要途径,学生的个性化发展最终要体现在教学上。那么,在其中,高中班主任能有什么作为呢?

①常华锋.中学班主任工作艺术[M].北京:首都师范大学出版社,2012:45-46.

（1）协调实现教学组织形式的多样化

主要的努力重点就是从单一的班级授课制转变为多种教学组织形式并行。即使在班级授课制下，班主任可以协调出多种变式。如合作小组学习、班级内层次教学等。当然，在这一层面，班主任的作为空间相对狭小。

（2）协调实现个别化教学

个别化教学可以充分注意学生的个别差异，鼓励学生对自己的学习负责；另外，在个别化教学中，任课教师和学生互动，可以调动学生学习的积极性。

（3）帮助班级任课教师确定自己的教学个性

班级的任课教师的教学活动也是一种个性化的活动，每个任课教师应根据自己的知识经验、能力水平、个性特征寻求适合自己的教学模式，树立自己的教学个性。只有这样，任课教师才能以教学个性影响学生的个性化发展。

（4）学生个性化发展评价体系的建构

为了促进学生个性化的发展，应当不断评估学生个体发展的需要，据此组织多样化的活动，给学生的个性发展创造表现和深化的空间。评价应是多视角的。所谓多视角有三层含义：第一，目标的多角度，不要只关注学生的一种智能发展；第二，评价要关注学生不同阶段成长的特点；第三，所采用的评价方法是多种的，不能只局限于笔答，必须将其他的评价方式引入评价系统，比如操作性评价、成长历程评价、实地观察评价等，发挥各种手段的特点，全面发掘和认识每个学生的个性。

2. 面对群体的个别化教育：同一类型学生的个性化发展

（1）个性化教育内涵

①个性

个性是指个体在发展生理素质和心理特征的基础上，在社会实践过程中，通过一定社会、家庭、学校教育等因素的影响，“在身心、才智、德行和技能等方面所形成的比较稳固而持久的独特特征的总和”。个性既反映共同性，也反映差异性。教育学中的个性是指人性在个体上的具体反映或者表现。对于当代学生而言，个性既是指其自身上所具有的经常性、稳定性的心理特征，也是指这一群体与其他社会群体所表现出的不同的心理特征。当代学生的个性包括:创造力、表现能力、主动性、敢于怀疑、向权威挑战并提出问题以及具备参与各种活动的交际能力。

②个性化教育

个性化教育是在学生全面发展的基础上,培养和发展学生不同的个性心理,尊重学生的个性发展和个性化差异的一种创新教育模式。个性化教育可以让学生获得综合、全面、自由、和谐的发展,达到培养良好个性、矫正不良个性以及最终适应社会的发展和变化的需要,最终实现个性与社会性的统一。所以,个性化教育既要承认并尊重学生的个性,又要使得学生个性发展符合社会对人才的需要。

(2)制约个性化教育发展的因素

①教育体制的制约

多年来,在我国无论是中小学还是高校,在教育教学中,都有统一的课程标准、统一的管理体制、统一的学制、统一的高考模式,甚至统一的教材,这无形中使得教学目的过分地强调共性和社会性,学生如生产线上的产品一样,被一步一步生产出来。许多教师将教学目的简单地确定为学习好、就业好,而不是以促进学生的全面、综合的发展为目的。因此,许多学生学习只学老师教的、学校考的,至于自己的兴趣、爱好、特长并不在意,久而久之,学生失去学习的动力,绝大多数富有创造个性的学生可能在萌芽时期就被压制,甚至被彻底扼杀,个性根本得不到充分的发展。

②传统文化的制约

几千年的中国传统文化使得教育工作者重整体而轻个体,重共性而轻个体,重集成而轻创新。一方面表现为强调集体意识,追求整齐划一,从而忽视个体意识和独立人格;另一方面表现为过分强调秩序和规矩,不能挑战权威,人云亦云,遇到问题时墨守成规,个体的个性和创造力被抑制甚至被剥夺。

③传统价值观制约

中国传统文化所蕴含的价值观对现代社会乃至现代教育有着深刻的影响,例如中庸思想的一部分表现就是人们常说的“枪打出头鸟”“外圆内方”“木秀于林,风必摧之”。学生被教育成在学习、生活过程中不能过分张扬个性,抑制创造能力的发展。

(3)个性化教育实施措施与策略

①改变教育理念

以往教育过多强调个体的社会属性,对个性强调不足,教育的教学目的在理念上应该进行适当的调整。前文已经提到教育的目的要强调发展个体的个性和培养其创新能力,但是要注意的是强调个性并不是无组织、无纪律、自由放纵,而是要在明确目的的基础上,通过适当地引导,发展个体的个性。

②完善评价机制

我国的教育体制一直以来都是以考试为中心,以分数高低作为评价学生成绩好坏的标准。但每个个体具有的能力各不相同,表现形式也是多种多样,教师在评价一个学生成绩好坏的标准也应相应多样化。因此,教育的评价机制的构成也要尊重学生的个体差异,如评价内容、评价标准、评价方法以及评价模式等。评价标准的确立不能仅仅将目光停留在学校学习范围内,应该注重评价的学生的学习实践过程和学生未来发展的持续性,为学生的终身发展服务,建立符合学生个性化发展的评价机制,促进学生个性化发展。评价内容除了知识记忆和技巧类的内容外,还应包括可以发挥学生想象力和创造力的内容,这些内容并没有确定的标准答案,从而培养学生的创新思维能力、扩散思维、逆向思维以及求异思维等创新能力。

③构建个性化课程体系

在当前高考制度背景下,我国高中学生的德育工作存在着实效性不强的问题,其问题主要表现为表现为说教式的教育方式,其知行脱节问题严重。因此,强化个性化德育课程体系就非常重要,也亟需完成。个性化教育课程体系包括课程内容、课程结构的合理化构建,这对实现知识、能力、素质最优化,对学生个性的培养、创造思维的形成以及创新能力的提升都有非常重要的意义。课程设置要加强课程的实践性,让学生可以学以致用;加强课程内容的应用性,既要学习知识结构本身,更要使学生关注知识的产生过程和应用的过程。课程设置要加强课程的可选择性,因材施教。课程设置要加强课程的综合性,克服学的封闭性,能够适应个体个性的发展和社会的需求,增大各学科间的全面综合运用,促进学校教育与社会、家庭教育之间的结合。

二、班级信息的采集与整合

班级信息是在班级建设过程中出现的能够反映学生成长、教师授课、班主任工作开展、班内环境变化等各种消息。这些消息是学生和教师在班级建设中通过交往形成的,采集并整合这些信息,对于高中班主任开展工作具有很大的现实意义。

(一)班级信息采集的内容

1. 学生个人信息

学生生活情况信息:学生的健康状况、性格倾向、行为特征、趣味爱好、交友情况、家庭状况等。学生学习情况信息:学生学习基础、学习能力、学习实践的记录,课外活动情况记录等。学生行为情况信息:生活行为记录、问题行为记录、良好行为记录等。学生人际关系信息:班级中学生个人之间的交往,学生头领、班级中的非正式群体校外交往等。

2. 教室环境信息

包括教室环境管理计划、墙壁空间的利用、展示布告的布置、出墙报情况、教室卫生情况、采光保暖情况、座位的排定方式等的记录。

3. 班级活动信息

主要有班级管理计划及与计划有关的具体管理行为记录、班级决议、班级例行活动(班会、晨会)计划、班级互助活动计划、课外活动计划、家长会记录、班级通讯记录等。

4. 其他相关信息

主要包括学校和家庭的信息、学校对班级建设的教育管理目标、学校对班级的管理计划、家庭对班级的期望等。

(二)班级信息的采集与整合

1. 班级信息采集与整合的流程

信息收集。收集信息是管理信息的基础,收集信息要注意信息的真实性和完整性,尽可能将该收集的信息汇集起来。

信息加工。信息加工就是采用科学的方法,对收集到的原始信息进行分类、筛选,使之条理化、系统化,更好地为班级建设服务。

信息传递。信息传递就是把收集到和经过加工的信息传递到班主任、家长、学生等使用者手中。只有通过信息的传递，才能使信息起到应有的作用。

信息贮存。信息贮存是指将经过加工的暂时不用的信息加以保存备用。使用过的信息也可以保存，供以后参考。

2. 班级信息采集与整合的要求

及时性。信息的时效性很强，特别是现代社会的生产和生活变化都比较快，而班级的教育和管理又是一个不间断的连续运转的过程，时间的延误会使信息失去其应有的价值。因此，必须以最快的速度将信息传递给需要信息的人，使其发挥最大的效用。

真实性。信息必须如实地反映班级的客观情况，做到真实、准确、可靠，否则，会导致班级管理的失误，给教育工作带来损失。

三、班级财物管理

班级财物主要有三部分：第一，所有权为学校所有，归班级使用的财物，如教室内的公用设施、宿舍的设备等；第二，班级集体所有的财物，如班级中用班费购买的物品等；第三，班级成员个人所有的财物。

（一）对学校公共财物的管理

对于学校公共财物应建立班级的公物保管制度，把财物管理包干到人，做到责任到人，管理到位。要做好公共财物的登记、保管、使用、借调以及毁损、报废、拆除及处理等事宜。福利互助性的资金（含学生奖助学金）更要加强管理，对于学生奖学金的申请、发放等事宜应进行统筹安排。

（二）对班级公共财物的管理

班主任不管钱，师生共同理财，并将财务公开。如果需要使用班费，班主任应该和学生讨论之后才可以使用。班费使用的所有账目要公开，让学生了解班费的使用情况。

（三）对学生个人财物的管理

班主任要注意增强安全防范意识，教育学生妥善保管个人财物。对于没收、代管的学生财物，要特别注意依法保管和处理。

四、班级档案的保存与管理

高中班级档案由班主任、班委会、团支部、学生家庭共同组织实施。高中班级档案按照档案保存内容可分为集体类的档案和学生个体的档案。

（一）班级集体档案的收集与管理

班级集体档案的内容主要包括学生的基本信息汇总、学校公布的各项常规管理分数、历次学习成绩表、参与学校重大活动资料、班级活动资料、家长与任课教师反馈的信息资料。这些资料的收集是在日常班级建设中逐步进行的，需要班主任留心收集，而且在这些档案收集完毕后，要及时分类整理、分析，便于日后查阅和使用。档案内容收集整理完善，有利于班集体实力的形成，并逐步形成个性化的班级文化。

（二）学生个体档案的收集与管理

通过建立和不断完善学生个人小档案，能有效分析学生个体的成长差异和不同需求，及时提供有针对性的帮辅。

班主任收集的学生档案内容包括：个人基本情况，即学生的身体、学习等基本情况；家庭基本情况，包括家庭结构、家庭类型、家庭经济、家长受教育程度和职业、家族有无遗传病史、养育方式、对孩子的期望等；学校提供的信息，即学生在高中时的思想学习、行为等情况的反映信息；班主任对学生的辅导记录，每次辅导都要做好记录，并尽量保证资料的完整、细节的具体，以备检测自己的帮辅工作是否有效果。

家长提供的学生档案内容包括：学生在家的表现，为了便于家长操作，班主任可以设计成表格或问卷供家长填写，也可以由家长自行设计；家长在家对学生的教育引导记录；家长对该生的要求；家长对班主任或任课老师提出的要求。

学生自己搜集的档案包括：学生自己记录的有关自身的成长情况、成长感悟，对老师和家长的希望与要求。

五、安全隐患的提前发现与及时处理

由于校园的开放程度越来越大，校园安全频频出现一系列问题，非常有必要采取一切可行的方法，使校园安全的损失降到最低。因此，对高中生的安全管理就要提前预测，并在管理的推进中实现动态生成。

（一）安全隐患的排查

班主任首先要将所有可能会对高中生带来伤害的因素一一列举出来，这些因素都可能是安全事件的触发点。按照隐患存在的地点和时空，可以将安全隐患简单地分为校内和校外（社会）两种。

1. 校园客观存在的安全隐患

学校商店、食堂、小卖部的食品质量有问题；宿舍失火、触电、溺水等隐患；来自学生之间的暴力与打斗行为、欺诈与敲诈行为；课间、室外活动、上下楼时剧烈活动带来的意外伤害；违纪攀爬校园院墙建筑物而造成的伤害；部分学生和校外不良人员接触带来的对在校学生的伤害；学生在厕所、校园死角聚众吸烟，危害健康；物理、化学等学科做实验时的意外事故；体育课、运动会等体育运动中的意外伤害，等等。

2. 学校教育主观不当产生的隐患

教师教育方法简单粗暴，对学生的伤害；学习、人际关系等出现过重心理压力，但班主任没发现而造成的意外；班主任或教师处理问题有失公正或批评方法不当给学生造成伤害；学校制度制定不当、预防管理不当（如场地设施提醒不当）出现的安全责任事故；教师对学生期望值过高带来的心理压力过重，造成不良后果。

3. 来自学生的安全隐患

逆反心理、特殊个性造成的不良后果；学生旷课、逃学、离家出走存在的不安全因素，等等。

4. 来自社会的安全隐患

社会青年等外来势力在学校周边对学生进行的敲诈等行为；学校周边发生的暴力、打斗、伤害行为；校外不良人员对学生的言行、心理威胁，对学生的引诱、拉拢与教唆；校外交通安全事故；社会黄、赌、毒等邪恶力量影响学生的安全；父母离异、单亲教育不到位、父母常年外出对学生教育过少等因素引发的不安全，等等。

班主任可通过校园巡视、现场观察、学生意见、家长联系等途径发现存在的安全隐患，防患于未然。

（二）安全隐患的排除

高中班主任对学生中存在的隐患的排除，一般应该遵循下列流程：第一，班主任一旦发现安全隐患，必须提高警觉，必须在最短的时间内，对安全隐患进行确认，并对其严重性、危害性做出果断的判断，同时启动预案，包括有效制止事态、迅速抢救伤员、向有关职能部门汇报等；第二，快速通知医疗、警方、主管机关及有关学生家长；第三，进一步了解情况后，清晰地掌握事件的来龙去脉，并采取一系列的处理或补救措施；第四，抚慰受害学生、家长及相关人员，并快速建立班级内的支持力量。

（三）安全隐患排除效果的巩固和滚动

安全隐患排除、事故处理完毕，班主任要向学校有关部门提供详细的汇报报告；在班级中把事情清晰地通报给全体同学；要进一步落实对事主的相关处理；修护相关的设施，加强预防工作，减少类似事件的发生；总结经验教训，检讨得失，讨论工作改进方案等。

六、突发事件的科学应对与善后

突发事件是指班级中突然发生而又无法提前预测的重大事件。突发事件具有不可抗拒性，具有很大的危害性，影响了学校的社会声誉，对家庭、对学生个体也有重大的伤害性，给高中班主任工作提出了很大的挑战。

（一）突发事件的体现形式

对于高中生而言，突发事件主要的体现形式是学生和老师激烈冲突、学生打架斗殴、学生一时负气离家出走、家长来学校闹事等事件。

（二）突发事件的成因分析

第一，高中生的学习压力过大。部分高中生在成长中失去了快乐，造成心理错位，当过重的压力通过其他问题的出现释放出来后，便容易导致过激行为的发生。

第二，家庭教育不当。高中生思想不稳定，变化大。在家中，家长溺爱子女，怕孩子吃苦受累，又对孩子寄予厚望，往往提出不切实际的要求。当自己的一厢情愿不能实现时，一些家长往往采取打骂等过激的方式让孩子继续努力，导致了学生的逆反心理，从而引发过激行为。

第三，学校教育不当。高中评估老师的一项最重要的指标还是学生的学习成绩，教师普遍只抓智育，轻视德育。对学生缺乏了解和关爱，管理方法简单、粗暴，容易造成师生关系不和谐。

此外，网络游戏的影响也是引发校园突发性事件的因素，它常导致学生抢劫上网用的钱财、离家出走、打架斗殴等过激行为。

（三）突发事件的预防和善后

突发事件因其具有显而易见的特殊性，所以班主任在处理突发事件时，一定要沉着、冷静、审慎行事，不断观察、分析事态的发展变化，并有所预测。要有随机应变的心理准备，对症下药，做到防患于未然。

第一，加强学生心理健康教育。班主任首先要了解学生的心理障碍偏移的情况，有针对性地开展心理健康教育，还可以与学生共同对心理问题进行分析、交流、探讨，联系实际对他们进行心理健康与修养的教育，促进学生健全、成熟人格的发展。

第二，加强科学的人生观教育。市场经济的浪潮，使高中生的人生观呈多元化发展的态势。面对新问题，班主任要结合丰富多彩的文娱、体育和社会实践活动，或召开主题班会或组织学生专题讨论，来营造文明和谐的育人氛围。

第三，减轻高中生过重的负担。学校要全面实施素质教育，要注重学生的心理健康和个性发展。教师在教育教学过程中，要教书育人，激发学生良好的学习动机，尊重学生的主体地位，避免伤害学生的自尊心；要引导学生主动学习，以培养其探究精神，使之不断提高学业成绩。班主任要指导家长科学教育子女，要求家长要注重子女人格的健全发展，对子女的学业给予适当要求，避免施加过大的学业压力；还要掌握科学的教育方法，营造和谐的家庭教育氛围；更要提高自身素质，倡导文明健康的生活方式，以乐观豁达的态度面对现实生活。

第四，加强学校和家长的联系。通过多种方式与家长保持经常性的联系与沟通，尤其要注重个别沟通，可利用家访、电话、便条等形式。学生在学校和家庭的表现往往会不一样，班主任和学生家长只有多加强联系，及时了解学生的真实情况，对各种问题才能早发现、早预防、早解决。

第五,做好善后处理工作。突发事件对班级、家庭的影响非常大,其负面影响很难在短时间内消失,这就要求班主任及时做好善后处理工作,使班级生活、学生生活尽快步入正轨。

第三节　高中班级活动的组织与实施

高中班级活动是指在班主任的组织下,为实现班级教育目标而举行的各种主题教育,主要包括主题班会活动和综合实践活动。

一、高中常规班级活动的分类

(一)学习活动

学习活动是指学生在校期间一起上课、作业、自习等学习知识的活动。学习活动是班集体中的主要活动,占据了绝大多数时间,也在班集体建设中占据主导地位。

(二)生活活动

这里的生活指狭义的生活,即学生的吃、穿、住、行等。学生在学校除了学习外,当然也要生活。课余时间学生需要相互交往、游戏、共同生活,住校的学生要一起进餐,同室睡觉,起居都在一起,走读的同学也存在课间的交往、上学路途的互相照应等。通过这些活动能加深同学间的相互了解和相互依赖,增进同学班级生活中的集体意识,为优良班集体的建设提供更多践行的机会。

(三)班会活动

班会是全班师生自主活动的一种教育形式,也是学生进行自我思想品德教育、增进同学间的了解和友谊,张扬个性品质,激发创新思维的一个重要阵地。班会活动是进行优良班集体建设的重要手段之一。

（四）团队活动

学校的共青团组织和少先队组织所进行的活动相对规模较大，而且一般都要走出班集体空间。这种活动中会非常自然地形成以班级为单位的活动，在这种以班为单位的活动中，无论是班级全体成员参与，还是少数或个别代表参与，全班同学都会自觉地团结起来，凝聚在一起以形成合力。

（五）综合实践活动

综合实践活动是指学生有组织地走出课堂走出校园，以社会为认识对象所进行的一些教育活动。其目的在于通过社会实践丰富学生对社会的感性认识，培养学生的社会情感。在综合实践活动中，无论是以班级为单位整体行动，还是以小组或个人为单位分头行动，集体中的每个成员在社会实践活动中的一言一行、一举一动都代表着班级的形象，关系着班级的声誉。因而社会实践活动是对学生的一种锻炼和考验，同时在活动中同学的相互照应和真诚帮助，以及活动中成绩的取得都会对班集体的形成产生巨大的推进作用。

二、高中常规班级活动的组织

（一）确定活动主题

主题是统领整个活动的灵魂，好似一条红线贯穿于活动的始终，影响着活动内容的确定和活动形式的选择。因此，要为班级活动选择恰当的主题。

1. 细心观察，深入了解，掌握动态

班主任要通过多种渠道，对学生进行详细地了解，以获取学生在学习、生活、思想、交友等方面的信息。了解这些信息的目的，就是通过综合分析，把握他们的思想动态。这样班会活动的教育作用就更具有针对性。

2. 广泛拟题，充分酝酿，精心选择

班级活动可先由班主任划定一个大致范围，然后由学生酝酿。也可以动员每位同学出一个题，或由班干部在广泛听取同学意见的基础上拟定。对每一个活动主题，还应有一个酝酿的阶段，由全班学生对这些主题进行筛选，确定要解决的问题。这样可以调动学生参与的积极性，为活动的正式进行奠定心理基础，酝酿的过程实质上也是教育的过程。

3. 博采众长，集思广益，确定主题

在学生酝酿的基础上，班主任应召集班干部最后确定主题。确定主题，既要符合当时的形势和学校教育工作计划的要求，又要结合学生的思想实际、年龄特征和班集体中存在的普遍性问题，使活动能切实起到解决学生中普遍存在的有代表性的问题的作用。

（二）活动计划的撰写

1. 标题

即计划的名称，包括制定计划的机关或单位名称、计划种类的名称、使用期限。另外，计划的名称还可以命一个正标题和一个副标题，正标题用以概括计划正文部分的内容，副标题标明计划的机关或单位名称，计划适用期限和计划种类。

2. 正文

即计划的主体，一般包括：简单的前言、总的目的任务、制定计划的依据；指标要求、具体项目；实施的步骤、方法与措施；完成的时间等。为了眉目清楚，计划的正文，一般都分条分项地写。重要的计划还要在正文后面说明执行计划的开始日期。目标、措施、步骤是构成计划的“三要素”，是计划的核心。这部分一定要写清楚“为什么做”（目标）、“做什么”（措施）、“怎样做”（步骤）。①

3. 结尾

包括署名与日期，要标明制定计划的个人姓名或单位名称，写清制定计划的年、月、日，和常用公文一样，写在正文的右下方，署名在前，日期在后。

在实际应用中，可根据具体内容对计划的基本格式做些变动，如省去前言或结尾的文字等，但是目标、措施、步骤这三者不可省略。

①杨静．新课程背景下高中阶段班级活动的实施与策略[J]．基础教育论坛，2022(32)：38-39.

（三）活动材料的准备

班级活动，有时会用到一些工具和材料，如模拟式主题班会所需的道具；文娱式主题班会所需的投影仪、乐器、视频短片、化妆油彩、服装、布景、道具等；展览式主题班会所用的小制作、小发明、小设计作品等，都应该提前准备好。一般来讲，班级活动所需要的器材可有以下几种形式准备。

1. 向学校借

学校一般都准备有学生活动常用的器材，如音响、投影仪、桌椅板凳，等等。

2. 学生回家筹集

很多活动所需要的器材可以由学生从家中准备，比如野炊用的餐具等，如果从学生家中借用器具，一般要征得家长的同意和支持，最好由学生本人使用，如有损坏，应及时理赔。

3. 租用

学校周围或者社会某些特定地区都有活动所需的道具，比如演出的戏服、表演的道具，等等。在租借道具的时候应注意要有班主任参与，如果发生纠纷应由班主任出面解决。

4. 购买

部分一次性消费品则需要购买使用，原则上以节约为主。

（四）活动场地的选择

班级活动的举办地可以在教室里，可以在校园，可以在社区，也可在野外。活动场地的选择依据的是活动的教育主题和活动形式，如果选在校外，要注意六个方面的问题。

1. 提前联系好场地

因为社会场所有很多活动，如果不提前联系，可能到时候不能把场地提供给班级使用。

2. 量力而行，勤俭节约

很多社会场地如礼堂、剧院、公园、会展中心、科技馆等都需要场地租用费或者门票，而学生活动的经费是很有限的，所以在选择场地的时候要量力而行。

3. 注意安全

学生到校外进行活动的时候，往往很激动，而且集体活动中存在很多安全隐患，比如交通、河流、沟壑、楼梯以及其他偶发事件，作为班主任都应该提前预想到，并逐一检查落实。

4. 使用完场所要善后

在使用社会场所的过程中要注意公德，使用结束一定要善后。主要包括三个方面：第一，要收拾整理并打扫卫生，使场所恢复原来的面貌；第二，给场所主人交代清楚，归还场所；第三，结清租金，不要拖欠。如果选在校内，则以不影响其他班级正常学习为好。活动场所的布置应该依据活动而定，尽量符合学生的审美标准。

5. 活动的外部联系

根据活动的性质，可能需要一些外部的支持：学校领导需要联系，因为学校领导需要同意并适当给予经费支持，这有助于学校对全局工作的通盘考虑以及学生在校安全的责任；教务处需要联系，因为活动可能涉及正常教学的调整或者教学任务的另一种推进；总务处需要联系，因为活动可能需要学校的场地、设备甚至车辆的使用等；德育处需要联系，因为这种大型班级活动均为德育教育的内容，需要德育处予以关注、指导和协调；任课教师需要联系，因为活动可能需要他们的配合甚至参与；家长需要联系，孩子的活动一定要告知家长并取得家长的全力支持甚至是参与；当然，需要联系的还有很多，如社区、场馆方面的人员等，根据活动实际需要班主任灵活处理。一般而言，这种联系最好由班主任来进行，学生只起辅助作用。

（五）班级活动的后续

反思是很好的后续方式，班级活动开展完以后绝不意味着结束，对活动的评估和拓展是我们必须做好的工作，通过反思则可以使活动的教育效果得以加强。

1. 班级活动计划的评估

班级活动结束以后，应该对此次活动的计划进行评估。评估的内容主要包括活动的主题选得是否合理，主题提炼的深浅是否得当，活动的时间安排如何，人员挑选和落实得如何，活动过程中是否对计划进行了调整,如果进行了调整原因是什么,活动中还有什么情况是计划中没能预设到的,活动的过程设计得是否恰当,等等。

2. 班级活动过程的评估

对班级活动的过程评估主要是过程的进展是否按计划顺利进行,如果没有,原因是什么;计划中的每项活动与实际开展是否有差异,如果有,原因是什么;活动中存在哪些困难,以后计划该如何针对这些困难进行调整;有哪些活动在实施中根本就不可能开展,哪些是需要改进的,等等。

3. 班级活动效果的评估

班级活动都需要达到一定的预期目的,在活动结束以后,必须对活动的效果予以评估。一般来讲,完全达到目的是不现实的,因此,班主任不要苛求。同时,在活动中还会产生意想不到的效果,有正面的,也有负面的,这些都需要班主任认真地总结和评估,以便在以后的班级活动中注意。

4. 班级活动的拓展

关于活动的拓展,一般有两种形式:第一,衍生性活动。所谓活动的衍生是指在上一次活动中会出现一些新的问题有待解决;或者有些问题没能在上次活动中得到解决,需要设计相应的新的活动来解决这些问题;也可能是在活动开展期间萌发了新的灵感,创设一些新的活动,等等。第二,系列化活动。学生的成长是有规律的,这些规律中最基本的就是年龄发展规律。随着年龄的逐渐增长,问题也随之而来,这些问题一般都带有规律性,也就是说,所有的孩子到了这个年龄段,都会出现同样的问题,比如“异性交往”的问题。学生的成长问题一般都是可以预见的,所以班主任可以根据学生的成长阶段设置一系列活动,以帮助学生成长。

第二章　高中班主任在班级管理中运用的方法

第一节　心理换位法

一、心理换位法的内涵

在公共关系心理学中，秦启文将心理换位法定义为"通过'设身处地'的角色换位来了解、分析公众内心心理活动的方法，即在研究时把自己放在一定的背景、环境中去体验自己的心情。尔后据此加以分析，由此来推断被研究对象的处境和心情"①。笔者对心理换位法的定义也是在这一定义的基础上展开的。

将公共关系心理学中的心理换位法运用于教育教学领域，心理换位法具体是指教师、学生双方在参与班级管理时，克服"自我中心"的状态，把自己放在班级管理这一特定的情境中去体验自己的心情，并把这种心情加以分析，以此来推断其他班级管理参与者的处境和心情，以达到改善师生关系、缓解班级冲突、提高班级管理有效性的方法。

二、心理换位法的操作要点

（一）实施步骤

1. 对学生行为进行正确归因

根据苏格拉底的因果定律，任何事情的发生，都有其必然的原因②，学生身上所产生的行为也有其背后的原因。因此，要与学生成功地进行心理换位，首先就要对学生的行为进行正确的归因。只有找出学生行为背

①秦启文. 公共关系心理学[M]. 上海：华东师范大学出版社，2002：228.
②郑小兰. 改变一生的60个心理学效应[M]. 北京：中国青年出版社，2009：15.

后的深层次原因，更好地理解学生的表现和行为，才能有针对性地进行引导和教育。而要对学生的行为进行正确归因，就要打破对学生的刻板印象，正视学生的个体差异。

2. 进行情感迁移

心理换位法强调将心比心、推己及人，而这些也就是要求心理换位的双方能够进行情感迁移，即将自己处于某种特定情境下的情感体验迁移到别人身上，以此来推测别人在同样的情境下可能会产生的处境和心情，从而增加彼此之间的理解与沟通。而双方要成功实现情感迁移，就要克服思维定式，改变思考问题的固定思路和模式，尝试从不同的角度去推断别人的心情和处境。

3. 定期观察记录

心理换位法是作用于人的心理、致力于改善人际关系的方法，其实施效果难以用定量的数据来分析，只能用文字语言等进行相关描述。这就需要教师对实施心理换位法的效果进行定期观察记录，记录的内容包括实施心理换位法前后班级成员的行为表现、心理状态、班级氛围以及班级成员之间的关系等。通过这样定期地观察记录，可以及时掌握班级成员的表现，并根据这些表现及时地调整实施心理换位法的策略，从而增加实施效果的持久性。

（二）注意事项

1. 要充分了解学生

要对学生的行为进行正确归因，成功实现心理换位，就要充分了解学生，就要对学生的个性特征、性格差异、成熟程度、心理状态、认识水平和品德修养等方面有所了解，这样才能正确分析学生行为产生的原因，为心理换位法的实施提供基础。

2. 要平等待人，尊重差异

教师在与学生进行心理换位时，不能抱着高高在上的心态，将自己置于学生之上，而应该与学生保持平等的地位，以平等的姿态呈现在学生面前，像朋友一样以诚相待，从而达到真实情感上的换位交流。同时还要尊重学生的个体差异，尊重他们的个性特征以及为人处世的不同方法，有针对性地对学生进行心理换位的教育，让学生充分感受到班级和教师对他们的尊重和关爱，让他们产生“自己人”的感觉，从而激起他们的参与意识。

3. 要有高度的责任心

心理换位法的实施要求班级成员要有高度的责任心，只有在主观上想要做好本职工作，才有可能做到真正以公众的心理去感受问题和体验问题，并在认识过程中不断调整思考问题的方式、方法，以充分认识、了解其他班级成员的不同需求，为班级的决策提供依据。

三、高中班级管理中运用心理换位法的可能性

（一）心理换位法自身的优越性

心理换位法作为处理公共关系的一种常用法，被广泛运用于各种领域，当它被用于高中班级管理中时，又显示出其特有的优越性。而这些优越性就集中体现在实施心理换位法后产生的影响具有深远性。

在高中班级管理中运用心理换位法，无论是对班级还是对班级成员而言，都会产生深远的影响，这些影响在很大程度上能增强班级管理的效果。

第一，心理换位法的实施能够使班级成员充分感受到班级对他们的尊重，感受到班级的民主与平等，这种尊重能够激起班级成员强烈的参与意识，使班级成员能积极主动地去参与班级的活动，自觉关心班级的发展，有助于形成全员参与管理的氛围，最终达到增强班级凝聚力的目的。

第二，心理换位法能够激发班级成员从不同角度去观察、认识错综复杂的社会现象和人际关系，思考解决问题的方法，从而调动学生自我教育的积极性，培养他们创造性地解决问题的探索精神和独立思考的能力。

（二）符合高中生的心理发展特点

高中阶段是人一生的黄金时期，这一时期的学生生理发展迅速走向成熟，但心理还处于半幼稚、半成熟的状态，他们渴望与其他人进行交往，渴望得到他人的理解和认可。这一时期的高中生心理发展呈现出以下一些特征：

第一，思考和处理问题的能力有所提升，开始理智地思考问题；与初中相比，遇事更加自信、果断，自制力也更强，也更能掌控自己的行为。但是对问题的看法还比较片面，容易以偏概全，时常需要直观的、感性经验的支持。

第二，对自己情绪的控制力较初中阶段有所提升，情绪体验更强烈，常常对活动充满热情，更容易振奋；但情绪也容易波动，也会感情用事，有时会出现盲目的狂热和急躁，以致不计后果的冲动；遇到挫折会产生种种消极情绪。

第三，自我意识进一步增强，不再只是盲目服从于教师的权威，喜欢表达自己不同的见解，展示自己的个性，也更加渴望能得到别人的理解和尊重。

第四，更加关注自己在群体中的位置，迫切需要情感力量，交友热情高涨，乐于参加不同类型的群体活动。而伴随着不同群体性质的影响，高中生的个性会朝着不同的方向发展。

基于高中生心理发展的这些特征，在高中班级管理中运用心理换位法就显得尤为必要。

第一，心理换位法成功实施的一个重要前提就是需要班级成员之间的相互尊重和理解，这在一定程度上能够满足高中生渴望得到理解和尊重的心理需求。同时有效的心理换位也能拉近高中生与同伴群体间的距离，增进与同伴的情感联系，从而满足高中生在人际交往中的情感需求。

第二，心理换位法的运用，能够帮助高中生学会从不同角度去思考问题，增强他们全面思考问题的能力。同时，也让他们在心理换位的过程中，体会到不同的情绪和情感体验，增强他们对情绪的认知，从而提高他们对情绪的控制能力。

综上，心理换位法具有能对班级管理产生积极、深远影响的优越性，同时心理换位法的实施还能适应高中生的心理发展特点，满足高中生的心理需求，提高他们的思维能力和自我控制能力，这些都使得在高中班级管理中运用心理换位法成为可能。

四、高中班级管理中运用心理换位法的必要性

（一）新课改背景下转变教师角色的必然要求

新课程改革对教师在专业发展、教师与教学、教师与学生方面都提出了新的要求，随着新课改的进一步推进，教育以学生为本已成为共识。在这样的背景下，教师所扮演的角色不再是具有绝对权威的指挥者和单纯的知识传授者，而应该转变为学生学习的组织者、引导者、合作者，还要学会扮演学生心理健康的调试者、价值观念的引导者。这些都要求教师要坚持以学生为中心，走近学生，学会关心和理解学生，拉近与学生的距离。要实现师生之间的相互理解、相互尊重，就需要师生双方的心理换位。而要成功实现师生之间的心理换位，就要求教师要掌握心理换位的相关知识和方法，这样才能实现教师角色的转化。

（二）应对班级管理新情况新问题的必要举措

处于现在这样一个复杂多变的社会背景下，高中生们每天都会受到不同社会信息的影响，这就使得高中生们的想法更加多元，思维更加发散。高中班级管理者每天面对着这样一群处于不断发展变化中的高中生，就必然会遇到一些新情况、新问题。比如，随着信息技术的发展，手机由原来的通信工具变成了现在人人都离不开的集通信、娱乐、学习等功能于一体的生活必备品，高中生也基本是人手一部手机。但部分高中生的自制力不强，无法很好地控制自己玩手机的时间，这就使一个便利的工具变成了影响学生学习的最大障碍。在这样的情况下，班主任如何加强管理，引导学生正确使用手机，就成为影响高中班级管理有效性的一个重要因素。而单靠强制措施无法完全解决这个问题，那就需要班主任先了解学生的想法，并结合着自身的经验，设身处地地帮学生分析玩手机的利弊，让他们认识到无节制地玩手机会对自己的学习产生的不良影响，从而引导他们正确地看待手机。在这个过程中，心理换位法也能起到重要的调节作用。

（三）缓解师生矛盾和班级冲突的必然选择

班级中的成员都是来自不同家庭、不同环境的，都有着不同的个性特

征和思想观念，每个学生自身的素质也参差不齐，在长期相处中，就难免会产生一些矛盾，这些矛盾既包括学生与学生的矛盾，也包括了教师与学生的矛盾。而这些矛盾的产生大多是因为双方都各自站在自己的立场去处理问题，忽视对方的感受，双方缺少必要的沟通和理解。要解决这些矛盾，就需要矛盾的双方能够摒除偏见，设身处地地站在对方的立场去理解对方的感受，也就是要学会心理换位。这些矛盾的解决，对拉近师生关系、建立良好班风都有很重要的推进作用。比如，班主任根据自己的意愿选出能力、态度符合班主任预期的同学来担任班委，但这样选出来的班委却很难得到其他同学的支持，这就导致班级管理工作无法正常开展。面对这样的问题，就需要班主任与学生、学生与学生之间进行心理换位，班主任站在学生的立场来选出得到班级成员认可的班委，其他班级成员也站在班委的立场来思考如何把班级建设得更好，这样就能有效地解决班委不能服众的问题。再比如，伴随着生活、学习压力的增加，很多学生无法及时排解自己内心的不良情绪，再加上家长和老师过度在意学生的成绩，导致学生心理健康问题频发，严重地影响了班级的正常管理。这些存在心理健康问题的学生，就更需要家长、老师、同学的包容和理解。这种情况下，学生、老师、家长之间进行心理换位，彼此之间互相理解和尊重就显得尤为重要。

五、高中班级管理中运用心理换位法的策略

班级管理的实施不能单靠班主任，它还需要科任教师、班级里的所有学生的共同努力。要在班级管理中实施心理换位，并取得一定的效果，也不能仅仅只是教师单方面地为学生着想，学生也应该参与进去，它需要教师、学生两方面的互相理解和尊重。这就要求教师、学生都对心理换位法有所了解，并且有与对方进行心理换位的意识和意愿。在这个过程中，班主任作为班级管理的主要实施者，其自身就应该先更新自己的教育观念，对心理换位法的相关知识进行学习，了解高中生心理发展的规律，掌握必要的沟通和倾听技巧，并努力地创建民主平等的班级氛围，做好联结教师、学生和家长三方的“桥梁”，积极促进教师与学生、学生与学生、教师与家长、学生与家长几对关系中双方的沟通与交流，增进他们彼此之间的尊重和理解，有效化解班级管理中存在的矛盾，促进班级管

理工作的顺利展开。

（一）班主任要加强学习

随着时代的飞速发展，知识更新的速度大大加快，教育事业的发展也面临着越来越多的新情况、新问题。作为教育一线的教师，尤其是班主任，要想从容应对不断变化发展的教育对象，处理层出不穷的教育问题，就必须坚持学习，把学习从单纯的求知变为生活的方式，做一名学习型的教师，努力做到活到老、学到老，终身学习。

1. 更新班级管理理念

一个班级实行什么样的管理模式取决于班主任，而班主任采用什么样的管理方式则取决于其自身的班级管理理念。班级管理如同行船，理念是舵。要想班级管理这条船走得又远又好，那作为掌舵人的班主任就要树立先进的管理理念。

（1）以学生为本的理念

即在教育过程中要把学生放在第一位，重视学生、理解学生、尊重学生、爱护学生，提升和发展学生的自身价值，把学生作为教育教学活动的出发点。这就要求教师要把学生当成一个完整的、不断发展的“人”，而不是把他们当成学习的机器；要尊重他们的个性差异，保护他们的求知欲，着重培养学生的自尊、自信、自爱、自立、自强的意识，开发和挖掘他们自身的禀赋和潜能，促进学生的全面发展。

（2）民主教育理论

古今中外，很多教育家都对民主教育进行了论证和阐述，比较有名的如美国的杜威，中国的陶行知、李镇西等。纵观这些学者关于民主教育的理论，虽然表述有所不同，但所传达的核心思想都是相同的。

第一，都强调教育的平等性。这里的平等就包括了师生在人格尊严和地位上的平等以及学生接受教育的机会均等。师生的平等指向的是教育教学活动的民主，它要求教师要由教学活动的操作者、主宰者变为教学活动的引导者、合作者、组织者，成为平等中的首席；要把学生作为教育教学活动的中心，尊重他们的主体地位，让学生学习的过程由被动接受转变为主动学习。教育机会均等指向的社会民主，即有教无类，就是要让所有的人不分男女老少、贫贱富贵，不分民族，打破任何规则和资格限制，都能够无条件地享受教育的机会。

第二，都强调要尊重学生。教师不能以强制的方式教育学生，而要尊重学生的人格，尊重学生的主体性，尊重学生发展的主动性，承认学生作为个体的差异性；要善于发现学生的优点，包容他们的缺点，并帮助他们发挥特长，扬长避短；尊重学生提出的奇思妙想，要善于激发和保护他们的发散思维和创新意识。

（3）群体动力理论

这一理论认为，一个人的行为，是个体内在需要和环境外力相互作用的结果，它主要论述的是群体中的各种力量对个体的作用和影响。该理论认为在群体中存在着群体领导方式动力、群体组织形式动力、群体结构性质动力、群体公约动力、群体多数动力等几方面的群体动力。这一理论促使人们从内因的角度去考察和研究群体行为的产生和发展规律，从群体成员间的关系以及整个群体氛围中去把握群体行为的变化过程。

从群体动力角度来分析，班级群体是由班级成员及其所处的心理环境共同组成；而班级成员的行为表现，也会受到班级群体心理环境的影响。因此，教师如果希望采取有针对性的措施来促进班级群体的发展，就要认真分析班级的心理环境，对班级中班级群体的构成与角色、群体规范与舆论、群体凝聚力、班级气氛等班级群体动力的诸多因素有充分的了解。

除了上述的理论和理念之外，还有很多先进的班级管理理论，比如，果断纪律理论、尊严管理理论、内在纪律理论以及很多教育家的班级管理理论等，班主任只有不断学习、不断借鉴这些先进的班级管理理论，才能提高自身的素养，从而找到有效的方法来提高班级管理的效率。

2. 学习了解心理换位法的相关内容

在班级管理中，班主任无论是想自己运用心理换位法，还是引导其他班级成员进行心理换位，要想取得一定的效果，都得首先对心理换位法的相关内容有所了解。具体而言，应该从以下几个方面进行了解。

（1）了解实施心理换位法的前提和必要条件

实施心理换位法前，应该先对班级成员行为过程的原因进行分析，了解他们行为背后的真实原因，才有助于理解对方的立场和处境。所以，在班级管理中成功实现心理换位的前提是对班级成员的行为进行正确的归因。而要正确归因，就要打破对群体的刻板印象，把个体特征和群体特征区分开，不能将某一群体的特征完全套用在某一个体身上，而应该看到个体的差异性，具体地去分析个体行为背后的原因和动机，从而更好地去理解对方行为的合理性。

在班级管理中班级成员间心理换位的成功实现是建立在班级成员间彼此了解的基础上的，所以，班级成员间的充分了解是成功实现心理换位的必要条件。对于班主任而言，就要充分了解班级学生各方面的情况，包括学生的性格特征、习惯、爱好以及他们的家庭情况、身体状况等，这样才能更好地理解学生行为的原因，为成功实现师生之间的心理换位准备条件。

(2)了解实施心理换位的方法

常用的心理换位的方法有以下几种。

第一，角色扮演法。角色固定是心理换位的最大障碍，因此，要实现班级成员之间的心理换位，就要突破角色固定这个障碍，而角色扮演法可以很好地帮助班级成员突破这个障碍。在班级管理中进行角色扮演就是要求“教师在心理上扮演学生的角色，站在学生的立场去认识问题，体验原来体验不到的某种切身感受”[①]。当然，要提高心理换位的效果，仅仅是教师扮演学生还不够，教师还应引导学生去扮演教师和其他同学，比如在管理班级时，可以采用值日班委制度，让每个学生都成为班级管理者，都有机会参与班级管理，这样他们就更容易理解班主任和班委管理班级的不容易。在教学上，可以尝试把课堂交给学生，让学生来扮演小教师的角色，增加学生对于课堂教学的体验。还可以采用情景剧演绎的方式，把班级发生的事让学生通过表演的方式呈现出来，让学生在演绎中来扮演其他同学，这样不仅能强化他们对这些事情的认识，也能让他们增加对其他同学的理解。在运用角色扮演法时，应注意要根据活动目的，综合运用多种角色扮演方法。在角色扮演结束后，应该在教师的引导下对整个过程进行客观的总结和评价，而且还应该调动所有同学都积极参与到角色扮演中来，这样才能达到心理换位的目的。

第二，迁移感受法。班级成员在与其他人相处时，在平等待人原则的

①李红育.以己度人换位思考——浅谈教学中教师的心理换位[J].中学语文，2017(03)：119.

基础上，将自己在学习和生活中遇到某些事情时的感受，比如，迟到时的尴尬和无措、完不成任务时的焦虑和自责、被责骂时的愤懑和难过等迁移到其他成员身上，这样就更能感同身受地去理解其他班级成员，成功地与其他成员进行心理换位。

第三，回忆往事法。与迁移感受法类似，回忆往事法也同样强调根据自己生活中的某些感受去考虑别人的感受。不同的是，回忆往事法特指的是教师回忆自己学生时代的情景，尝试用孩子的眼光，而不是大人的眼光去看问题，用孩子的心去感受世界，以此来增加对学生的理解。比如，教师可以回顾自己处于中小学阶段的心理特征、兴趣爱好，以此来研究现在学生的心理，从而提高自己的心理换位能力。

3. 学习了解高中生的心理特征和心理发展规律

根据埃里克森的人格发展八阶段理论，12～18岁的儿童处于青春期，而高中阶段的学生就正好处于这个阶段。这一阶段的学生的主要任务是培养自我认同感，把外界对他们的评价与他们自己的内在感受相比较。如果他们在这一阶段不能成功回答“我是谁”的问题，就无法很好地理解自己是怎样的人，无法接受并欣赏自己，就容易出现角色混乱。因此，在这一时期，班主任对学生进行教育和管理的一个重点就是要帮助他们建立自我同一性。班主任应该尊重学生，帮助学生发展，为学生的发展创造机会，帮助学生培养自我，促进其发展。当学生在学习上遇到挫折、失败时，班主任要帮助他们学会处理好这些问题，正确面对这些问题，帮助学生渡过这一危机，实现自我人格的发展，避免出现角色混乱。

4. 学习掌握必要的沟通技巧和倾听技巧

成功实现心理换位，需要师生之间的相互理解，这就需要师生之间进行有效的沟通。而班主任作为班级管理的主要实施者，更需要掌握有效的与学生进行沟通的技巧，同时还要学会倾听学生的意见和想法。具体而言，班主任在沟通中可以运用以下技巧。

（1）注重师生沟通中的语言艺术

在师生沟通过程中，除了要注重谈话的内容之外，还应注意语言表达的技巧，注意运用语言艺术。

第一，在与学生沟通时，语气一定要真诚。要让学生感觉到教师是真心地为他好，让学生能从语言交流中感觉到教师对自己的关心，这样才能达到“以心换心”的效果。

第二，在与学生沟通的过程中，要注意语言要委婉、含蓄。有些时候直言不讳虽然能直截了当地指出学生的不足，表明教师的态度，但却可能会让学生难以接受，甚至会让学生觉得无地自容。如果能适当地将语言的一些“棱角”磨平，使学生在沟通时感觉自己是被尊重的，这样或许就能使学生在理智和情感上都能接受教师的意见了。

第三，在与学生进行沟通时，还可以适当运用“幽默”的语言。毕竟一味的语气严肃，会让学生忌惮教师，产生疏离感，不利于师生间的真诚沟通。而适当的幽默可以充当师生关系的“润滑剂”，能有效拉近师生间的距离。但是在使用幽默语言的过程中也要注意不要“明幽默，暗讽刺”，不能假借开玩笑的名义来讽刺、挖苦学生，因为这样会让学生觉得教师虚伪、造作，进而就会对教师产生不信任感，更不会对教师敞开心扉了。

(2)巧用“第三人效应”

在传播与说服心理学中，人们把通过第三人佯作无意间转述他人的某种意见，或创造某种条件让对方间接地听到你对他的评价与关注，从而产生意想不到的传播效果或劝说效果的现象，称之为第三人效应。这种效应也同样适用于师生之间的交流与沟通。在沟通时，教师可以直接转述第三人的话，以增强说服力，也可以让第三人对第二人(学生)转述自己对第二人的看法，或者创造条件假借第三人的话表达自己的意思，这样能有效解决师生间的一些敏感问题。但是在运用“第三人效应”时也应注意，所选的第三人与第二人(学生)的关系要良好，这样第三人说话的可信度才会高；同时，还要注意所转述的第三人的话一定要真实，否则，一旦穿帮，学生对教师和第三人的信任度都会大打折扣。

(3)尝试一些改善人际关系的小技巧

要改善与学生的关系，与学生进行有效沟通，除了注重语言表达艺术外，还可以使用一些小技巧。比如，可以适当改变对学生的称呼，多用“我们”，让学生产生“自己人”的感觉，拉近与学生的心理距离；也可以在了解学生脾气性格的情况下，适当使用一些肢体动作，如拍肩膀、摸头发、握手、拥抱等，增加与学生的接触，让学生感受到教师的亲和力；还可以在学生的一些重要日子(如生日)，给学生制造一些惊喜，可以是物质上的惊喜，也可以是口头上的表示，这些都能让学生感受到教师对他的关爱，也能在一定程度上改善师生关系。

此外，良好的沟通还需要耐心地倾听对方，了解对方的内心感受。教师在与学生谈话时，要避免在学生讲话时三心二意，注意力不集中在学生的讲话上，或是急于表达自己的观点，打断学生的讲话。教师应该耐心地倾听学生的表述，并给学生投去鼓励和赞同的眼神，这样可以使学生觉得受到重视并肯定自己的价值，从而促进师生间的有效沟通。

（二）营造民主平等的班级氛围

人总是处在一定的环境氛围中，人们的行为和心理也会受到环境潜移默化的影响。不同的班级环境和氛围也会对学生造成不同的影响。民主平等的班级氛围让每一个班级成员都有表达自己的权利和机会，能够为班级成员间的交流提供宽松的心理环境，有利于班级成员间的平等交流和相互理解。所以，在班级管理中要成功实现班级成员间的心理换位，就需要营造民主平等的班级氛围。

1. 尊重并平等对待学生

在高中班级管理中成功实现心理换位的一个重要条件就是要平等对待每一个成员，给每个成员以充分的尊重。而且班级中的所有成员都是平等的，因此在班级管理中，最忌讳搞特权主义。但是在实际教育过程中，很多教师却难以做到平等对待每一位学生，他们会更加青睐成绩优异的学生，即便这些学生犯了错，也能轻易地原谅他们；但对于成绩相对较差的后进生，则存在着较大的偏见，总认为这些后进生学习不好，那他们其他方面也不会有多好，因而就会一直盯着后进生的缺陷，而看不到他们身上的闪光点；而对于班级中成绩中等、中规中矩的大部分学生，则属于“小透明”，更容易被教师所忽视。学生能很敏锐地察觉到教师对待不同学生的不同态度，长此以往，容易造成学生对教师的不信任，不利于师生间的心理换位，影响班级管理工作的展开。因此，要营造民主平等的班级氛围，就要坚持平等待人的原则。

此外，民主是出于对人的信任和尊重，中学班级民主管理要把握一个核心——尊重，尊重既是实施班级民主管理的核心理念，也是实施班级民主管理的前提条件。[①]因此，要营造民主平等的班级氛围，还应坚持尊重学生的原则。班主任应该尊重学生的人格、尊重学生的情感、尊重学生的思想、尊重学生的个性、尊重学生的差异、尊重学生的人权、尊重学生的创造……当然，与此同时，也要教会学生尊重他人。

2. 制定利于成员心理换位的班级管理制度

科学的班级管理制度，除了能有效约束班级成员、建立良好的班级秩序之外，还有利于协调班级成员的关系，增强班级凝聚力，提高班级成员进行心理换位的积极性。班级管理制度包括了班级常规管理制度、班级奖惩制度、班委管理制度以及班团干部考核制度等。要营造民主平等的班级氛围，在这些制度上都应该有所体现。

班级常规管理是班级管理中最繁琐、需要长时间坚持的一个环节，在进行常规管理时，在要求学生严格遵守班级制度的基础上，可以在制度的制定和实施等环节上体现民主，比如，可以让学生自己讨论并制定关于纪律、考勤、作业、卫生等方面的制度要求，班主任负责把关审核，再让全体学生参与监督实施。这样制定出来的常规管理制度，更容易让学生遵守和执行，而且也能增加学生的参与感，让学生感受到自己的主体地位。

班级奖惩制度是对班级常规管理制度的补充和保障，它能更好地促进常规管理制度的实施。在进行奖惩的时候，要做到一视同仁，不论成绩好坏，只要做得好就要奖励，犯错了就应该按照相应的规定进行惩罚，这样才能体现公平。

班干部是协助班主任管理班级的小助手，也是班级学生的代表。因此，在班干部的选择和任命上，一定要采取民主的方式，让学生自主选出他们心中合格的班干部。同时还应定期进行班干部满意度调查，让全班同学对班委进行测评。这样一方面能督促班干部认真履行自己的职责，促进班级管理工作的开展；另一方面，也能增强学生的民主意识，积极参与班级的民主管理。此外，还可以采用班委轮换制，实施参与式管理，让每个学生都有机会当班干部，从而增加学生的体验，促进班干部与其他学生的相互理解，促使双方成功实现心理换位。

---

①万红霞.论中学班级民主管理及其路径[D].武汉：华中师范大学，2014：9-10.

(三)培养学生心理换位的意识

在班级管理中实施心理换位法,如果只是教师与学生换位,那很难达到用心理换位法来提高班级管理效率的目的,它还需要学生与教师、学生与学生之间进行换位。而要想让学生也能参与到心理换位的过程中来,那就要培养学生进行心理换位的意识,增加学生对心理换位法的认识,从而提高学生进行心理换位的积极性和主动性。

1. 与科任教师协同进行心理换位的教育

成功的班级管理是需要班主任、科任教师、学生的共同努力和相互配合的,培养学生的心理换位意识,也不能只靠班主任来进行,还应该借助科任教师的力量,在日常的学科教学中穿插着心理换位的教育。可以结合学科当中的某些篇目和章节,特别是文科类的科目,在讲解过程中穿插着心理换位法的相关知识,让学生在潜移默化中就学会与他人进行心理换位。也可以在教学过程中采用角色互换等方式,让学生体验讲课的过程,逐步培养学生的心理换位意识。

2. 开展与心理换位法相关的主题活动

班级成员的文化素养和品格总会受到各种文化活动的影响,而通过一系列主题活动所传达出来的信息和理念,也更容易被班级成员们接受。因此,班级管理者也可以通过开展一些相关的主题活动,来传递心理换位的理念,从而增强学生进行心理换位的意识。这些主题活动包括但不仅限于主题班会、主题黑板报、手抄报等。以主题班会为例,一次主题明确、安排得当、准备充分的班会课,不仅能激发起学生的兴趣,也能向学生传递相应的理念,而学生在班会课上获得的理念对学生产生的影响能持续较长一段时间。因此,组织形式多样的主题班会是班主任进行德育教育的重要形式。对学生进行心理换位的教育,同样也可以采取主题班会的形式。

(四)提升学生的心理换位能力

1. 实行小组互助,提升成员间的沟通能力

在班集体中,大多数班级成员都习惯与自己相熟的人沟通交流,而跟其他不熟的成员交流则较少。要想让班级成员间的关系良好,并且能够进行有效沟通,小组互助会是一个不错的选择。所谓小组互助,就是在

班级管理中以小组为单位，小组成员之间互相帮助，共同解决学习中遇到的问题，共同完成小组任务。通过小组互助合作的形式，能够增加学生与其他组员交流沟通的机会，增进组员之间的相互理解，从而促进组员间的心理换位。实行小组互助，班主任应注意以下问题。

第一，要合理安排小组成员。实行小组互助的最终目的还是提高成员的成绩，促进班级管理工作的开展。因此在分组时应综合考虑小组成员的男女比例、成绩优劣、能力高低等因素。小组内不能全是男生或全是女生，而应按比例搭配；也不能全是成绩不好的学生，而应该按成绩有优有劣，以优带劣，促进小组成员的共同进步；更不能将能力强的学生全分在一个组，这样会导致能力弱的小组难以完成任务，不利于小组间的比拼，而应该综合评估学生的能力，尽量做到各组成员的平均实力相当。另外，每个小组的人数要适中，每组6～8人是最理想的状态，人数过多，会使组内无法有效监督到每一个人；而人数过少，又不好安排任务，因此要合理控制组员人数。

第二，小组成员要分工明确。小组内除了要设置组长之外，还应设置卫生监督员、纪律监督员、记录员、汇报员等。组长负责统筹本组内的所有事务，包括组织组员参与讨论、收发本组作业、安排本组的卫生值日等；卫生监督员重点负责监督本组的卫生情况；纪律监督员则负责协助组长管好本组纪律；记录员负责记录整理本组的讨论和合作成果；汇报员则负责将本组的讨论成果展示出来。这样分工明确，不仅能让所有组员都有参与感，而且也能在分工中更好地了解每个成员的能力，让他们学会倾听、学会交流、学会互助，从而促进小组成员的沟通与理解。

2. 以活动促了解，提供心理换位的机会

共同参与班级活动是拉近班级成员距离的有效形式，通过参加活动，班级成员们不仅能展示自己的兴趣和能力，也能了解到其他成员的特长和优势。因此，要促进班级成员间的心理换位，应该积极组织学生参加各种各样的活动。这些活动可以是学校组织的活动，比如春游、秋游、运动会、篮球比赛、文艺汇演等等，也可以是班级自己组织的活动，比如班级内部的趣味运动会、辩论比赛、生日会、联欢会等等。组织这些活动的时候，可以让学生参与策划和组织，这样不仅能锻炼学生的能力，也能激发学生参与的积极性，增进学生彼此之间的了解，还能在一定程度上提高班级成员进行心理换位的积极性，从而增强班级凝聚力、缓解班级矛盾。

第二节　班规建设法

在班规建设的目的、内容等方面，高中与初中、小学存在一定的差异。小学班规主要强调学生良好的学习和生活习惯的养成，初中班规主要强调尊重学生的独立人格，而高中班规侧重于发动学生进行自主管理。在研究之初，有必要对高中班规建设的相关概念进行辨析。

一、高中班级管理

班级管理是以班级为单位的一切教育活动及作为班主任的一切职责的总称，是指以一定的价值为目标，求得具备一定要素的业务的完成。[①]这种观点将班级管理分为两个要素，即显性层面的教育活动和隐性层面的班主任的职责，指出了教育活动的开展、班级业务的完成是为追求某种有价值的班级目标，强调了班级管理的目标导向。

班级管理是班级管理者——班主任对班级组织实施的管理，即班主任根据自己被赋予的管理职责，为实现预定的班级组织目标，对班级组织进行规划、组织、协调、控制和评价等。这一观点在目标导向的基础上聚焦于班主任的职责，看到了班主任在班级管理中所起的重要作用，但是忽视了学校领导对各个班级的在宏观方面的领导和学生群体的自主管理。

班级管理乃是学校师生为了实现教育目标，确保班级教育教学活动的顺利进行，在人、事、物等方面开展的计划、组织、协调、评价等活动。这种看法突出了班级管理的教育导向，即通过教育教学活动的开展达到一定的教育目标。

与初中班级管理、小学班级管理相比，高中班级管理就是要将班级管理的普遍原理同高中具体实际情况相结合，着重体现出高中班级管理的特殊之处。

---

①杜克．班级管理[M]．北京：科学出版社，2005：55.

二、班规

班规是一种极微观的教育制度和教育规范，它是规范、约束以及引导每个班级成员，包括学生与教师的所有规则。这种定义突出了班规的制度属性，班规既然作为一种制度，自然需要被班级成员遵守，定义中还指出学生和教师都受到班规的约束，可见班规不仅指向学生，更指向教师，打破了传统班规中教师“刑不上大夫”的特权，强调了班规的平等性。

还有一种观点将“班规”解释为对班级成员有普遍指导与约束作用的行为规范，一般由班主任和学生共同制订，并作为班级管理的手段被普遍采用。虽然说班规是为了让学生更好地进行管理而诞生的，但是班主任作为班级管理的领导者，起着掌控全局的作用，因此班规的制定绝对离不开教师的指导。

以上两种关于班规的不同定义各有侧重点，通过结合这两种观点，笔者提出了对班规的理解。班规是为实现一定的班级目标，师生共同制定并用以约束每一位班级成员的教育规则。在班集体中，每一位学生以及包括班主任在内的各科任教师都是班级成员，都接受班规的约束。同时，班规与一般的规则不同，它的制定和执行都具有特定的教育目标，不管是针对学生个人还是针对班集体，因此可以说班规是一种教育规则。

三、高中班规建设

班级制度建设是指创立班级成员共同遵守的办事规程或行为准则，即班级规范的制定。然而，从班级管理实践看，班级制度建设理应包含班级制度的执行与落实。受这一观点的启发，既然班级制度建设既包括班级制度的制定，又包括班级制度的落实，那么作为班级制度建设一部分的班规建设理应也包括班规的制定和执行。在查阅班级管理的相关文献资料中，有关于教学评价的重要论述，因此也将高中班规评价纳入班规建设的范畴加以研究分析。综上所述，高中班规建设是师生共同制定、执行和进行班规评价工作的全过程。因此，高中班规建设不仅包括班规的制定和落实，还包括关于班规的评价工作。

四、高中班级管理中班规建设的作用

班级管理是一个复杂的系统工程，它包括班级生活中方方面面的内容。班规建设作为班级管理的重要内容,是教育学生学会做人、建立优秀班集体的必经之路。因此,必须把班规建设作为班级管理的重点来抓,必须高度重视班规建设的意义。班规建设的作用可以从三个层次加以具体分析:从学生层次而言,良好的班规建设能塑造学生的思想政治观念,培养公民意识;从班级层次而言,适合本班的班规有利于班级的规范化管理,形成良好的班风;从学校层次而言,好的班规打造优秀的班级,进而能提高学校的管理水平,提升教学质量。

(一)有利于塑造学生的思想政治观念,培养公民意识

高中思想政治课程作为一门德育性质的课程,是培养高中生思想政治观念的重要途径,同时也是整个学校德育工作的重要组成部分。学校德育工作的开展除了进行思想政治课程的知识教学外,班级管理的作用同样不可忽视,而作为班级管理最重要内容的班规建设,是塑造学生思想政治观念最直接最有效的手段。在班规建设中,教师用自己的良好行为和高尚情操为学生树立榜样,积极倡导、践行社会主义核心价值观,传播学生喜闻乐见的优秀文化,同学之间互相学习交流,各种思维的火花相互碰撞,学生的思想政治观念在无形之中塑造起来。

高中阶段的学生已经养成一定的自律性,能够在学习生活中控制自己的情绪,安排自己的生活。但是由于他们的身心发展与成人相比还是不够成熟,看待问题的角度不够全面、深刻,难免出现自我管理上的模糊和懈怠。在开学之初,大部分学生对自己的学习和生活还没有一个很明确的规划和目标,这时班规建设就能起到一定的引导和推动作用。学生在建立班规的过程中,明确了这些规章制度对班集体、对个人提出的种种要求,这就帮助学生找到了一定方向,同时为自己设定一个预期目标。在此基础之上,他们知道自己能做什么、不能做什么,需要达到怎样的效果,对自己的学习和生活也能有一个初步的规划。

班规制定的主体是全班学生。学生们自己制定的班规,更容易被他们自己吸收和理解,从而能更好地遵守和执行班规。在这个过程中,学生们主动参与班级管理,主动同其他同学接触,提高了自主管理能力,能更理智地看待自己在班集体中的地位,做好自己的本职工作。班规从酝酿到制定,再到执行和评价的一系列过程,是学生们民主参与的过程。

这个过程中学生们可能会有分歧、闹意见，甚至为一些小事争执得面红耳赤。但是，学生们在班规建设过程中扮演着现代公民的角色，他们全程参与的过程，不正是参与现实社会生活的一个缩影吗？现代教育要培养符合国家要求的社会主义接班人，他们必须热爱生活，贴近现实，主动参与到现实生活中去。班规的制定，需要经过一系列调查研究、深入讨论，同时也需要理解与妥协，这些都与现代公民所要面对的环境是一致的。因此，教师在调动学生参与班规建设的过程中也培养了学生的公民意识。

（二）有利于班级的规范化管理，形成良好班风

传统的班级管理模式，是一种低效率的"人治"状态，班级的一切事务都纳入班主任的监管，缺乏常态化的制度约束。例如，当学生出现违纪事件时，往往需要班主任亲自出面去解决，这样会侵占班主任大量时间，加重工作负担，一旦同样的事件再次出现，班主任需要重复之前的一切工作。而且，班主任在事无巨细地处理班级事务的过程中，可能会注入自己的主观情感。如果班主任的心情不好，或者犯错的是班主任平时不太重视的学生，班主任在处理这种情况下的班级事务时，可能做出不够公正的判断和决定，进而影响学生对班主任和班集体的看法。同时，由于缺乏完善的监管机制，学生容易心存侥幸心理，认为自己这次即使犯了错也难以被老师发现，进而出现明知故犯的现象。

（三）有利于提高学校的管理水平，提升教学质量

每个相对独立的班级都是整个学校的子细胞，班规的建设也要以校纪校规为重要依据。校纪校规是否符合本校的实际情况，是否为每一个班级制定本班的班规留有空间，直接关系着班规建设的成功与否。班规与校纪校规相辅相成，良好的班规能塑造优秀的班集体，而各个班级之间相互学习、良性竞争又会推动所有班级的共同进步。各个优秀的班集体组成了一个优秀的学校，当班级管理水平得到显著提高时，必然推动整个学校管理水平的提高。良好的班规有助于提高本班学生的成绩。教学质量是学校的生命线，各个班级在学业上的提高无疑会提升整个学校的教学质量。当学校的社会影响随着教学质量的提高而逐渐增大时，

学校中各个班级的班规建设的成效也会被社会所广泛接受，从而使学校可以从更多渠道获取多种资源做好教学管理工作，促进班规建设，形成一个良性循环。

五、高中班级管理中班规建设的影响因素

班规建设覆盖面广，教师在构思班规之前就需要考虑多方面的影响因素。在班规制定之前，教师需要了解相关的国家教育政策法规和本校的校纪校规，不能与二者相抵触；在班规执行的过程中，教师需要思考现行的班规是否符合班级实际情况、学生的执行情况是否顺利；在班规的评价工作中，教师需要不断反思整个班规建设的动态过程，并在此过程中努力提升自己的管理水平。总之，班规建设必须要求教师有总揽全局的独到眼光，协调好来自各方面的因素。

（一）国家教育政策法规对高中班规建设的影响

班规作为班级管理的重要依据，在特定的教育大背景下产生，必须符合我国相关教育政策法规。如《中华人民共和国教育法》《中华人民共和国教师法》《中小学德育工作规程》《中学德育大纲》《中华人民共和国未成年人保护法》等。班规作为班级中“法”的依据，必然是从国家相关教育政策法规中孕育而出。这些政策法规不仅是班规制定的重要参考，更是班规执行的法律制度保障。

（二）校纪校规对高中班规建设的影响

除国家相关教育政策法规外，很多学校都制定了本校的校纪校规，作为学校管理的更具体的指导方针。如华中师大一附中就制定了《华中师大一附中学生守则》《华中师大一附中高中生十大好品质》。其中《华中师大一附中学生守则》对学生在热爱祖国、团结集体、崇尚科学、热爱大自然、珍爱生命、积极参与劳动等方面作出了规定；《华中师大一附中高中生十大好品质》对高中生的安全与文明、生活与健康和交往与学习三个方面作出了具体的要求。校纪校规是学校根据自身的具体情况对教育管理提出的更进一步的要求，它符合本校的实际情况，班规的建设必须考虑校纪校规的相关规定。校纪校规已涉及的内容，在班规制定时可以作更明确的要求和规定；校纪校规并未涉及的内容，也可以在班规中

酌情加以补充。

（三）班级性质对高中班规建设的影响

班规建设要注意班级的性质。通过实地调查，班级性质可以分为两大类，一类是普通班，如文科班、理科班；另一类是特长班，如体育班、美术班、航空班等。普通班注重文化知识的教学，特长班除了一定的文化知识学习外，还会有相关特长的训练。班级性质不同，学生们的课程设置、日常教学活动、班级事务也会有所不同，班规建设自然也会不同。如华中师大一附中航空班，除了一般的文化课课程设置以外，还会有专门的航空训练课程和体能训练课程，班级里必须有与此训练课程相关的训练规定。因此，这就需要在班规制定的过程中根据班级性质制定符合本班的班规。

（四）教师的管理风格和管理水平对高中班规建设的影响

虽然说班规建设的主体是学生，但是教师的作用却同样是不可忽视的，教师的管理风格和管理水平对班规建设具有重要的导向作用。

就管理风格而言，一个爱护学生、尊重学生、理解学生、信任学生的教师，在班级管理工作中更注重引导学生培育一种民主、平等的班级氛围，更乐于让学生参与班级事务的管理，班规建设自然也会呈现学生积极参与的景象。相反，一个保守而古板的教师，必定处处提防学生、限制学生，并将一切班级事务总揽于自己身上，学生很难有参与班规建设的机会，更不用谈学生会信奉和遵守本班的班规。

就管理水平而言，管理水平高的教师与管理水平欠缺的教师在班规建设的效果上会有很大差别。受访的新手教师表示，尽管自己在班规建设中投入了很多的时间和精力，但是由于经验和水平所限，仍然很难达到预想的效果，遇到意料之外的情况经常无法妥善处理，自己热情地调动学生，可是学生们就是不愿意参与。经验丰富、管理水平高的教师表示，班规建设工作应该贯穿整个学习生活。在班级形成之初就必须重视班规的建设，即使在正式的班规还未出台之前，教师也要向学生明确提出几条学生必须遵守和践行的班规，形成一种良好的风气，然后逐步引导学生自己建立班规。通过对比发现，新手教师与经验丰富的教师在班规建设中之所以会造成一定差距,并不是因为教育理念的差异,而是教学管理艺术的掌握。经验丰富、管理水平高的教师更善于根据本班的实际情况、学生的特点以及事件的性质调动学生参与班规建设的积极性,更善于扬长避短、因势利导地引导学生往教师设想的方向前进。

(五)学生特点对高中班规建设的影响

新课程改革倡导尊重学生的主体地位,发挥学生的主体作用。学生作为班级管理的主要参与者,作为班规的主要制定者、执行者和评价者对班规建设产生重要影响。

班级作为一个由不同学生组成的正式群体,在统一的班规管理下开展各项活动。所谓正式群体,是指由组织正式规定而构成的群体。整个班级就是一个正式群体,它是在校行政人员、班主任的领导下,按一定章程建立起来的群体。此外,班级中的正式群体还包括共青团、社团等。班级中高效运行、默契配合、相互补充的正式群体有利于班规建设工作的顺利开展,而效率低下、相互推诿的正式群体则有碍于正常的班级管理工作开展。与正式群体相对应的是非正式群体,所谓非正式群体,是指在活动中自发形成,未经任何权力机构承认的群体。班级中的非正式群体通过同学间的人际交往来维系,它间接地影响班规的制定和执行等具体工作。

六、高中班级管理中班规建设的对策

(一)准确把握高中班规建设的各项原则

班规建设作为班级管理中的制度性工作,不仅需要教师的丰富经验为保障,更需要可靠的理论做指导。为更有针对性地做好班规建设工作,首先必须了解其具体原则。结合本领域已有的研究成果,笔者认为班规建设的原则应主要包括:民主性、鼓励性、平等性、广泛性、严肃性和可操作性。

1. 坚持民主性原则

绝大部分高中生都愿意参与到班规建设工作中去。这表明,高中生参与班级管理的意识较强,如果加以合理利用,可以大大减轻班主任的工作负担。因此,在班规建设的过程中,教师要充分调动学生们的积极性来为班级管理服务。这就要求在班规建设中,必须深入贯彻民主性的原则。

在班规形成之前,班主任要广泛听取全班学生的意见和建议,了解学生所想,并就学生有分歧的条例开展深入交流讨论,让学生自己决定取或舍,在思辨中了解班规的合理性。班主任还要发动学生自己制定班规,学生发挥自己的聪明才智,或借鉴其他优秀班级的做法,或搜集新颖有趣的资料,从而制定出符合本班学生实际情况的班规。在班规的执行上,不能是班主任的“一言堂”,班级的正常运转、班级事务的正常进行,都要依据班规执行。在班级管理中,很多班主任往往事无巨细、亲力亲为,在学生发生违反班规的情况之后,班主任经常会在第一时间及时处理,将班规对学生的约束管理作用抛在脑后,班规的执行也就形同虚设。其实,在班规建设的整个过程中,班主任扮演的是协调者、指导者的角色,是配角,主角必须是学生。对于班级里的大多数事务,都应纳入学生的管理之下,让学生自己运用班规来管理整个班级,同时班主任要相信学生,大胆让学生参与班级管理,并发挥班干部的管理作用。在实际操作中,教师也要避免走向民主的另一个极端。某些教师由于对新课程改革存在片面的理解,为了过度追求班级管理的热闹场面,放任学生管理一切班级事务,最终导致班级秩序一片混乱。

2. 注重鼓励性原则

传统班规在文字呈现中多以惩罚性用语为主,学生处于被动的地位,这不利于学生主体作用的发挥。在实际调查中,大多数学生也反映班规的禁止性、威胁性用语过多,自己像囚犯一样被视为班规监管的对象。在班规的文字呈现上,应以鼓励性用语为主,惩罚性用语为辅。鼓励性用语传递出班集体的温暖和班规的期待,学生更乐于接受和践行。对于犯过错误的学生,要宽容地对待他们的错误,允许他们通过良好的表现“将功补过”,维护他们的自尊心。在以鼓励性用语为主的同时,也要制定相应的奖励机制,对严格遵守班规并对班集体作出突出贡献的学生,要予以适当的奖励,以此来鼓励他们。

鼓励性原则还体现在班规建设要注重发挥学生的特长并锻炼学生在薄弱方面的能力。对于热爱劳动的同学,可以委任他为劳动委员;对于有文艺爱好的同学,可以让他做文艺委员;对于性格内向、不善于和同伴交往的同学,可以让他做组织委员,提供锻炼机会,多与同学交流,提高人际交往的能力。总之,要充分发挥学生们的特长,扬长避短,为他们提供成长的平台,调动他们的积极性为班集体服务,这样不仅能更好地锻炼和展现学生的个人能力,而且能培养他们为班集体服务的责任感和使命感,从而体会到自身在班集体中的价值。

3. 贯穿平等性原则

平等性原则直接关乎学生对班规建设的满意度,如果学生察觉到自身受到不平等的对待,很容易打消参与班级建设的积极性。平等性主要体现在两个方面:一方面,学生与学生之间必须平等。不论学生身兼何职、成绩好或差、是班规的执行者还是被执行者,都应受到班规的管理和约束。在实际情况中,有些学生因为自己是班干部,是班级的直接管理者,就认为自己可以凌驾于班规之上,搞特殊化。同时,还存在老师偏袒成绩好的学生的情况,认为对待成绩好的学生应该宽容一些,这些都是班规建设中不平等的现象。班规为班级管理提供了"法"的依据,公民在法律面前人人平等,同样的,在班规面前,每一位学生都是平等的。每一位学生都应遵守班规,每一位学生违反班规都应平等地受到相应的处罚。当然,教师也不应该提倡绝对的平等,这不符合实际情况,也难以操作,这就要求教师因人而异地采取相应的措施。另一方面,师生之间必须平等。班级规章制度中的规定,不仅需要学生做到,老师更应该做到。我们总是片面地以为班规只是用来约束学生的行为,其实不然,班规是用来管理和约束班集体里的每一个人的,包括班主任和科任教师。班规是在老师的帮助和指导下,学生自主制定出来的条文规定,理应约束老师。同时,榜样的力量是无穷的,为了能够更好地践行班规,老师也应该为学生们作出表率。老师们虽然自制力比学生强,经验比学生丰富,但他们毕竟不是圣人,也会懈怠,会出现特殊情况甚至犯错误,例如上课铃响了之后,老师迟迟没进教室。这样做不仅是对老师们进行工作上的监督,促进老师们的提高,更有助于班集体的每一个成员共同维护班规的权威。

4. 落实广泛性原则

班规建设是一个复杂的系统工程,需要所有学生的共同参与。班规是为促进班级发展应运而生的,它关系到每一位学生的发展。同时,学生作为班级的一分子，有责任为创建更好的班集体建言献策。集体的力量是强大的，集体的智慧是无穷的，班规建设不可能也更不应该仅凭班主任和少数班干部来完成，否则很难被学生所认可和接受。只有每一位学生积极投入到班规建设中去，才能使班规反映学生们的整体意见。

班规的标准不能过高，班规的制定和执行要尽量考虑每一位学生的实际情况，要符合本班学生的特点。班规中对学生提出的各项要求，不应超过学生的能力范围，要使每一位学生通过努力都能达到要求。如早上第一节课的时间在07:20，有些班主任要求所有学生在07:00之前必须到达教室，但这一要求比学校的规定提前20分钟，在实际操作中学生们确实都能按时到达教室。然而如果班规中要求学生06:40就到达教室，这显然是不符合实际情况的。虽然可能有的学生住在校内，但是其他住在校外的学生要达到这一要求确实很难，尤其是在个别学生住址离学校较远的情况下。此外，在学生努力达到标准的过程中，教师要指导学生将个人的学习和生活目标分解为多个相对容易实现的子目标，在多个子目标相继完成的过程中，学生的积极性不断提高，自信心不断增强，最终整个目标的实现就会较为顺利。

广泛性还体现在班规所规定的内容，应该尽可能包括日常班级管理中出现的所有违规情况。这就需要所有人在班规制定之初集思广益，动员全班同学广泛搜集资料，并对各种违规行为作出分类判断。针对不同的违规情况，还要制定出相应的依据违反次数、性质恶劣程度而进行的相应处罚措施，既严格要求每一位成员，又要提供改正的机会。总之，要通过完善的制度来体现班规的广泛性。

虽然班规建设的广泛性强调班级日常基本事务由学生依据班规进行自我管理，但班级里有些特殊情况也离不开班主任。例如，在处理学生的偷窃问题上，为了尊重学生的隐私、保护学生的自尊心，班主任直接进行管理更为恰当。又如当学生对班规处罚不满时，也需要班主任出面处理。

5. 把控严肃性原则

为了确保班规的适应性和合理性，班规的制定不能是班主任管理经验的文字呈现，必须按照科学严谨的相关程序进行。第一，要在全班范围内征求意见。第二，在收集各种意见的基础上草拟相应的班规，然后在班级里进行公开讨论协商。第三,在全班范围内取得一致意见,决策通过。

班规的出台,是全体师生集体智慧的结晶,师生投入了相当多的时间和人力成本。同时,班规是否能被学生所接受,需要试行一段时间之后才能得知。因此,班规制定出来之后,要保持一定的稳定性,不能朝令夕改。对于一些在实际操作中有争议的规章制度,可以开展班会活动进行讨论。如果某项规定确实不符合本班的实际情况或者难以执行,则须予以废除或进行修订,否则不但打击了学生们的积极性,更容易造成班级管理上的混乱局面。

一套完善的班规需要高效的班干部队伍来严格执行。班主任必须严格要求班干部,做好他们的思想工作,让他们在同学中间发挥模范带头作用,引导全体学生共同遵守和维护班规,从而在班集体中形成一种遵守班规的良好风气。对于违反班规的情况,必须进行严肃处理,不能对违规行为姑息迁就。但是严肃并非不懂变通,当学生出现违规问题时,教师也要用宽容的态度对待学生,给学生改过的机会,这与严肃处理学生的问题并不矛盾。一套严肃的班规,会让遵守班规的学生感受不到班规的束缚,而让经常违规的学生处处感受到班规的限制。

6. 确保可操作性原则

与各级教育部门颁布的相关文件不同,学生们自己制定的班规着眼于本班的具体管理工作,必须具有可操作性。班级规章制度的可操作性要体现在以下几个方面。

第一,便于理解。本班的班规是学生们自己制定的,也是服务于本班的班级管理。因此,在呈现上,应避免出现生僻难懂的词汇,要用学生乐于接受,甚至是在学生中间广为流传的语句。

第二,便于执行。很多教育文件中对学生的要求过于抽象,难以具体执行。

第三,便于判断。班规要明确指出学生能做什么,不能做什么,不应模糊不清。例如"晨读必须精力集中"这一条例就很难判断,因为学生的学习方式不同,有的喜欢诵读记忆,有的喜欢默读思考,有的则倾向于画知识结构图,在晨读过程中,学生们会呈现不同的学习状态,老师很难判断哪些同学到底有没有集中精力去学习。但是如果将"晨读必须精力集中”换为“晨读时，选择最适合你自己的高效学习方式，不做与学习无关的事”效果就完全不一样，在尊重学生学习方式差异的同时，又很容易判断学生是否在学习。又如“上课禁止交头接耳”这一条例操作起来就很不符合实际情况。一堂课45分钟，会有各种教学活动，学生们或听课，或思考，或讨论，这些活动中就包括了“交头接耳”。同时，学生们的精力有限，思想上会懈怠，偶尔“交头接耳”也实属正常。

第四，富有弹性。班规不能规定得过死，要留有余地，为学生的违规行为腾出部分灵活空间。不听学生解释，不顾学生的特殊情况，很显然是行不通的。

（二）严格遵循高中班规制定的程序

传统的班规制定，往往是班主任的一家之言，班主任将头脑中预设的班规宣读之后让学生们去遵守，很少听取和采纳学生们的意见和建议。然而，制定一套合理有效的班规，必须经过科学严谨的程序才能实现。通过查阅班规制定的相关资料发现，班规的制定可以细分为四个阶段：征求意见阶段、草拟班规阶段、讨论协商阶段和决策通过阶段。

1. 征求意见阶段

这一阶段为班规制定的准备期。在班规未形成之前，班主任可以先提出自己的想法，并向学生阐明应从哪些方面来制定班规，同时提议几条班规供学生讨论。即使是为学生充分考虑的班规，如果制定过程没有学生的亲身参与，也很难获得学生的支持。班主任要发动班干部在班级里广泛收集同学们对班规建设的看法，可以请每个同学提两三条自己能想到的班规，也可以通过小组讨论的方式收集班规，甚至可以请家长和科任教师参与进来表达他们的想法。在此过程中，提建议的同学要本着班规是为班级服务的宗旨真诚地提出自己的想法，不应该心存私念。与此同时，负责班规收集工作的班干部要耐心细致地做好汇集整理工作。

2. 草拟班规阶段

这一阶段为班规形成的雏形期，班干部将上一阶段中收集的有关意见和建议进行分类与归纳，具体做法包括将学生们重复提出的某条班规予以删除，只保留一条；对语言表述不当的内容进行修饰加工，使之简洁精炼，最终形成班规草案。笔者认为，班规草案应分为两大部分，即学习制度和生活制度。学习制度包括课堂纪律、作业收发与完成情况、考试、晨读和晚自习等相关内容;生活制度包括课间纪律、日常交往礼仪、卫生安排、班费管理和集会等相关内容。对于就餐和就寝这一类校纪校规中已明确作出规定的活动,在班规制定过程中可以不予考虑。

3. 讨论协商阶段

针对上一阶段形成的班规草案,教师要动员全班同学进行讨论协商。这一阶段的任务包括两个。第一,要对班规草案中不完善的地方进行修改,对大多数学生都持反对意见的内容予以废除,并对于草案中没有涉及的地方,要在讨论之后补充完整。第二,要讨论出良好行为的奖励办法和违规行为的处理办法。在这一班规制定的重要阶段,为了更好地保证班规的公开性和合理性,教师可以利用家长开放日的机会邀请学生家长参与到讨论中来,聆听家长对班规建设的建议和期待。

4. 决策通过阶段

班规草案经过学生和家长们的讨论协商之后已经基本成型,最后需要全体学生进行民主表决,坚持少数服从多数的原则。班规在班里取得一致意见之后,才能正式通过。作为班级管理的重要规则,班规通过之后要形成纸质文件张贴在教室并立即生效,同时及时告知各位科任教师和家长。

(三)高度重视高中班规的执行

一套合理完善的班规需要被严格地贯彻落实,在执行班规的过程中,方式方法尤其重要,它直接关系到班规执行的成效。为了做好班规的执行工作,给出如下四点建议:全面深入解读班规、加强班规引导工作、培养高效管理团队和做好监督预防措施。

1. 全面深入解读班规

为引起所有学生的重视,班规形成之后,班主任要在第一时间为全班同学解读班规。班主任进行班规解读的方式,不应是向学生简单地宣读各项规定,而应是逐条分析论证;班主任进行班规解读的目的,不仅是要引起学生对班规的重视,更是要引导学生深化对班规的理解。在解读班规的过程中,班主任最好讲清楚每一条班规的来龙去脉,即该条班规的制定目的和要达到的效果,并逐条分析班规的合理性和必要性,增强学生对班规的认同感。同时教师应告诉学生什么事情能做或不能做、哪些行为会受到相应的奖励或处罚，只有这样才能使学生明确自身的行为是否符合班规的要求。

解读班规的部分工作，也可以交给学生去做。学生解读班规的一个重要方式是开展情景剧表演，教师要在班会前几天将班规情景剧的剧本交给学委，让学委组织学生提前排练，并在开展主题班会时请学生进行表演。表演班规情景剧的方式生动活泼，学生在欢笑中就能接受班规。另外，办关于班规的黑板报也是很好的方式，通过文字、表格和漫画等形式，传递班规的价值，既能充分发挥学生的兴趣特长，又能加深学生对班规的理解。

班规建设是为了促进学生的发展，在解读班规的总结阶段，教师应要求学生自己制定个人目标，如排名上升多少位、养成良好的学习和生活习惯。同时也要为班集体树立目标，例如设立在学期末取得"年度优秀班级"称号、班级平均分上升一定的幅度、离开教师学生也能自主管理班级等目标。

2. 加强班规引导工作

"其身正，不令而行；其身不正，虽令不从。"在日常班级管理中，班主任和科任教师要以身作则，为学生做好榜样示范，带头遵守和践行班规，通过自身良好的行为感染学生。凡是要求学生做到的，班主任必须自己先做到；凡是班规明令禁止的，班主任必须严于律已。同时，科任教师要学会用高尚的情操陶冶学生，用饱满的热情感染学生，用实际行动带动学生。

班主任要具备敏锐的洞察力和良好的教育能力，准确把握教育学生的时机，合理使用教育学生的方式方法。在对学生的奖励上要及时而公开，在处罚学生时要注意方式方法。当学生表现优秀时，要及时给予鼓励和褒奖，并在班里公开提出表扬，号召同学们以此为榜样；当学生违反班规时，可以视情节严重程度和学生具体情况给予公开或私下的处理，同时在班里针对这一行为而不是学生个人提出批评，要求同学们以此为戒。需要注意的是，班主任在对学生进行管理时，要运用班规来约束和评价学生的具体表现。

班主任对班级的管理不可能面面俱到。因此，在班规的引导工作上，要注意发挥学生群体的巨大作用。有些事情班主任难以亲自管理，例如班费的收取与使用。有些事情学生管理起来可能效果更好，例如运用班级小团体的力量解决某些学生的心理问题。班主任要带领学生学会运用班规去管理班级，使班规治班呈现一种常态、一种习惯、一种共识，从而在班级中形成一种遵守和践行班规的浓厚氛围。

3. 培养高效管理团队

日常的班级事务和教学工作已经给班主任造成不小的压力和负担，班级管理也不是班主任一己之力就能实现的，因此，必须建立一支高效的管理团队来分担班级管理工作。班干部在班级管理工作中发挥着主要作用，必须重视对班干部的培养工作。班干部的选拔应在学生自愿的基础上采用自荐、推选等方式进行，应秉承机会平等的原则，让每个学生都有机会成为班干部，最好能根据学生的具体表现和兴趣特长委任相应的职务。

按照传统的班干部委任办法，班里至少有一半的学生无法成为班干部，而且唯分数论的现象十分普遍，即成绩好的学生通常被委以重任，而很多愿意为班级服务的学生却没有这个机会。班级管理工作能带动学生之间的交往、锻炼学生的管理能力、增强学生的自信心，如果班级管理工作仅仅是掌握在少数成绩好的学生手里，很容易造成学习上的马太效应，即成绩好的学生在综合能力和自信心上越来越强，成绩差的学生因为缺乏管理机会而逐渐落后。很多学生或许只是学习能力稍弱一些，但是在其他方面却有可能做得非常优秀。鉴于此，在班干部的选拔上应适当增加轮流、竞争和奖励等方法。班主任可以对班干部的任期做一个限定，届满之后通过竞选再次确定班干部人选，同时，班主任要经常鼓励学生积极参与班干部的竞选工作，以此提升学生的能力和自信心。

班干部队伍的“纯洁性”十分重要，纯粹的自律无法保证班干部的尽职尽责，因此对班干部的监督要通过班规的约束来进行。在班规中可以制定类似规定：班干部队伍要起模范带头作用，坚决履行各项班规，同时任何学生都有权力监督班干部的工作。

4. 做好监督预防措施

一方面，班规执行的监督工作，学生群体发挥着基础性作用。班主任可以每周指派三名不同的学生担任监督员来监督班干部的工作，监督员直接对班主任负责，一周之后向班主任汇报工作。班干部与班干部之间、班干部与普通学生之间要形成一种良性的监督机制，通过监督班干部的工作，吸收和借鉴他人的成功之处，克服自身的不足之处，在提升自身的同时也能让整个班集体都取得进步。另一方面，班规执行的监督工作，离不开班主任的领导。班干部确定之后，班主任可以利用课余时间开展班干部座谈会，交流管理工作的心得和经验，对班干部的工作提出各种意见和建议，同时要求班干部严格执行班规，定期开展对班干部的评价活动，对工作不力的班干部予以严肃批评，情节严重者可另选他人上岗。

在遵守和执行班规的过程中，内心脆弱的学生在失败或受到批评之后容易失去信心，因此教师要做好学生的心理预防工作。教师要经常与学生交流，掌握学生的基本情况，当学生在学习和生活中出现困难时，要及时进行帮助；同时教师要善于察觉学生的心理活动，当学生出现负面情绪时，要积极引导，逐渐建立学生的自信心。

（四）做好高中班规的评价工作

通过查阅相关班规建设的文献资料发现，已有的文献大多集中于研究班规的制定和执行两方面，对班规的评价领域研究较少。班规的评价工作是对班规制定和执行工作的反思与总结，不仅有利于进一步完善现有的班规，更有利于促进学生的不断发展。做好班规的评价工作包括两个方面：第一，利用班规评价学生；第二，对现有班规的评价。

1. 运用班规评价学生

评价的目的，不是为了攀比，而是为了检查班规的执行情况，使班规更适应本班特点、更符合本班实际，从而使班规更好地促进学生的成长。在班规执行过程中，要对学生遵守班规的情况作出及时的评价。班规在执行一定时期后，要对学生进行总结性的评价。

对学生遵守班规的评价，可以通过自评、互评或教师评价等方式进行。自评有利于学生对自身的行为及时地检查与反省，从内心深处理解班规；互评有利于发现自身难以发现的缺点和问题，从而促进同学间的共同进步；教师评价有利于为学生的自评和互评提供一个良好的示范。

教师在利用班规对学生进行评价的过程中，起着举足轻重的作用。

学生在履行班规的过程中难免出现违规的情况，如果学生难以认识到自身的错误或自身意志力薄弱、心存侥幸，自评则很难起到作用。有些违规情况发生在课堂上，班干部或身边的同学专注于学习无法起到很好的监督效果，即使有同学课下指出该同学在课上的违纪行为，也无法让违规学生信服，因为指出问题的同学可能自身也存在不认真听讲的违规行为。因此，教师评价在课堂上发挥的作用是不可替代的。对于可以当堂处理的问题，教师要立即果断处理。例如某个学生上课看漫画书，教师可以通过眼神注视、敲该同学的桌子等方式予以提醒。对于课上不方便处理的问题，待下课后找同学约谈。

教师在对学生遵守班规的情况作出评价时，要讲究艺术性，恰当运用表扬与批评的方法。教师批评学生时，要针对学生的具体违规行为提出批评，不能延伸到学生的其他方面，指出问题后对学生提出明确的具体要求，只有这样才能让学生真正接受教师的批评，改正自身的错误。教师表扬学生时，要实事求是地对学生的良好行为提出表扬，注意表扬的度，不能以偏概全地认为在遵守班规上表现好的学生方方面面都优秀，更不能通过对比某个被表扬学生而数落其他学生。

2. 评价和改进现有班规

班规在施行过程中，如果存在学生不愿遵守、执行难度大等情况，即班规的应然状态与实然状态不一致，则说明班规与班级的实际情况不相符。同时，随着班集体的不断发展，班规也应进行相应的调整。因此，班规的内容不应该是一成不变的，需要对班规的具体内容作出评价并进行一定的改进和完善。

在班规的执行过程中，班主任要注意收集同学们对已有班规的态度和看法，然后在班会上进行讨论。对于学生乐于接受并遵守的班规内容，要予以坚持；而对于在实际执行过程中难度大、怨声高的规定，经过全班讨论协商之后予以修改或废除。同时，对于在班规制定过程中并未涉及而在日常管理工作中屡次出现的情况，应适当增加相关的班规内容。

第三节　激励理论法

一、激励与学生激励的概念

激励是心理学概念，心理学理论认为激励是一种内在心理正向刺激过程，其本质效用是激发个体对某项事物、某个目标的兴趣和动力，在激励作用下，个体会长期保持相对兴奋状态、对目标追求的持久行动。心理学也认为激励效果的核心过程为内在心理过程，其需要一个有效的兴趣、动力触发动机，当该动机达到一定程度并真正驱动个体以相应目标为方向实施活动并保持该活动直至目标实现，这一完整过程为心理激励的全部过程。

由此来看，激励是一个高度内化的心理状态变化过程，但仔细分析心理学中的激励概念不难发现，个体心理激励过程的起点为动机，这种动机的产生不完全限定为个体内在认知，其可以由外部驱动，也可以由个体内在认知的变化来驱动。现代管理学领域对于激励的概念定义与心理学定义有所差异，其将激励定义为外部对个体施加的积极性调动行为，这实际上就是外部管理行为对管理对象心理激励动机的驱动行为。

学生激励属于学生管理的一项基本内容，其脱胎于组织管理理论体系，因此，学生激励也属于管理学领域的激励，激励主体为学生管理者（即教师、班主任等学生管理者），激励对象为学生，激励内容为教师或班主任面向学生所实施的一系列促进其增强学习动力、增强校园学习与生活规范意识的驱动型行为，激励目标是调动学生内在激励心理，使之形成有效的自我驱动、兴趣与目标导向行为维持的学生管理激励行为。[①]

二、班级管理中的激励

普通教师在教育工作中所实施的学生激励等管理工作是以学生学习发展为目标的，管理对象一般为单一个体或学生群体，在强调个性化教

①李玉红，张世雷.谈教育激励理论在初中班级管理中的应用[J].新校园(中旬)，2016(09)：178-179.

育的今天,普通教师对学生激励普遍是以个体特征为基础的人性化激励。班级管理不同于普通教师对班级学生集体的管理,其更强调班级环境、氛围、制度的管理,学习管理不再是唯一的核心管理内容,这也是班主任在学生管理工作中与普通教师最核心的工作内容区别。

简单来说,班主任教师在承担起一般授课责任外,还要负责班级管理工作,具体包括:安排班级管理活动,对班级内部各类活动、学生行为、班级纪律、学习氛围等进行管理;主导构建班级组织,选拔班长、组长、科代表等,保障班级各类生活性事务、学习事务的基本规范有效落实,并维持班级内部的良性人际关系,避免班级生活问题对学生学习产生负面影响;从心理、行为等层面对学生个体进行管理,使其更好地遵循纪律、更好地处理学习任务等,让学生更妥善地履行学习责任。

综合来看,班主任工作是融合了教学工作、班级管理工作的综合性工作,因此,班主任工作中的学生激励也不再仅限于学习激励层面,还包括了行为规范意识激励、双向班级管理活动主动参与意识激励等内容。因此班主任工作中的学生激励内涵更为丰富,这类学生激励工作更类似于组织管理中的激励,但同时也涵盖了学习激励的基本内容。

三、柔性管理理论

结合前文对激励、学生激励、班级管理中的激励界定来看,高中班主任工作中的学生激励属于班级管理的一项基本内容。现代教育学理论认为教育管理不能一味追求刚性,这会消磨个体个性、个体动力,因此现代教育学理论也主张在教育管理中应用柔性管理理念,这是一种强调人性化、教育受体主体化的教育管理理念。简单来说,教育管理的柔性化有四点追求:第一,关注教育受体的心理与行为特点,进行有针对性的管理,而非无差别化的标准管理;第二,避免管理方法、规范的强制性,而强调个体主观意识对管理规范的遵循行为驱动,规避受体抗拒心理;第三,重视管理行为对个体行为的潜在、长效干预,即强调增强教育受体对管理行为的心理感应,促进其主动认知管理目的、管理价值,弱化管理刚性;第四,强调教育受体自觉意识培养,进一步增强管理互动性,增强教育受体的主体性。

这实际上也为高中班主任工作中的学生激励提供了原则参考,即强调激励的个性化、激励非强制性、心理激励优先(行为激励与其他约束规范次之),并将学生主动意识培养作为终极目标。

四、激励理论

教育激励理论脱胎于管理学激励理论,除激励目标和激励对象特征差异外,教育激励与管理学激励的基本模式是一致的,一般分为强化型激励和过程型激励两种类型,以下对这两类激励模式进行简要介绍。

(一)强化型激励理论与应用方式

强化型激励理论是基于美国心理学家斯金纳所提出的操作性条件反射理论产生的,操作性条件反射理论认为传统硬性管理模式下,被管理者的规范行为属于应答型行为,其类似于经验和习惯积累,由量变引发质变,且质变结果并不确定,例如最终被管理者不一定能形成主观行为意愿;而学习等主观性行为中,外部管理者对被管理者施加的管理通常不属于应答型,这是因为被管理者本身对相应行为有主观动力,这种情况下管理行为的施加会促使其进一步强化自发反应,被管理者能够形成较强的主观行为意愿。

简单来说,操作性反射理论将学习行为界定为操作性行为,针对这类行为的管理会产生较明确的反馈,即针对学生的激励能够更有效促进其主观学习意愿和动力。基于该理论所提出的强化型激励理论一般是针对具体个体认知进行强化,例如学习行为激励、班级行为激励,在激励过程中强调个体需求、个体感受等进行强化,引导学生认知个人学习意识、学习态度、行为自律意识的问题、危害,激励学生主动改进个人行为与意识,并从自我完善中获得成就感等自我效能感知,由此强化学生自主意识。具体到学生管理的激励实践中来说,就是要尊重学生个体特点,强调以自我感知强化其自身意识,使之形成主动的自我矫正、自我发展动力,从而在未来学习、班级活动中形成更长效的积极意识、自律意识等。

一般在学生管理中,强化型激励的应用方式主要包括情感激励、民主参与激励、榜样激励、信任激励等。

(二)过程型激励理论与应用方式

过程型激励理论是基于美国心理学家佛隆所提出的期望激励理论所

产生的新型激励理论，期望激励理论认为人的行为由其固定需求所提供，这种需求涉及个体物质利益需求、精神利益需求、外部期待迎合需求。其中，外部期待是个体激励的重要的驱动力，基于该理论所形成的过程型激励基本路径如下：第一，由外部对激励对象提出有效目标，该目标必须是被管理对象认可（可以达成的目标）的；第二，激励过程中施加辅助性的奖励要素（物质奖励或精神奖励），此类激励用于满足个体需求，进而刺激其具体行为产生，此时对激励对象的目标将作为该目标激励下的主要行为；第三，激励对象在利益驱动下，主动迎合外部期待，自主贡献、自我约束、自我发展。

与强化型激励相比，过程型激励强化特定目标的导向行为，激励要素主要在个人行为过程中起到激励和约束效用，不直接改变激励对象的主观意愿。个人认为过程型激励属于约束与奖励并存的激励行为，激励对象被动地矫正自身行为，并最终达成预期目标。这实际上也是目前教师在学生激励中最常见的实践模式，个人认为这种激励模式的时效有限，不应作为学生激励的首选方式。但是这种方式也不是完全不必要的，对于高中生来说，其个人观念尚未稳定、思想未完全成熟（但处于即将稳定和成熟的关键期），有一部分学生在强化型激励下仍不能形成良好的自主学习、自我约束意识，此时运用过程型激励能够促进强化型激励效果，在激励过程中形成激励者（教师）与被激励者（学生）间的双向互动，进一步强化学生激励效果。

所以，高中班主任工作中的学生激励应以强化型激励模式为主，辅以过程型激励，以此更好地调动学生学习意识、自律意识等。一般在学生管理中，过程型激励的应用方式主要包括物质奖励目标激励、精神奖励目标激励、自我感知成就目标激励、竞争激励。

五、激励理论运用于班级德育管理的价值

（一）激励理论在班级民主管理中的价值

在班级管理的实际工作中，要体现“以生为本”的民主参与思想，建立和健全班级民主管理制度，也离不开激励理论的导向作用。

激励理论为班级管理规定了“以生为本”的大方向。传统的高压式的

管理仅仅把学生当成管理的客体，忽视了学生在管理中的主体地位，这造成了班级德育改革发展的瓶颈。激励理论帮管理者走出了这一困境，变专制管理为民主管理，做到从学生的现实需要出发，为学生的长远发展努力。把学生的个人发展和班集体的成长统一起来，使学生由被动接受管理到自觉接受管理，到最后主动承担管理。在激励理论的指导下，管理者给予学生充分的信任和鼓励，通过多沟通思想培养集体意识和与班集体共荣共辱的积极态度，对班集体有一种认同感、归属感；激励理论也倡导激发人的潜力和积极性，促使管理者从权威式的管理方式到民主管理转变。在班级德育管理中更重视利用各种机会培养学生的自我管理能力，比如让学生自己制定发展计划和目标，讨论班级重要议题和方案，参与班级重大决策。管理其实也是一种服务。为了更好地为学生服务、倾听学生的声音，激励理论促使班主任在协调班内人际关系的基础上，利用好班干部、团干部，了解班内学生的各种动向和趋势，对关系到学生切身利益的措施要谨慎执行，推进班级民主化进程。

激励理论有利于建立健全班级民主管理制度，提高管理者的管理能力。激励理论特别是公平激励理论提出制度激励，要求班主任制定科学可行的班级制度，并做到制度面前人人平等，公平、公正对待每一位学生，使管理日益制度化、规范化。学生是复杂的个体，有渴望民主的意愿和追求民主的权利，但民主是相对的，这也促使管理者努力提高自身道德文化修养和民主管理水平，学习各种关于教育学或管理学的理论，整合各种德育资源，综合分析寻求科学的管理模式，深化民主管理的理论水平。此外，激励理论也指导管理者在管理实践中倾听各方的建议和意见，发扬民主、班务公开。班主任在制定考核评价制度和奖惩条例时要透明化，在实施各种表扬或惩戒的激励方式时要公开化，鼓励班内竞争公平化，最终促进班级德育民主管理水平的提高。

（二）激励理论在激发学生潜能中的功能

激励理论可以激发学生的潜能，提高学习动力。学生在班主任的肯定表扬和耐心激励中通常会表现更自信，更具创造力。激励理论要求班主任去感染、影响和塑造学生，并以各种激励手段鼓励学生开发自身潜能和向上发展的动力；同时，激励理论也要求管理者用发展的眼光看待学生，关注每位学生的进步，提升学生核心素养和综合能力，形成一个奋发向上的班级共同体。运用激励理论可以鼓励和鞭策学生向着班主任引导的目标持续努力、超越自我的同时激励全班同学竞相赶超，共同奋斗。在激励的过程事实上也是一种感悟体验的过程，学生在此过程中被激发出的坚毅果敢、奋发进取、尊重信任等良好的品质逐步可以帮助他们保持长久的积极性和上进心，开发各方面的潜能，从而更好地实现有关品行和学习方面的近景、中景和远景目标。

（三）激励理论在提供愉悦求学体验中的作用

高中生的精神世界是丰富的，不同的学生也有着不同的情感特征。运用激励理论可以帮助班主任走进高中生的内心，做到“晓之以理，动之以情”。为此，班主任要利用各种机会找学生谈话，经常与学生交流情感，使学生获得积极的情感体验和正确的人生态度。在学生遭遇挫折或迷茫时，在情感上给予理解和支持，及时疏导其心理郁结，鼓励和引导其走出情感低谷。当学生犯了青少年阶段不易避免的错误时，班主任要以宽容的心接纳学生，尊重和信任学生，帮助其改正错误，正面引导而非用讽刺、挖苦、体罚等极端方式。关爱要体现在高中生学习生活的方方面面，让学生时时体验到被关心爱护着，畅通与学生的沟通渠道，一学期与每位同学至少沟通一到两次。为了满足高中生的好胜情感，班主任可以创设条件激励，为每位学生搭建展示自我特色的平台。同时，也要尊重学生的意见，肯定学生的努力，有计划地制定具有挑战性的又可能完成的任务，激发学生的成就感和满足感，以取得更好的管理效果。此外，班主任还应关注到学生的情绪波动，培养学生的情绪控制力和心理调节力，从而进行自我情感激励，协调班内人际关系，鼓励学生之间相互激励，为学生提供愉悦的求学体验，营造融洽和谐的班级氛围。

六、激励理论用于高中班级德育管理的对策

有效的班级管理直接决定班级的教育质量，间接影响着一个学校的办学品质。在尊重高中生个体的个性发展基础上，把激励理论创造性地应用到班级管理实践中去指导工作，从选择合适的激励的基本方向，到制定恰当的激励策略，阐明激励理论应用于高中班级管理的具体步骤，

在实践中深化理论，从而更好地指导班级管理工作，激发、驱动良好的德育行为，实现班级德育目标。

（一）选择激励的突破口

激励的根本目的就是激发和鼓励人的行为指向个人和组织所期望的目标。在应用激励理论于班级德育管理中时应该首先明确激励的方向和目标，在实施过程中做到“对症下药”，管理工作就不会出现盲目性。在管理科学的领域，随着行为科学的形成和发展，学者们对探讨如何激发人的动机、满足人的需要和调动人的积极性等方面做了大量研究工作。

1. 了解需要是前提

青少年身心发展有着自身的特点规律，而且个体差异性显著，所以每位学生的需要相对于他人有共同的地方，也有不同的地方；每位学生的需要相对自己在不同时间和阶段也不尽相同，呈现一定的阶段性。班级德育管理者想要调动学生的积极性，就必须首先考虑到学生不同层次的需要，对其科学分类，尽量满足迫切的需要。只有低一层次的需要得到满足后才会产生更高层次的需要。根据我国经济水平的发展和人民生活水平的提高，以及政府对学校硬件建设的重视，最基本的生理和安全需要一般都能得到满足，但是班主任也应重视这些需要，多与学生沟通了解食堂伙食、宿舍条件、热水供应、校内安全问题这些关系到学生切身利益的需要，及时和总务处沟通或寻求上级部门的处理。物质激励对贫困生激励效果更大，对优秀的家庭条件不好的学生班主任还应想办法帮其申请各种助学金、奖学金或物质奖励，满足其基本生活需要，激励好的行为。班主任在实施物质激励时要把激励内容和相应的班级规则制度结合起来，把物质激励的相关规则分布于众，激励学生向更高目标努力。

在高中班级管理中，班主任要更重视形成和谐的班级氛围，帮助高中生处理好班内的人际关系，通过精神激励满足学生对社会关系、尊重和自我实现等较高层次的需要，使学生在班级里充满自豪感、满足感、“主人翁”式优越感。精神激励是无形的，但能在很大程度上修正学生的德育行为。为了达成好的效果，管理者在精神激励中要把握如下三个环节：第一，班主任要致力于构建融洽的班级环境，促成学生的集体归属感和荣誉感。努力营造互助、互信、互爱的班级德育氛围。第二，让学生在管理中体验幸福和尊重，尤其要突出自尊的重要性。班主任要在日常工作中关心全体学生的精神生活和健康，多谈心、多鼓励、多表扬，调节学生的心理压力。对于学生暂时的错误既要纠正又要包容；接受学生合理的建议以激发他们的创新潜能；多布置一些经过努力能完成的任务以激发学生的成就感。第三，班主任应坚持不懈地工作，保持全班高昂的士气。经常对学生进行爱国主义教育和民族文化教育，在班级内输入正能量，形成共同奋斗的精神支柱，实现学生个人价值和集体价值。

当然，学生的各种需要也不是理论上的简单排列，而是复杂的组合和变化，各种需要的迫切程度也因人而异。在应用激励理论分析学生的需要时，我们要以马斯洛需要层次论为主，其他内容型激励理论为辅进行综合研究，对学生的需要科学分类。

2. 公平环境是保障

学生之间经常会形成有形或无形的比较，关于班主任是否公平对待自己。这里主要谈谈高中生期待公平对待的几个方面：公平待遇、公平的班级规则、公平的执行和公平的评价。

第一，班主任要避免主观偏见、就事论事，保证公正公平地对待每一位学生，尤其避免以学习成绩作为看待学生的标准。在物质上，在选择对学生奖惩时要一视同仁，但不能搞“平均主义”，要根据实际情况拉开档次，以保证激励效果。在精神和情感上，尽量做到公平看待每一位学生，确保每个学期和每位学生都谈过心，特别关注每位学生的心理健康和发展。现代高中生心理抑郁现象越来越多，主要频发在高二下学期和高三阶段，平等对待每一位学生，使学生思想上获得平衡的感觉，更配合班主任的德育工作。第二，高中生期待公平合理的班级环境，在班级内部要把公平的思想制度化，让学生共同参与班规的制定过程，制定出相对客观公平的班级规章制度，执行时也要公平、严格，避免主观因素的影响。第三，班主任要形成公平的评价机制。在评价主体方面要多元化，平衡班主任评价、家长评价、学生的他评和自评；评价方式也要多样化，多用动态评价和静态评价，形成性评价和总结性评价相结合的方式，高中班主任要特别注重在德育活动中的动态评价和形成性评价，激励学生不断发展、突破自我的积极性。

3. 目标激励是关键

期望激励和目标设置激励有着紧密的关系。根据弗鲁姆的期望理论,一方面,班主任应努力提高班级德育目标的效价,让高中生看到实现德育目标对自身发展带来的具体利益,同时,班主任要善于细化目标和突出每个阶段给学生个体和整个班级带来的利益。另一方面,班主任要最大限度发挥学生的潜能,为学生才能的展示提供机会和平台,使学生看到这个目标的实现完全在自己能力范围内。班主任可以通过班干部培训和"德育小助手"培训等提高学生的目标能力,从而使班干部、"德育小助手"承担更大的责任,胜任更具挑战性的任务,体验能力提高带来的满足感。在管理过程中班主任要做到宏观调控、懂得放权,根据学生的能力布置任务,让学生各司其职,实现自我管理,明确每个阶段的目标。

在应用目标激励学生时要注意以下两个方面:第一,尽力使班集体整体的发展目标和每位学生个人的奋斗目标相一致。学生在老师的激励下会产生积极的行为,但是个人单方面的再大的努力也不能决定整个班级的发展。班主任要协调班级各方力量,将每位学生的努力指向班集体发展的共同目标,明确权责,目标管理,使个人利益和集体利益紧密结合。第二,班主任引导学生设置科学合理的目标。如果把目标定得过高,学生感到再努力奋斗实现的希望也很渺茫,期望值很低,就容易放弃努力,那么效价再高激励力也不大;效价不足以吸引学生也不能激发学生的动力。因此,确定奋斗目标时要考虑到高效价、定量、可考核、可通过努力实现等因素。

(二)制定恰当的激励策略

在明确了对班级激励的基本方向后,班主任可以制定具体的德育激励策略,在制定方案时要以增加班级正能量为目标,要充分考虑到学生的需要,预测到可能出现的困难,便于及时调整策略。班主任应突破传统管理思维的瓶颈,关注激励的层次性和方案的系统性,创新适合学习型组织发展的激励方案。在具体落实中要跟踪记录实施状况,主要是全体学生心理和行为的变化,并不断完善。按照现代高中生身心发展的特点,在激励中应主要实施精神激励,并在激励中加强综合管理。

1. 在内容型激励中渗透情感教育

根据内容型激励理论，学生的需要也是有层次的，班主任除了必须在学习环境、饮食、保健和各项规章制度方面满足学生的基本生理需求和安全需求，还需满足学生社交、爱、尊重和自我实现等更高层次的需求，它们也是现阶段高中生的优势需要。这要求班主任有“德行上乘育隽德，大爱无边铸师魂”的精神境界。为满足这些需要，班主任需用真诚的奉献感化学生，用智慧的清泉浇灌学生，使个人融入集体，和同学协力创造友爱和谐的班集体。

（1）严慈相济，沁透师爱

第一，班主任需要绽放爱的人本智慧。用真挚的师爱沁透学生的心灵，我们需要研究每位学生的个性特质，从学生的角度思考，开启心灵。教育是爱的共鸣，是心和心的呼应。教师只有把热爱事业和热爱学生结合起来，才能达成心灵的沟通，建立爱的纽带，最终实现“亲其师，信其道”。因此，在教育工作中，笔者把信任和期待的目光洒向每个学生，倾听学生的意见和呼声，和学生产生思想和情感上的共鸣，让一切学生的心灵都感受到师爱的温暖。一句关怀的话语，一个细微的动作，一个由衷的微笑，一个饱含深情的手势，一个蕴含鼓励的眼神……这些对学生来说都是如沐春风，都会收到神奇的教育效果。

第二，班主任需要臻萃爱的辩证哲理。慈如母，严如父，严慈相济、相辅相成，共谱一曲爱的二重奏。真正的师爱是严慈相济、情理相融的完美契合。因此严是爱的延伸和升华。笔者坚信“爱之愈深，责之愈严格”。“严”并非不苟言笑，动辄体罚，这势必导致学生心灵受创伤，心理被压抑，久而久之将形成逆反心态，于事无补，于人无益，是对学生个性发展的隐性扼杀。真正的严要从学生的根本利益出发，对其不良思想和行为倾向以及学习上出现的问题进行耐心而严格地教育和引导。班主任应注意如下三点：严而有理、严而有度、严而有恒。

（2）修德允能，实现价值

传道必先修德，高尚的师德是育人成才的根本，是传人生存之道，发展之道，超越之道的前提。现代教育是一种允能教育，它关注发展学生的创新才能、竞争意识、独立人格。班主任需砥砺德行、智能足备、锤炼师艺，方能修己惠人、使教育生命化。班主任应带着崇高的使命感和责任感，尊重学生的主体地位，以学生的兴趣、意志、情感、知识、能力、创造性等为出发点，把学生的综合素质尤其是学生个性和创造力的培养，作为德育评价教学的重点，引导学生实现个人价值和社会价值。

班主任应致力于营造“和谐、自由、稳定”的班级德育氛围，注重制定民主、和谐的管理制度，使每位学生得到组织共同体的接纳和肯定，从而促成良好思想、品德和心理的形成，应重视以下三个环节：

第一，建立融洽的师生关系，班主任要努力完善自我，使自己拥有如下品质：信任学生、真实真诚、尊重认可、同感理解。拓宽知识视野，提高敬业精神，升华教育艺术，用人格魅力感染学生。譬如，班主任可以增进与学生的交流，在观察、谈心、了解学生后要将他们分成内向、外向、自信和缺乏自信等几种类型，对于不同的学生要有不同的情感策略，给予各种关注，期望和沟通，使他们获得需要的情感归属，做到有的放矢、区别对待。设定的德育目标应贴合每一个层次学生的“最近发展区”，才能使不同层次的学生各得其所，获得成就感与自信心。

第二，主题班会课设计要突出趣味性、综合性，贴近学生生活，体现思想深度。班主任在班会中应坚持发扬学生首创精神、展示学生实践才能、倡导学生自由发挥。以学生主导、班主任为辅助的模式，调节学生主观能动性和统筹规划能力。根据学生的发展状况选择合适主题和开展方式。比如“畅想青春，决胜高考”这种比较自由化的主题，可以设计讨论互动模式；而对于“感恩父母，感悟人生”等比较严肃的主题，可以采取朗诵、看视频等形式；至于“人生如鼎，人性至诚”等多元化主题可以利用辩论和角色演绎等活动方式。

第三，在班级设立公平合理的奖惩制度、建议制度和决策参与制度，让学生参与到班级发展规划中，促进学生政治、思想、道德等方面均衡发展。设定稍具挑战性的个人德育目标和团体德育计划，促进个体和组织共同发展。比如，笔者所带的班级实行“闪光教育”制度，每周都会综合学生和任课老师意见评选出“闪光之星”，如“自习之星”“领航之星”“劳动之星”等，利用班会课表扬并奖励；让评上“闪光之星”的同学写出自己的闪光点、闪光事迹和获奖感言，张贴在班级“文化角”的“星光大道”栏，根据这些学生的行为素养、道德思想和各方面综合表现让学生自己评选出每月的闪光之星，把一学期4到5个月被评上的“闪光之星”事迹和他们具有激励性的座右铭做成有班级特色的榜样文化镜框，并适当奖励，以鼓励班级的“正能量”，树立良好班风。总之，班主任用爱捕捉每个学生的闪光点，砥砺学生的德行，拓展学生的能力，让优秀成为一种习惯是班级德育管理的重要理念。

(3)“动静”结合，疏通情感

美国行为科学家赫茨伯格双因素理论认为，保健因素可以满足学生对外部条件的要求；激励因素则满足学生对学习或德育本身的要求。前者为间接满足，使其受到外在激励；后者为直接满足，使其受到内在激励。因此，在班级德育工作中既要完善维稳的保健因素，如学习生活环境、饮食健康、监督手段、人际关系等，更要促进激励因素的运用，注重“动静”结合，预防激励因素转化成保健因素。在具体的激励实施中，管理者要重视疏导，注重以下三个方面。

第一，用“霍桑效应”诱发成就感。“霍桑效应”理论同样适用于学生管理：当学生受到关注，或不良情绪得到疏通时，学习和交往的效率就会大大提高。因此，班主任应该首先关注集体意愿。例如，班级文化建设中，班级公约等出台前必须广泛倾听学生的心声，采纳合理实际的建议，信任学生、凝聚集体精神；其次，构建展示平台。充分挖掘学生各方面的才能和特长，给予适当机会展示各自积极优秀的一面，鼓励学生参加校园各种社团活动和社会实践活动，把知识技能、实践及情感态度和价值观联系起来，引导学生志愿服务和精神生活的追求热情，使其体现价值，收获成就；再次，疏导不良情绪。班主任要扮演好“倾听者”和“沟通者”的角色，可以建立QQ群或心理咨询室等多种渠道帮助学生宣泄苦恼情绪，缓解心理压力，也可以主动找学生谈心，了解班级近况，使班干部、室长等各司其职，给予鼓励，信心及权力协调好班级矛盾。

第二，用民主机制培养责任感。作为班级德育管理的舵手，班主任要创新民主管理模式，创造一个和谐团结、合作共赢、活力向上的全员责任化的班集体。同时，帮助班干部树立威信，提高执行力。比如，考虑到每位学生动态的、阶段性的发展，可以实行“班干部半学期轮班制”和“学长自主管理隔周轮换制”，使能力强、表现突出的学生协助管理班级，让越来越多的学生在民主竞争中不断进步，形成主人翁意识；此外，班主任应利用晨会课或者班会课时间每周召开一次民主总结会，赞扬近期的先进事例，明确需要改善的方面和未来发展目标。组织民主投票选举本周的“管理能手”“纪律标兵”“劳动达人”等，颁发奖状全班表扬。每半月召集班干部和室长开一次民主生活会议，了解班级和寝室近况，让班干部准备好有针对性的提案，商议决定实施方案，塑造一个人人都在自主化舞台上翱翔的学习共同体。

第三，用文化滋养铸就“软实力”。德育和教育教学是一个紧密联系的有机整体。德育为教育教学服务，教育课程学科中又含有丰富的德育资源和契机。因此，班主任应多与各科教师联系探讨，根据各科教材内容、教学的共性与个性，深入挖掘，找准契合点，不断融合，促使学生不但掌握知识、技能，更能提升情感、态度和价值观，收获感悟，做到“知行合一”。

2. 在过程型激励中建构公平机制

过程型激励理论侧重研究人们接受了激励信息以后到行为产生的过程。其中比较典型的有亚当斯的公平理论和弗鲁姆的期望理论。公平理论主要探讨投入和获得的比值，学生渴望心理得到平衡，经常会横向比较自己的代价和回报比和他人的代价和回报比，或者纵向比较过去的投入产出比和现在的投入产出比，学生往往想得到公平感以维系努力向上的热情，因此，在班级德育工作中要保证奖励或鼓励措施的公平和公正，构建公平激励的机制可以带来更好的德育效果。弗鲁姆的期望理论对班级德育管理也有重要的指导意义。根据该理论，学生良好德育行为的动机由三种因素决定：第一，期望。即关于努力结果的预期和信念。第二，“功利性”或“工具性”。即关于获得成绩可能带来的各种后果的预期或信念。第三，效价。即每种后果对于他们的价值。动机激励水平取决于认为在多大程度可以期望达到预计的结果，以及判断自己的努力对于个人需要的满足是否有意义。因此，在班级德育工作中奖励并不是最重要的，如果学生觉得获得奖励希望渺茫或努力过程没有意义，那么无论奖励多么具有吸引力，也难以调动起他们努力奋斗的积极性。班主任应更重视从加大学生获得奖励的可能性以及升华学生努力过程本身的意义等方面着手，探索有效的决策，激励全班形成良好德育环境。

(1)完善机制，公平激励

公平理论又称社会比较理论，主要研究动机和知觉的关系。根据亚当斯的观点，在德育工作中要想保护和激发学生的动机和积极性，不仅应关注绝对回报，更应重视相对回报。学生经常把自己的努力和回报与一个和自己相等条件的人的努力和回报相比较。当这种比值相等时，就会有公平感，就会心情舒畅，积极性高涨；反之，就会导致消极不满，产生牢骚和怨愤，甚至心理扭曲，失去奋斗的信心。公平激励当然不是绝对的平均主义，班主任需满足学生的公平意识和公平要求，做到公平处事、公正待人。对任务分配、评优评先、奖励惩罚、机会和评价等都要力求公平合理。班主任必须做到：第一，创新激励机制，形成一套完备的、公平的班级激励体制，激励全体学生勇往直前；第二，防微杜渐，严谨地执行管理制度；第三，对事不对人，建立开放多元的沟通渠道；第四，形成共同的价值观和团队共同奋斗目标，搞好班级德育建设。

处在身心发展中的青少年的内心既是纯洁的亦是脆弱的，强烈的自尊心和逐步完善的世界观和人生观促使他们对班主任管理的公平性格外敏感。学生虽然在智力、气质、情商、特长等方面不尽相同，但同样都渴望得到班主任的关注和公平的对待。事实证明，公平和谐的环境更有利于学生发挥其可塑性，实现美好憧憬。因此，班主任应以人格的力量去感染，从单纯的说教到在班级德育管理方方面面尽可能做到公平、公正、公开。在具体实施中：第一，班主任在班级日常管理中应综合衡量确立统一的公平的标准，避免各种主观臆断的误区。一般人总是对自己的投入估量过高，而对他人的投入估量偏低或者从各自的角度定义公平。例如有人认为助学金全都改为奖学金才合理，有人认为应平均分配才公平，也有人认为按经济困难程度分配才适当。在激励过程中应注意对学生公平心理的引导，使其树立正确的公平观；杜绝盲目攀比；培养豁达乐观的情感态度，做到知足常乐。第二，班主任鼓励学生形成公平竞争的意识，促使班级形成和谐进步的氛围。管理中积极耐心的引导极其重要，班主任可以通过班会课传达只有敢于拼搏、敢于竞争、才能成为强者，取得成功的思想，灌输“一分耕耘一分收获”“三分天注定，七分靠打拼，爱拼才会赢”的精神，使班内良性的竞争风气日益成熟、成长。第三，公平、公正对待每一位学生，让学生心灵充满阳光是德育的重要目标。学生对管理的满意和班级生活的幸福感能激发其斗志，更努力地追求成功、尽善尽美地发展自我。班主任对所有学生要一视同仁，针对他们不同的特点和潜在发展区间诱导感化，做学生的知心朋友和心灵导师。除此，班主任需用同一个标准评价每一位学生，承认并接受他们在身心发展、认知规律等的个性差异，不能强求一致。教育教学要本着激发兴趣、启迪心智、重塑自信的宗旨，给学生提供充足的空间和信息，使不同程度的学生能灵活选择，异步发展。

(2)多元评价，夯实民主

建立和健全客观公正、动态、多元的评价激励系统是公平激励的要义。期望理论认为，如果个人感到在努力与绩效、绩效与奖赏、奖赏与个人目标的实现存在密切联系，那么他就会付出高度的努力。因此，班主任应建立动态、客观的评价系统，让学生意识到，他们的坚持和努力能获得良好的考评，而良好的考评是获得各种奖励、荣誉称号、良好机会的先决条件。管理工作错综复杂，班主任应统一标准、持续贯彻，评价的标准应越全面并与时俱进，对于评价结果及时予以强化激励，提高良好德育行为重复的可能性。在做到评价过程和结果的公开、公平、公正的基础上，更注重个体的进步和多元发展的潜能，调动全体学生的积极性和创造性，带领学生渐入佳境、不断超越。本着"以人为本"和以学生的发展为本的评价观，转变陈腐的评价理念，制定与时俱进的评价策略，突破评价单一化，实现评价模式多样化和评价内容多元化。

随着经济社会的发展，知识爆炸，竞争加剧，网络新媒体时代的来临，以量化方式描述，评定学生的德育发展状况表现出僵化、简单化和表面化的特点。因此，班主任应重视质性评价，做到定性评价和定量评价的有机结合，深入、全面的评价更有利于学生德育水平的飞跃式发展。例如，激励性的评语、学生成长记录袋、学习日记和情景测验等质性评价方法都有利于我们突破学生评价改革的瓶颈。新课程改革指出，考试只是学生成绩评价的一种方式，应重视将考试和其他评价的方式有机地结合起来，构建学生学业成绩与成长记录相结合的综合评价模式。班主任努力通过调查测验、交流分享、家长参与、网络评定、自评与互评等多种方式，记录和评价学生的成长和综合素质的发展状况。多方面、多维度地帮助学生建立正确科学的情感、态度和价值观。

学生的成功与否更多取决于他的综合素质，如技能掌握、心理健康、特长优势、人际交往、耐力毅力等多方面的能力。班主任要发展"以人为本”的“柔性管理”，采用民主管理的方式，从内心深处激发每个学生的内在潜力，在轻松和谐的氛围中发展素质、掌握技能、展示特长。虽然学生的实践能力、探究能力、协调能力等非智力因素不能量化为分数，但他们会通过各类学生表演展示和活动比赛来展现学生的德育素养。因此班主任应更关注培养每位学生多层次的素质和能力。按照学生德育进步的一般规律，将班会课活动分解为理解—交流—表达三部分，让学生有效地参与时要兼顾以下几点。

第一，自主性。鼓励学生做自主探索者，体会运用自身知识感知所给问题的意义。在“自主学习”的德育课堂中，班主任和学生之间的关系是民主的、和谐的，班主任主要是德育活动的组织者和指导者，学生能发表自己的见解，同学之间、师生之间互相讨论，学生在思维的碰撞中拓宽德育视角，个性得到充分发展。

第二，启发性。在德育教育中，班主任要重视向学生提供体验活动，促进德育观念、原则的内化。可以从以下两方面着手：培养学生的参与意识和主体参与活动能力，让学生在主动参与过程中体验成功；重视评价的发展性和延续性，用发展的眼光看待每一位学生，为学生树立“我能行”的信念。

第三，差异性。学生在德育水平上存在个体差异和独特性。这就要求班主任要德育分层、因材施教。笔者经常根据实际情况为每位学生制定不同德育发展战略，有意识地培养学生的学习兴趣，发展学生特长，培养每一个学生的成就感。

3. 在综合型激励中推进目标管理

在德育工作中，严格规范的管理虽然是基础，但“以人为本”的激励机制的构建作为一种重要补充，正日益发挥着重要的作用。在学校管理中建立以需要层次理论、双因素理论、强化理论、公平理论、期望理论等为核心的激励体系，是德育工作科学化、人性化、创新性和时效性的具体表现。班主任通过激励体系，能够最大限度地激发学生的潜能，充分调动学生的主观能动性，促进学生政治、思想、道德、法纪、心理的全面成熟发展，有利于班级德育工作的有效开展。

（1）内外兼修，阶段管理

班主任要重视从心理、情感方面和管理专业技能方面突破班级德育发展的新瓶颈。通过问卷调查等形式，畅通师生沟通渠道，了解学生，心理引导，行为修正。收集一手德育实践的宝贵材料，结合一些优秀理论，撰写经验、体会、个案分析和反思，形成适合本班的综合管理模式。德育是不断发展的，不断开发德育专业课程新资源，实现德育目标的连贯和跨越发展，使决策更系统化、科学化。实现班级德育持续稳定发展需要班主任根据班级特点和本校各层德育目标的特色，分层递进进行管理，努力使德育目标实现的过程呈螺旋式上升。同时也非常重视德育实践环节和细节的设计，让道德认识实践化、具体化。班主任要使班级德育管理目标连贯化。班主任作为班级德育管理工作的领导核心，应该调查研究、系统分析、深思熟虑，增进系统思维，使决策在时间和空间上都有强大生命力，决策只有支持自身发展才能更好支撑班集体健康持续发展。在实践经验中不断探索，使得自己的管理方案越来越趋于完善，实现系统思维的跨越式发展。

(2)目标分类，纵横管理

根据学生的性格特点进行隐性分层。把学生恰当地放置在其接受的目标层内，能激发积极性，挖掘潜能。针对不同层次的学生和不同德育目标要采取不同的目标激励策略，做到有的放矢、区别对待，目标激励适合每一个层次学生学习的“最近发展区”，使学生获得成功与自信，激励学生思想和行为不断成熟成长。对于各方面拔尖，能力强的学生，在平时的活动中要让他们感受到老师的赞赏、信任及更高的期待，使他们以更高的标准要求自己，也积极和老师一起帮助能力弱的学生；对于表现一般，资质平平的学生，要通过各种方式让他们感受到老师很关注他们，并创造各种机会让他们展示自己的进步，从而有信心通过努力变得优秀；对于心理脆弱或暂时有困难的学生，老师在他们暂时失败和遇到挫折时要不断地关怀和不懈地帮助，激励他们努力战胜自我，当他们取得哪怕点滴进步时也要及时地肯定和表扬。

在现代高中班级中班主任可以多用正面目标激励和假设目标激励和学生交流，获得更好的激励效果。

第一，正面目标激励。青少年学生对未来都有着美好期待和憧憬，为使他们不断超越自我，实现自身价值，需要管理者正面目标激励方法，在学生心中树立成熟、具体、充满正能量的目标，并鼓励全班为之努力。

第二，假设目标激励。学生往往空有理想和计划，但没有落实到每天的行动中去的决心。缺乏内省意识，让学生和自己对话，扪心自问，假设某些情境激励学生，最终目标是学生能更有效地自我激励，因为虚拟的情境可能就是将来的现实。

(3)综合考评，规范管理

完善综合考核制度可以激活班级德育管理的每个“细胞”。“凡事预则立，不预则废”。强化目标考核评价是保证班级德育管理目标按时按质完成的有力保障。在实践班级日常管理的基础上不断探索和创新，积淀凝成班级自身的文化特色，彰显“厚人文、重智能、修德行”的班级德育管理理念，从层次性、针对性、时效性的角度使班级考核机制科学化、规范化。

第一，量化常规管理。在考核中，要对照目标任务，对学生进行日常规则管理和考核，通过对目标执行情况的考核评估，以此作为班主任决策和制定下一步目标的依据。一方面是根据班级实际情况修订完善班级量化考核方案、奖励基金发放办法、荣誉评奖和班干部竞选方案。另一方面是学习、劳动和纪律等重要方面应常提常新，详细记录班级日志，分析德育案例。打破陈规、开拓进取，汇聚适应本班发展常规管理模式，形成管理新常态。例如，在确立“营造良好纪律氛围”为主题后，笔者根据本班具体情况围绕自习纪律、宿舍就寝纪律、出操纪律三个方面实施加分或减分的德育考核，分析德育薄弱环节，征集学生和各科老师意见整合出一套治理方案。

第二，完善综合考评。健全合理的综合考评奖励机制可以提升班级德育管理水平和教育质量及核心竞争力。促使学生在竞争中挑战自我，实现个人价值和社会价值。一方面，班主任可以建立创先争优激励制度，并与综合素质评价、评先评优、奖惩记载及荣誉基金发放相结合。另一方面，班主任要迎合学生的荣誉感，根据其学习成效、突出表现、对班集体的贡献开展一些表彰活动，以资鼓励。例如，笔者所带的班级学期末除了学校要求评选的“三好学生”“学习优秀生”“文明学生”等奖项外，还有由班主任提名的候选人中民主选举的“班集体突出贡献奖”“优秀特长生”等评选表彰活动。

第三，健全反馈机制。班主任要每两周召开班干部会议，商讨班级近期应解决的问题和发展方向，使大家畅所欲言并记录在案以备实施；班主任可以尝试让每组民主选举2名代表，每月召开一次班级民主代表会，汇总全体学生的好建议，包括奖惩机制的完善、对班干部的监督反馈和班级的德育现状，以便及时了解班级德育动态，做好调整管理工作；班主任应积极构建班级德育引导网络，发挥学校、家庭、社会德育教育综合网络的作用。定期召开家长会、家长委员会，通过家访、电访、网访等各种渠道了解学生需要及家长诉求，及时向家长反馈学生在学校的学习状况、道德情况、行为表现。此外，班主任应拓展学生的社会活动空间，开阔学生视野、增强学生的责任意识和主人翁意识。

第四节　疏导教育法

一、疏导教育法的科学内涵

（一）概念界定

关于疏导概念的界定，《现代汉语词典》的解释是，清除阻塞使畅通。也就是清除淤堵，疏散并使其顺畅。疏导的原意是疏通和引导，疏是开浚、疏通、开拓、消除之意，导是启发、引导、选择之意。大致归纳为两个层面：第一，指对教育对象的思想进行疏导，促使教育对象能够把内心的想法和思路无障碍如实表达出来，最后再将教育对象的思想引导和统一到一个目标层面上；第二，引导和教育，也就是通过刺激表达，解开教育对象的心结，最终把心理障碍消除掉，引导教育对象按照正确而健康的轨道发展。郑永廷认为，疏通是指广开言路，集思广益，让大家敞开思想，把各自的观点和意见都充分发表出来。导，即引导、开导，在思想政治教育中循循善诱，说服教育，把各种不同的思想和言论引向正确、健康的轨道。[①]也就是鼓励受教育者积极讨论，从正面讲事明理促使受教育对象能够充分认识自己的错误思维，再循循善诱，运用榜样的作用正面教育其改变错误的认识，走向健康良性的发展轨道。

①郑永廷.思想政治教育方法论（修订版）[M].北京：高等教育出版社，2010：147.

（二）疏导教育法的具体方式

1. 分导方式

分导从字面上理解就是分而导之。在疏导教育法中，分导就是要采用“禹疏九河”的方法，从多个渠道分流洪水，也就是从事物发展的多个方面分别解决问题。分导可分为：分散而导，分步而导，分头而导。第一，将受教育者所出现的思想问题化整为零，重点突破，逐个疏导；第二，面对受教育者问题的复杂性，分步骤进行疏导，分清问题的主要方面和次要方面；第三，分层面对问题进行疏导，也就是采取多方面教育的方法，动员能够动员的教育力量来完成对受教育者的说服教育。

从受教育者教育过程来看，分散而导：将受教育者划分为不同的群体，寻找其共同出现的问题，再按照不同的群体逐个教育，避免不良情绪在受教育群体中交叉泛滥。教育者集中力量把思想问题达到化整为零的效果。分步而导：针对个体案例，把整体事件以轻重缓急划分为等级不同的步骤，从而由易入难的方式层层深入来解决问题。分头而导：是要找寻问题的源头，以因推果来寻找化解的办法，受教育者进行思想上的转变，从而达到自我修正。

2. 利导方式

所谓利导，就是因势利导。《史记·孙子吴起列传》中说：“善战者，因其势而利导之。”史记中分为两层来理解：因其势，追寻其发展源头、发展趋势；利导，沿着这股趋势，乘势而下导向既定目标奋进。

利导应从两方面努力：第一，准确地归因，是解决问题的关键。教育者积极运用“归因理论”帮助受教育者分析事情的内部原因和外部原因，在分析过程中发现因果之间的规律和联系，抓住有利时机，顺势而导，促成问题的化解。第二，利导的过程，是教育者和受教育者双向互动的过程。过程中重要的是发挥学生主观能动性，化被动接受为主动思考，克服自身的错误认知，拓展其积极面，把正确的理念推广运用于学习生活各个方面。

3. 引导方式

所谓引导，就是启发诱导。教育者指导受教育者主动、积极、自觉地提高思想行为的认识方法。第一，教育者提出问题，并指出有待解决的问题，意在让受教育者提高指向性和针对性。第二，分析问题，此环节教育者启发诱导，引发受教育者的思想碰撞，进而比较分析事情的原因所在，因和果之间的本质联系。第三，展开讨论，此环节是教育者和受教育者共同合作，从事件正反两面来展开讨论，在讨论中让受教育者学会用全面的观点分析问题、明晰道理。第四，统一思想、开放思维，通过前三环节的努力，受教育者已经在对所需解决的事件形成正面且全面的认知，最后环节进一步开拓思维、开放视野，引导受教育者把个例中学到的方法广泛运用，开导受教育者转变狭小片面的认识，学会用辩证唯物的观点来看待问题，以既有的事实为依据、案例为补充，使受教育者认识到极端认知所导致的不良结果，达到纠其固有的认知弊端进而将正确认知运用于实践的目的。

引导方式是教育者采取系列措施引导受教育者调动主观思维分析探究事件内在联系，从动态看是由启发推进到诱导的过程。从启发层面看，教育者可以通过对同类事例的阐明讲述，让受教育者积极主动地找到自己存在的问题，并能从中受到启发找寻解决问题的突破口。教育者由突破口入手进入诱导层面，针对受教育者的思想变化规律，破除对方存在的不良常态化思维，使其认识到此思维对自己身心和处理事情带来的不利后果，再循循善诱，使其形成辩证思维，消除思维中形而上学的观点，在遇到问题时，能够分清问题的前因后果，以联系的观念来看问题，而不是把问题孤立静止地放在那里。面对纷繁复杂的局面能够透过现象认清本质，坚定信心，一往无前达到目标。

二、高中班级管理中的疏导教育法

高中班级管理中的疏导教育法是一种建立在师生平等关系下沟通交流的教育方法，是一种开导、引导基础上的教育方法，是一种对于高中生的认知理念和心理问题有效调节的教育方法。高中班级管理中的疏导教育法就是通过引导、分导和利导的手段，解决高中班级管理问题，其最终目的是通过解决班级管理中的各类问题，确保教学工作的顺利开展和学生全方位能力的发展。高中生面临着高考的巨大压力和严峻形势，学习任务非常重；高中生心理、生理都在不断发育成熟，学习压力之下，心理问题也更为明显；高中生的社会属性更强，容易出现在社会交往中误入歧途或面临困境。当上述问题出现时，高中班级管理的难度就会随之增大，此时，就需要疏导教育法发挥重要作用。

（一）疏导教育法在高中班级管理中的重要地位

1. 疏导教育法是高中班级管理的内在动力

高中班级管理是一个复杂的教学管理体系，它所关注的内容不仅仅是学生的学习成绩，更重要的是在确保学生身心的健康成长的基础上再实现教学任务的顺利完成。因此，高中班级管理中需要找到一种内在的动力，来推动管理机制的顺利运行。就如班华在《高中班主任》中提到的："疏导教育法把以说教、灌输为主，转变为内导为主的教育方法。"从这个角度看，疏导教育法是重在使学生从自我认识入手来解决高中生学习生活中存在的问题，通过疏导教育让学生成为教育的主体，能够让其自发转变错误的习惯和行为方式，转变对待学习的不正确认知，进而提高管理效果，促进班级活力的提升。由此可见，疏导教育法重在引导学生在自我意识、自我管理的基础上取得进步，形成良好思想，在班级管理中就如内在动力一样。

2. 疏导教育法是高中班级管理任务顺利开展的重要途径

班华指出："高中班主任工作研究的是万物之灵，他塑造的是人类灵魂。"故而管理工作繁杂琐碎，管理任务也繁重多样，从学习到班级制度规范的执行等，这些管理任务的完成都需要合适的途径。疏导教育法既可以在各种教学方法中予以体现，有效地结合课堂中的情境教学法，使学生在教师预设的教学情境中通过引导、利导等方式把教学中的重难点内容传授给学生；同时疏导教育法也可以独立于教学方法以外实施，以启发疏导或者循循善诱等方式全面覆盖高中班级管理的各项内容，是确保高中班级管理任务顺利实施的重要保证。由此可看，疏导教育法是转化思想、提高教学质量、促进学生全面发展的重要途径。

3. 疏导教育法在高中班级管理中居于核心地位

思想是行动的先导，当思想出现偏差时，行动的效果就会大打折扣。在高中班级管理中，教师需要通过一定的方法，来确保学生的学习态度、学习习惯得到规范的树立，而疏导教育就是这一环节中的主要方法。所以，在高中班级管理工作中，如果能够正确运用疏导教育法，就能够顺利破解学生暴露出的学习态度问题以及其他不利于教学开展和身心成长的问题,也正因为此,疏导教育法理应成为高中班级管理的核心。

(二)疏导教育法在高中班级管理中的作用

1. 指导与保证作用

在高中班级管理特点中讲到高中教育的宗旨是使每一个高中生在德、智、体、美、劳方面都能生动活泼主动地得到发展,即全面发展。处于青春期的高中生内心是个矛盾的综合体,高中班级管理工作的重要作用就是确保教学的顺利实施和学生身心健康发展。而当学生出现心理困惑或是遇到教学中的问题时,教学的实施效果就会打折扣。疏导教育法在高中班级管理中的运用,第一,改变了传统的教育方法,注重启迪和引导,在教育过程中不仅帮助学生把认知理念偏差调整到正确轨道当中,同时引导教育双方发挥主动参与的作用。从这一层面看疏导教育有指点迷津、导向正轨的作用。第二,疏导教育是使教育双方处于平等、民主氛围中,教师与学生积极沟通,鼓励学生畅所欲言,要求班主任针对学生心理的困惑,具体问题具体分析,说事实、明道理,以一种正向教育的方式来说服学生,能够从心理干预的层面指导学生纠正偏差的心理,进而保证教学的顺利实施。

2. 规范与协调作用

高中生因其年龄和心智的特点,往往会出现与班级运行规范不一致的想法和行为,教师需要通过一定的干预手段介入,并借此规范学生的行为和思想。疏导教育法的重要价值恰好体现在这方面,《史记·孙子吴起列传》中说:“善战者,因其势而利导之。”故而,班主任要利用学生思维敏捷、精力充沛、求知欲强的特点,因势利导,促成转化,达到飞跃,通过心理上的辅导和帮助,能够使得学生认识到自己思想意识和行为习惯上的偏差,进而调整自身,发扬学生的闪光点,克服消极被动因素,规范自身行为习惯,适应高中学习,达到协调和稳定。

3. 激励与凝聚作用

第一,高中生同任何个体一样都有自豪感和荣誉感,任何类型高中生的学习都需要有一定的激励。当高中生对学习缺乏兴趣,或学习的方法不对或效果不好时,而产生抵触和畏难情绪时,就需要教师的介入,教师要及时发现这类学生的闪光点,并且教师以饱满的热情,以一种欣赏和接纳的态度激励学生产生更强的学习动机，克服学习倦怠感，让学生认识到自己是班级中不可或缺的力量，自愿融入班级建设中。

第二，高中班级管理成功的指标是：是否有良好的班风、积极向上的学风、强大的班级凝聚力。教师运用疏导教育法，鼓励学生发挥主观能动性，集思广益、积极探讨，形成班风、学风的内容，引导学生感悟班风学风内容，“导之以行”让学生自觉主动维护执行相关要求；增强班集体凝聚力同样需要疏导教育法的实施，教师搭建平台，增进师生、学生之间的沟通了解，并利用班级活动正向引导学生形成“班级是我家，发展靠大家”的共识，增强集体荣誉感和归属感。综上可见，疏导教育法在班级管理中发挥着激励和凝聚作用。

三、疏导教育法在高中班级管理中运用的策略分析

（一）提高教师素质，转变教育观念

1. 转变思维，树立素质教育观念

在新课程背景下，教师的教学思维不能故步自封、一成不变。作为一名高中班主任不仅是转变教学思维，其班级管理思维更应根据学情环境的具体变化而调整。班主任要摒弃分数至上的教学观念，要结合学生实际形成新素质教育理念，让学生在享受班级文化的过程中达到综合能力的提升。例如，加强班级文化建设，体现班级特点，发挥学生个体优势，只有这样学生才能从综合素质上达到提升。换而言之，新时代背景下，做好班级管理工作，运用合理的教育理念配合管理班集体，不仅能帮助学生提高文化素养，更能增强班级的凝聚力，使学生的知识水平和团体意识共同提升。因此，加强教师素质教育理念，把培养和提高学生素质作为班级管理工作的出发点和落脚点是非常必要的。

2. 尊重学生，树立“以人为本”的教育观念

张寅指出：“以人为本的理念是以人为基点，从人出发又向人回归的一种教育思想。”姚利民指出：“良好的教学需求以尊重学生的人权为基础。”因此，师生关系并不是敌对关系，而应做到良师益友，教师要爱护尊重学生，教师要真诚实意、言行一致，以一种欣赏的眼光来看待学生的进

步和努力，以包容的心态来看待学生的不足和缺点，根据高中生的心理特点，要尊重不同学生的情感和价值观，要对学生换位思考，感同身受。教师与学生之间不仅是单向课本知识的传授，而应是交流、沟通双向互动的关系。师生互动程度就是衡量疏导教育法的重要标尺。利用这一标尺突破障碍，使教师和学生思想认识水平达到双向提升。

3. 勇于创新，树立正确的疏导教育观念

第一，注重从提升疏导教育认识入手。从教师对疏导教育法认识不到位、意识不强的问题可以发现，教师平日里不重视疏导教育的使用，因此，学校应该加强教师在这方面的技能培训，重点是鼓励和督促教师树立端正的态度，从以考试为纲的传统教育理念中摆脱出来，将疏导教育法作为帮助学生健康成长的重要教学手段加以重视。

第二，注重从教育心理学知识的补充入手。高中班级管理中运用疏导教育法与教师自身对教育心理学的掌握有着密切关系，由于平时的工作主要是以教学为主，所以教师对如何做学生的心理辅导工作，缺乏足够的经验，尤其是年轻教师在教育心理学方面的经验储备较少，所以学校可以从这方面加大对年轻教师的教育心理学培训力度。

第三，注重从实践中增强疏导教育能力。疏导教育的能力和素质是需要在实践中不断打磨和修炼的，特别是对年轻的高中班主任而言，在如何使用疏导教育方面缺乏足够经验，仅仅依靠从书本上获得的心理学知识，没有足够的锻炼也是于事无补，因此，学校应该帮助教师、鼓励教师多使用疏导教育，多去悉心发现学生存在的心理障碍和问题，帮助其做有针对性的疏导工作，进而在实践中不断提升疏导教育能力。

（二）发挥科任教师的作用

高中班级管理者不仅仅是班主任，科任教师同样也是班级的管理人员，虽然与班主任相比只发挥辅助作用，但是这种辅助作用却是不容忽视的。同班主任相比，科任教师与学生接触的时间更长，往往学生在学习过程中产生的心理问题都会表现在各门课程的学习中，当科任教师发现学生在课程学习时有异常变化，应当及时介入，主动发现学生的问题，如果是教学层面可以解决的，就耐心指导；如果上升为心理层面问题，则可以同班主任一起帮助分析解决学生的心理问题，做好疏导工作。总的来说，科任教师在班级管理中的作用可以分为发挥润滑剂作用和桥梁纽带作用两个方面。

1. 发挥润滑剂作用，形成融洽师生关系

科任教师与学生接触的时间最长，高中班级每天至少要上四种不同的课程，因此科任教师与学生沟通、交流的机会也要比班主任更多，从融洽师生关系的角度，学生对教师的态度多半来源于科任教师的表现。因此，从利用疏导教育法做好班级管理的实践来看，科任教师应当在这一过程中发挥更大作用。具体地说，这种润滑剂作用可以体现在，当学生对教师出现反感或是有意见的时候，可以开诚布公地与学生交流谈心，让学生表达出自己对教师的看法，教师换位思考，分析和判断到底是教学方法出了问题，还是教学内容本身不吸引学生，只有做好了这个环节的工作，师生之间的矛盾才能够得到最大限度的缓解和控制。

2. 发挥桥梁作用，成为班级管理的纽带

科任教师在班级管理中发挥的更大作用在于做好桥梁和纽带。一方面，从班级教学活动看，教师是参加和决定教学活动的重要内在因素。科任教师根据考纲要求，有目的有计划地把教学知识输送给学生，成为“知识—教师—学生”的体系，教师就如桥梁，一端联系学生，一端联系知识。另一方面，从班级常规管理活动看，由于科任教师与学生接触时间更长，能够感知和发现学生一些不好的苗头，这些苗头是否会成为班级管理中的问题。科任教师在常规活动过程中发现的这类问题，可以上报给班主任，或是教学管理部门，引起更高的重视，防患于未然，从而完善班级管理工作。

3. 针对学生个性差异做好疏导教育工作

（1）针对逆反型学生的分导式疏导

逆反型学生的表现在情感上的对立、抗衡和情绪上的嫌恶、不满，例如，故意干扰课堂秩序、影响其他学生学习、分散他人注意力、大声喧哗、对教师和同学出言不逊、阻碍合作、骚扰威胁同学等等，严重的还可能具有一定的攻击性和威胁性。对待这类学生和行为，教师在疏导时应当采取分导式的方法。这是因为，一般高中生出现这类情况，其背后必然有复杂的环境和心理因素影响，如果贸然批评或是给予严厉的处罚，会使这类学生产生对抗的逆反心理，从而引起更大的破坏性活动，对教育而言适得其反。在分导过程中，教师首先应当转移这类学生的注意力，使其将思维的焦点转移到问题以外的地方，降低教师与其沟通的阻力；而后可以通过心理暗示或是逐步诱导的方式，打开学生的心扉，使其通过语言表达出内心的真实想法；最后，针对这些问题采取分步骤的行动，达到疏导之后治标治本的目的。

（2）针对心理障碍学生疏导教育法的综合运用

心理障碍学生的问题比较复杂，有些是家庭环境导致的，比如父母离异或父母死亡；有些是社会环境导致的，比如经常受到其他人的欺负；有些是先天性格因素导致的。无论怎样，心理障碍的出现，必然会有一个症结所在，而教师在疏导的过程中，首先要解决的就是找到问题的症结。那么，这时就需要将三种疏导方法加以合理地运用，比如当学生表现出抗拒疏导的行为时，可以采用分导法；当学生因为心理问题而受到他人的排斥和影响，或是心情低落时，可以采用利导的方法；当学生由于心理问题而产生自卑心态时，可以采用引导的方法。

4. 灵活运用疏导教育法的具体方式

（1）通过分导式疏导，化解班级矛盾

班级矛盾表现形式十分多样，而且矛盾产生的原因也很复杂，要处理和化解好班级矛盾，就需要借助分导式的疏导。分导式疏导的运用，关键在于分步实施、分流矛盾。比如说，当班级中出现学生之间敌对情绪时，教师应当按照了解问题、分析问题和解决问题的思路，通过调查和谈心的方式了解敌对各方同学的内心想法，而后找准问题的症结，促使大的、容易激化的矛盾分解成小的、可以轻易化解的矛盾，然后各个击破。

（2）通过利导式疏导，促进学生成长

利导就是要在班级管理中寻找契机，以有利因素为桥梁，适时、适当、恰如其分地开展教育工作。这一疏导方法在促进学生成长时尤为重要。高中生最主要的任务是学习，但身心全面发展是极其重要的一个方面。当学生成绩出现波动时，特别是当学生学习动力不足、积极性下降、对学习兴趣弱化的时候，教师应当准确把握住疏导的时机，比如当学生成绩下降却在与同学的比较中感到沮丧和无奈时，教师可以及时介入，帮助学生分析成绩下降的原因，鼓励其改进方法、增强自信，重新通过成绩的提升获得自我价值感。

(3)通过引导式疏导,树立正确价值取向

价值观对人的发展有深远长久的影响,而引导式疏导能促成价值观往良性方向发展。因此在班级管理工作中要坚持在疏通中引导,在引导中疏通,既疏又导。教育者根据事情发展状态可以运用正面交谈、讨论、说服教育、实地参与等方式实现引导式教育。正面交谈,可以在一种轻松的氛围中,直面要解决的问题,增加互信感,这是正确价值观形成的前提条件。讨论,在多个观念的碰撞中引导其自我反省、明辨是非、分清善恶。说服教育,通过摆事实明道理,在教育者的循循善诱中,使受教育者改变极端认知,以上三步都为正确价值观的形成起到桥梁作用。实地参与,是受教育者在实践中变被动接受为主动探究,自觉运用已有的正确认知去解决问题,在这种感同身受的过程中巩固正确的价值观。

5. 建立信息化疏导平台

(1)运用现代信息技术、丰富教育载体

疏导平台不仅仅是教师与学生之间面对面的沟通,在网络社会高度发达的今天,各类网络信息平台和资源也为疏导教育提供了支持。比如,在疏导的媒介上,一般情况下师生之间的面对面沟通交流是最为常见也是最为传统的方式,但是,这种方式的信息量比较集中,且受到时间和空间的限制,难以长时间发挥作用,遇到比较难以疏导的问题,短时间沟通并不能够解决问题,还需要找到一种进行常态化、经常性疏导的媒介。当前,QQ、微信等即时沟通工具比较普及,高中班级管理者可以通过建立QQ群、微信群等方式,为疏导教育提供远程信息交流的平台,让师生可以在课下甚至是放假时随时随地进行沟通和交流,学生有了疑问就可以与老师交流,不让问题积压。且QQ和微信等媒介的交流能够有效避免师生之间面对面交流的尴尬,能够让学生说出内心的真实想法,这种智能工具的交流让疏导更有针对性和真实性。同时教师可以辅助提供心理辅导的视频、音频资料,让学生在课余自己观看、收听,通过这些教辅资源,提升学生应对挫折和心理压力的能力。

(2)实现资源整合,发挥教育合力

实际上,教师在开展疏导的过程中,从自己的角度分析和判断固然很接近实际情况,但是,学生的教育者不仅仅是教师自己,还有其他教师、家长等多个主体。因此,基于现代信息技术的疏导教育应当从多方利用信息的角度出发，将有关学生的信息资源加以整合，从而发挥各个主体开展疏导教育的合力。比如，班主任可以建立一个家长微信群，在群里交流公布学生的课上、课下情况，同时也对学生的家庭表现进行了解，从而与家长同步制定合适的疏导方式，使得疏导在学校和家庭中同步进行。

第三章　高中班主任班级管理现状与问题分析

第一节　高中班主任班级管理现状分析

班主任和班级管理是研究学校教育的重要切入视角，学校的办学理念、班主任的自身素养和班级管理实践是影响高中生在校学习成长的重要因素。学校的办学理念关系着班主任进行班级管理的大方向，同时也影响着班主任的工作态度和工作情绪；班主任的自身素养是班主任的专业能力素养、教育管理素养、教育协调素养、班级管理经验等的综合，班主任自身素养的高低与班级管理的好坏息息相关；高中班级管理实践需要班主任、科任教师、高中生等与班级有关的人员的共同参与，其衡量维度也不能仅局限于学习成绩和日常操行考评。

一、调查设计

（一）调查问卷设计

《班主任班级管理调查问卷（班主任卷）》主要从班主任队伍构成与建设、班主任工作压力与待遇、班主任班级管理中的困难、班主任班级管理中形成的师生关系、家校关系等共四个维度着手设计。

《班主任班级管理调查问卷（高中生卷）》主要从高中生与班主任的关系、班规与班干部的情况、学习动机及其他情况等共三个维度着手设计。旨在与班主任的调查问卷相互补充，互相印证。

（二）调查问卷的实施过程

调查在L市的3所市直普通高中、4所县属普通高中内选取调查样本，随机发放班主任调查问卷105份，回收103份，有效问卷101份；随机发放高中生调查问卷950份，回收917份，有效问卷903份。

（三）调查数据的收集与整理

1. 被调查班主任的基本信息

本次接受调查的班主任中男性28人，占比27.72%；女性73人，占比72.28%，性别分布差异明显，女性班主任明显较男性班主任更多。

有3名班主任教师在学生人数为1 000人以下的学校任职，占比2.97%；有11名班主任教师在学生人数为1 000～2 000人的学校任职，占比10.89%；有17名班主任教师在学生人数为2 000～3 000人的学校任职，占比16.83%；有70名班主任教师在学生人数为3 000人以上的学校任职，占比69.31%。而班主任所带班级的班级容量多集中在30～55人（占比49.50%）和56～70人（占比48.51%）。可见学校的学生人数、班内学生人数都较多。

教龄分布呈“金字塔状”分布，其中教龄5年以下37人，占比36.63%；教龄6～10年32人，占比31.68%；教龄11～15年15人，占比14.85%；教龄15～20年12人，占比11.88%；教龄20年以上5人，占比4.95%。

从事班主任工作的年限分布为，3年及以下50人，占比49.50%；4～6年20人，占比19.80%；7～9年12人，占比12%；10年及以上19人，占比18.81%。与教龄分布进行对比后不难发现，教龄5年以下为37人。然而从事班主任工作3年及以下的却有50人，可见一部分教龄较长的教师从事班主任工作不久。

从事班主任的教师职称呈“金字塔状”分布，中学二级职称的有58人，占比57.42%；中学一级职称的有37人，占比36.63%；中学高级职称的有6人，占比5.94%。职称涵盖全面，但中学二级职称处于金字塔底，占比极大，中学高级职称位于金字塔尖，占比很小，可以看出，已经被聘任为高级职称的教师很少担任班主任工作。

2. 被调查高中生的基本信息

接受本次问卷调查的学生是来自L市七所普通高中的高三学生。近三年的学习、生活使高三学生对班主任和班级管理的感受和了解较高一、高二的学生更加全面和深入。临近毕业，高三学生的评价更少受到各种条件限制，所以针对高三学生的调查能够得到更加客观的结果。综上，对高三学生的调查更能保证调查的信度。

回收的903份问卷中，男生437人，占比48.39%，女生466人，占比51.61%，女生较男生略多。学生的出生年份绝大部分分布在2005—2008年，其中2005年出生的高三学生共718人，占比79.51%。

二、班主任班级管理的调查现状

班主任作为班级的组织者、管理者，在班级管理中的重要性不言而喻。毫无疑问，班级管理的好坏与班主任的任职原因、工作量、工作压力、工作待遇等息息相关。

（一）承担班主任工作的原因

班主任走上工作岗位的方式注定影响着班主任的工作情绪。有着明确职业规划、怀揣职业梦想主动走上班主任岗位的教师和措手不及、无从选择被迫走上班主任岗位的教师进行班级管理工作的方法和成效必然有所差别，二者对待工作的态度和热情也会呈现较大的不同。①所以，通过分析教师承担班主任工作原因能够对班主任班级管理中出现的诸如班主任职业倦怠感较强、班级管理的效果较差等问题进行溯源。

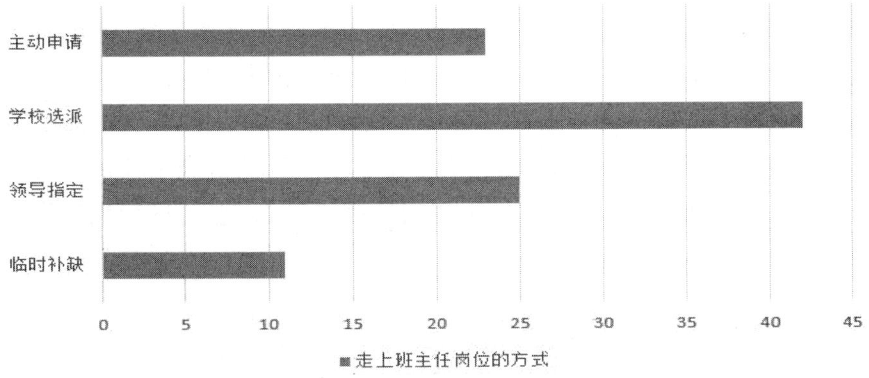

图3-1　走上班主任岗位的方式示意图

从图3-1可知，主动申请承担班主任工作的教师共有23名，占比22.77%；由学校选派和领导指定担任的共有67名教师，占比66.34%；临时补缺继任班主任工作的有11名教师，占比10.89%。

①王牧云.新时代高中班主任班级管理创新研究[D].通辽：内蒙古民族大学，2019：23.

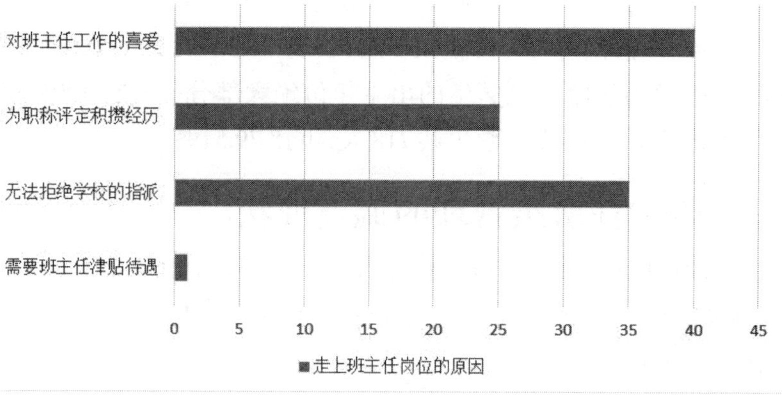

图3-2 走上班主任岗位的原因示意图

结合图3-1和图3-2不难发现，尽管有些教师最初并非主动申请承担班主任工作，但最终走上岗位的原因仍以对班主任工作的喜爱居多——共40名教师因为热爱承担了班主任工作，占比39.60%。然而，不能忽视的是分别有25名和35名教师走向班主任工作岗位原因是为职称评定积攒经历和无法拒绝学校的指派，分别占比24.75%和34.65%。仅有1名教师因需要班主任津贴待遇承担班主任工作，占比0.99%。

综上，可以得出结论：对于工作的喜爱是吸引教师成为班主任的主要原因，现有的班主任岗位的津贴并不能吸引教师担任班主任工作，有相当一部分比例的教师是因无法拒绝学校要求或需要班主任经历评定职称才出任班主任的。这一点在对学校管理者的访谈中也得到了印证，德育主任和分管班主任工作的校领导都表示教师对从事班主任工作的热情不高。毋庸置疑，承担班主任工作的原因不同，班主任进行班级管理时的工作热情必然有所差异。

（二）班主任的专业素养

据调查问卷显示，所调查的班主任队伍学历层次较高，其中本科以下和博士研究生及以上学历的班主任最少，分别为3人，占比2.97%；1人，占比0.99%。本科学历的班主任教师最多，共74人，占比73.27%，另有23名硕士学历的班主任教师，占比22.77%，如图3-3所示。

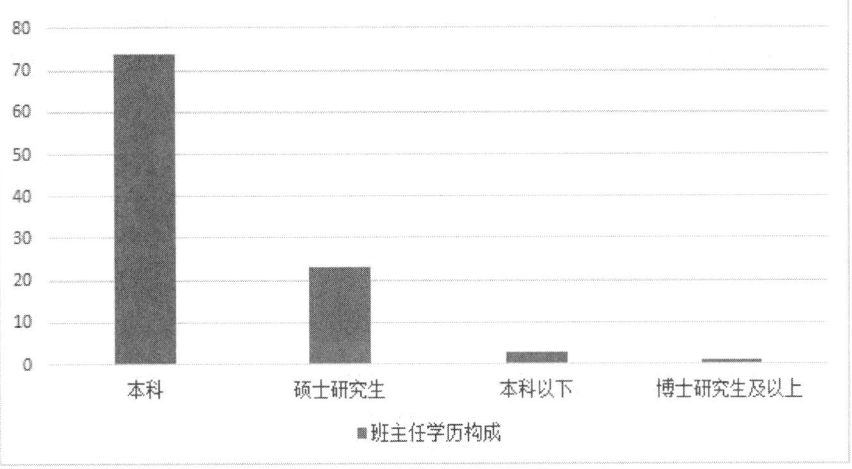

图3-3　班主任学历构成示意图

为确保调查数据能够比较全面地描述现任班主任的专业素养，调查了班主任对教育学、教育心理学、教育管理学以及重要政策文件的掌握程度。如图3-4所示，本次调查中41名班主任教师对教育学等相关学科理论的掌握程度为"曾经接触过，有一定了解"，占比40.59%，另有3名班主任教师不了解这些理论。"系统学习过，非常了解"教育学等相关理论的班主任教师有31名，占比30.69%，还有26名教师对这些理论的掌握程度为"接受过培训，比较了解"。不难发现，班主任队伍对教育学等相关学科的理论掌握程度有待进一步提高。

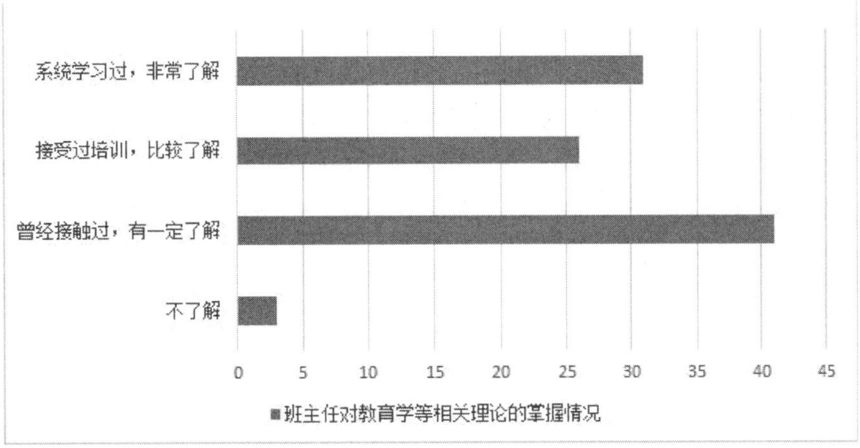

图3-4　班主任对教育学等相关理论的掌握情况示意图

从表3–1可以看出认真研究教育政策、方针并应用于班级管理实践中的班主任教师在调查样本中占比并不高，大多数班主任教师对于教育政策的了解程度不高，也有一部分班主任教师对相关政策不了解甚至没听过。

表3–1 班主任对新时代教育政策、方针的了解程度展示表

选项	人数	占比
有一定了解，熟悉掌握新时代教育政策、方针的内容和出处	51	50.50%
了解较少，可以说出重要的论断	28	27.72%
详细了解，并能够在班级管理和学生培养中体现	16	15.84%
不了解	6	5.94%

在关于学校为班主任组织班级管理系列的培训选项中，数据同样不乐观。101名接受调查的班主任中仅有23名认为所在学校“经常组织专业性、操作性较强的培训”，6名班主任认为所在学校“基本没有组织过班主任相关工作培训”，占比5.94%。多数教师认为培训仅能提供一定程度上的借鉴或仅是形式上的培训。

（三）班主任班级管理中的师生关系与家校关系现状

师生关系和谐与否影响着学生的学习状态，而在无极特殊的意外情况发生时，家校矛盾往往是高中生和班主任关系的缩影。所以研究班主任班级管理时，师生关系和家校关系是不能回避的关键因素。

已有的研究往往认为班主任严格的管理会与高中生鲜明的个性发生抵触甚至产生矛盾和冲突。但在本次的调查中却发现，这种冲突并不是诱发师生矛盾的主要原因，而且新时代班主任在班级管理中往往能够与学生形成较好的师生关系。

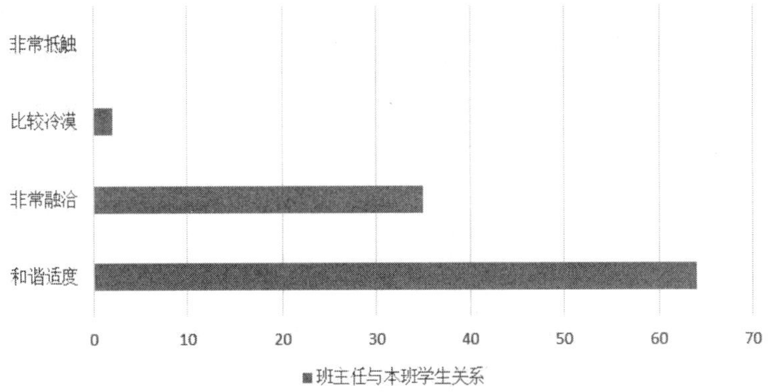

图3-5　班主任与本班学生关系示意图

如图3-5所示，本次数据采集发现，大部分班主任认为在班级管理中与学生关系和谐适度，占比63.67%，共64人；35名班主任教师认为在班级管理中与学生非常融洽，占比34.65%；仅有2名班主任认为自己在班级管理中对学生比较冷漠，占比1.98%。没有班主任认为自己对学生非常抵触。值得注意的是，高中的师生关系的数据显示和实际表现虽然很好，但是在对班主任和高中生的访谈中均发现这种和谐适度并没有使师生双方产生深层次的信任和依赖，在关于班主任和家长关系的调查中也发现了同样的现象。

家长与班主任关系的调查基于两个关键点进行：班主任与家长的沟通方式和家长对班主任的态度。调查结果如下。

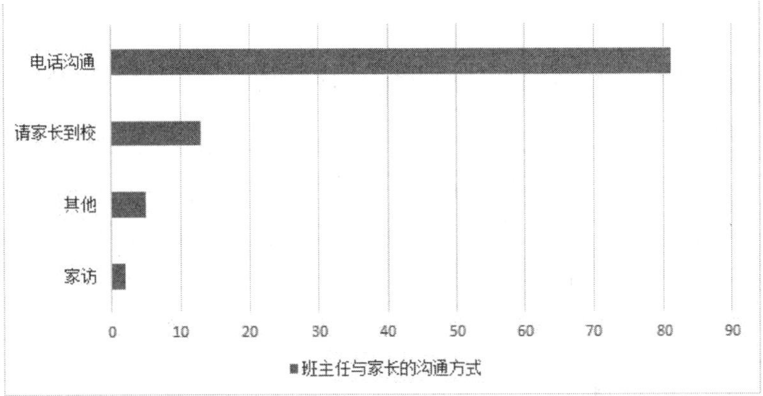

图3-6　班主任与家长的沟通方式示意图

如图3-6所示，据调查，当前班主任与家长联系的主要方式是电话沟通，共有81名班主任经常以电话与家长联系，占比80.20%；仅有2名班主任将家访作为联系的主要方式，占比1.98%。此外有13名班主任以请家长到校的方式进行沟通，占比12.87%。

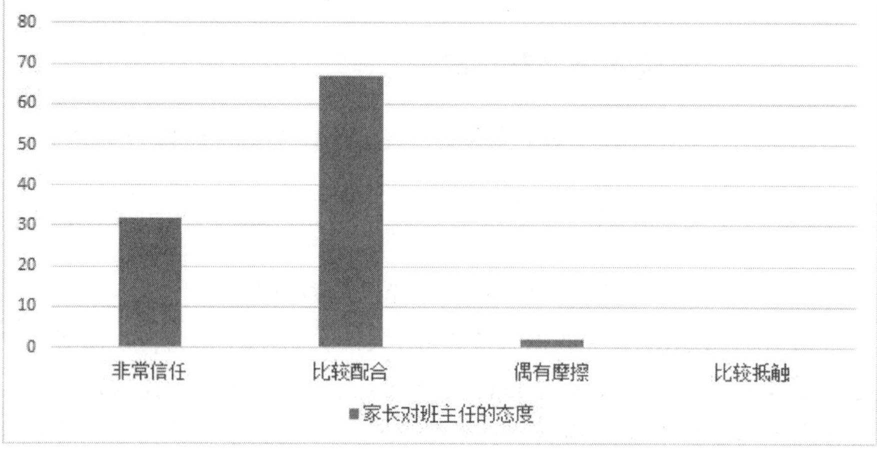

图3-7 家长对班主任的态度示意图

如图3-7所示，共计67名班主任认为家长对班主任班级管理工作比较配合，占比66.34%，并有32名班主任觉得家长对自己非常信任，占比31.68%。仅有2名教师认为在班级管理中与家长交流偶有摩擦，占比1.98%。

可见当前班主任班级管理过程中形成的师生关系、家校关系比较和谐，但也存在与家长的沟通方式有待进一步优化、班主任和家长关系仍有较大提升空间的问题。

（四）班主任班级管理中的压力来源

当前，许多教师不愿意承担班主任班级管理工作已是组建班主任队伍时不可回避的问题，为了明确这一现象的原因，调查从班级管理中最让班主任困惑的工作、工作压力的来源以及学生管理难度最大的问题等维度入手，收集到了以下数据。

表3-2 班级管理中最使班主任困惑的事比照表

选项	人数	占比
转化后进生	40	39.60%

处理突发事件	32	31.68%
按照学校的各项要求进行班级管理	24	23.76%
处理师生关系	3	2.97%
组织学生开展或参与各项活动	2	1.98%

如表3-2所示，数据显示共有72名班主任觉得转化后进生和处理突发事件最让自己困惑，共占比71.28%。而班级中的后进生必然不是班级主体，突发情况也不可能时常发生，但这两项却最让班主任觉得班级管理工作不轻松。

图3-8和图3-9是问卷中旨在收集班主任工作压力来源和学生集中出现的问题的多项调查结果。通过与访谈的印证，绝大多数班主任觉得工作压力源于工作时间长、工作内容繁琐、学生教育难度较大、学校对班主任工作的要求太高。此外，也有班主任认为家长对学生的期望太高，同事之间竞争太大。

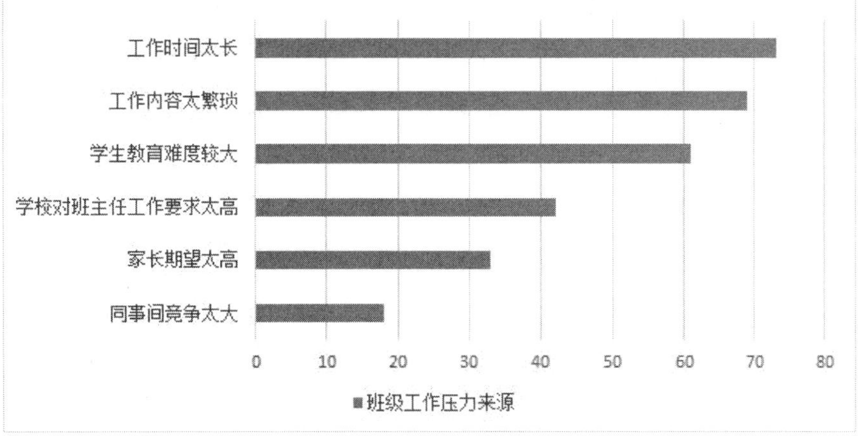

图3-8　班级工作压力来源示意图

高中班主任队伍基本由高考科目的教师担任，所以班主任在从事班级管理工作的同时还要承担教学工作。《中小学班主任规定》中明确“班主任工作量按当地教师标准课时工作量的一半计入教师基本工作量”。

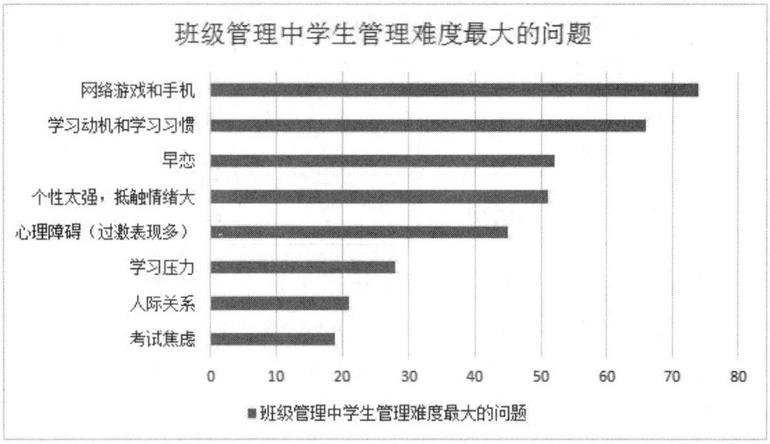

图3-9 班级管理中学生管理难度最大的问题示意图

如图3-9所示，班主任在班级管理中普遍觉得学生“网络游戏和手机”的问题最难教育，同时“学习动机和学习习惯”“早恋”“个性太强，抵触情绪大”“心理障碍”等问题都影响着班级管理的效果。

（五）班主任待遇现状

激励方式和手段关系着工作热情，班主任工作强度太大，工作时间长，如果没有与之相适应的待遇，势必影响班主任的工作质量。

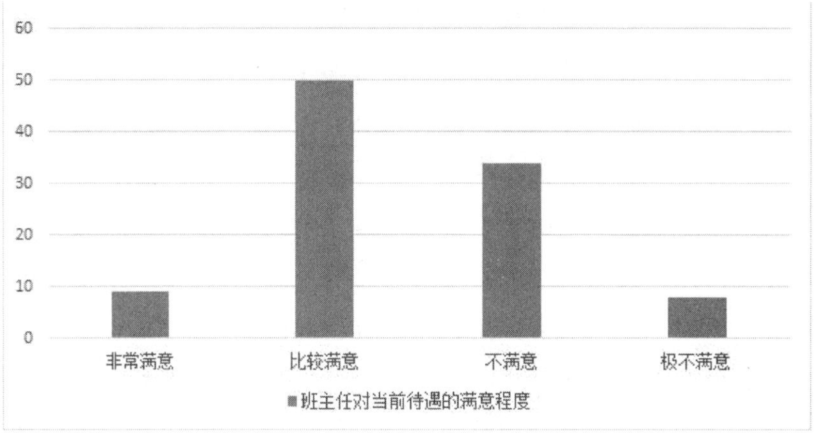

图3-10 班主任对当前待遇的满意程度示意图

如图3-10所示，本次调查中，有9名班主任对当前待遇非常满意，占比8.91%；有50名班主任对当前待遇比较满意，占比49.50%；有34名班主任对当前待遇不满意，8名班主任对当前待遇极不满意，共占比41.58%。对待遇持满意态度的班主任人数略多于对待遇不满意的班主任人数。

但在有关“教师不愿承担班主任工作的原因”和“当前班主任队伍存在的主要问题”的调查中，收集到了以下数据。尽管对当前待遇满意的班主任人数更多，但放开选项数量后，有61.39%的班主任认为待遇不合理、与付出不成比例。表3-3和表3-4再次印证了前文中班主任工作繁杂、工作时间长的问题。值得注意的是，有超过半数接受调查的班主任觉得“缺乏工作的主动性和创造性”是班主任队伍存在的主要问题。

表3-3 教师不愿担任班主任工作的原因统计表

选项	人数	占比
班主任待遇与付出不成比例	62	61.39%
现在的学生不好管理，而家长又不配合	56	55.45%
学校给班主任布置的工作太多，班主任工作太繁杂，压力太大	66	65.35%
工作时间太长	56	55.45%

表3-4 班主任在班级管理中存在的主要问题统计表

选项	人数	占比
班主任队伍教育观念滞后，知识储备不足	45	44.55%
缺乏工作的主动性和创造性	52	51.49%
缺少培训学习	35	34.65%
班主任待遇不合理	57	56.44%

调查显示，在进一步完善班主任待遇的途径中，有79名班主任认为应当提高津贴补助，占比78.22%；有60名班主任希望减少工作时间，占比59.41%；有43名班主任认为应当加强班主任工作培训，占比42.57%。

三、高中生的调查现状

为了比较准确地描述班主任在班级管理中与高中生之间的师生关

系、班主任进行班级管理的方式与方法以及班主任在班级管理中育人的侧重点等，收集到了以下数据。

（一）当今高中生与班主任的关系

亲其师，信其道。高中生与班主任之间的关系是衡量班级管理好坏的重要尺度之一，是以调查高中生眼中自己与班主任的关系对研究班主任班级管理情况具有较大的借鉴意义。

如图3-11所示，数据显示，有195名高中生对班主任非常喜欢，占比21.59%；465名高中生对班主任非常尊重，占比51.50%；99名高中生对班主任比较畏惧，占比10.96%；有144名高中生对自己和班主任之间的关系怎样无所谓，占比15.95%。在图3-12的调查中，有261名高中生觉得自己的班主任在班级学生中非常受欢迎，占比28.90%；有447名高中生认为班主任比较受欢迎，占比49.50%；159名高中生觉得班主任在班级中受欢迎程度一般，占比17.61%；36名高中生觉得自己的班主任不受欢迎，占比3.99%。可以得出大部分高中生对班主任比较认可的结论，但也存在占比很少的高中生对班主任不满意。

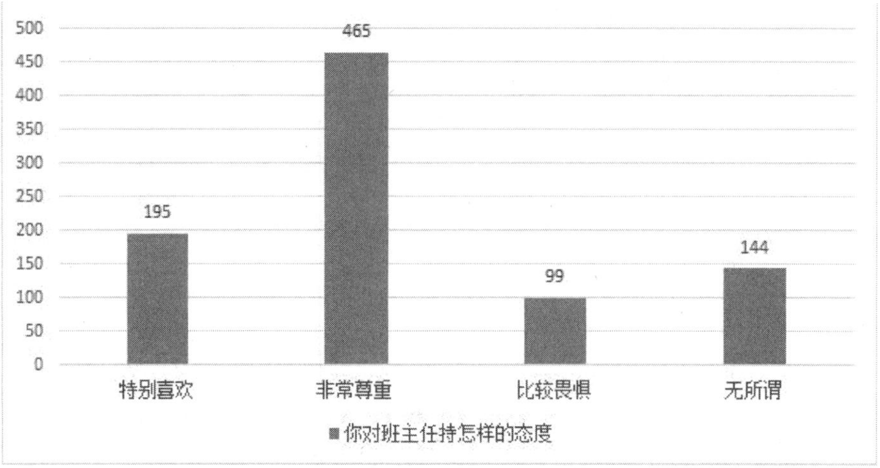

图3-11 高中生对班主任的态度示意图

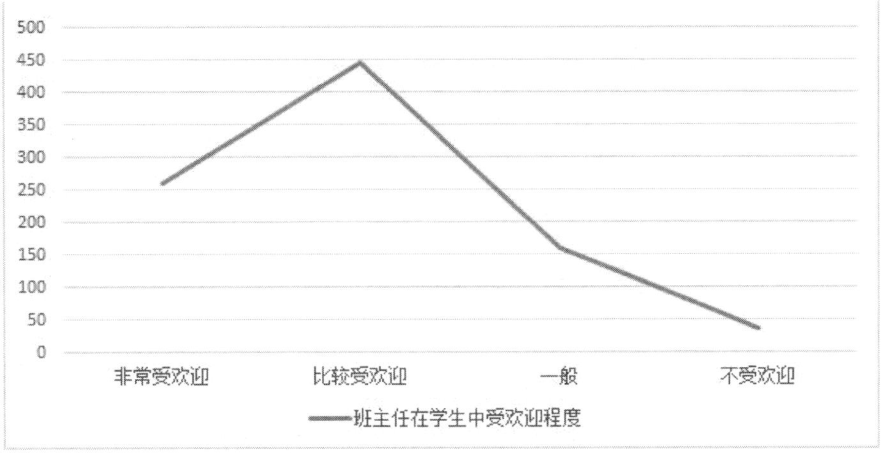

图3-12　班主任在学生中受欢迎程度示意图

班级管理中形成的师生关系也体现在班主任的班级管理目标、班级管理方法以及和学生的沟通情况中。结合表3-5数据可以发现大部分学生认为班主任在班级管理中将主要精力放在了提高学生学习成绩和按学校要求维持班级纪律上。142名接受调查的高中生认为班主任在促进学生全面发展上倾注了主要精力，但向高中生进行访谈时发现，高中生对全面发展的定义局限于概念化的“德智体美劳”。这一数据能够与“班主任找学生谈话的主要内容”的调查中所得数据相互印证。

表3-5　班主任班级督理中的主要精力统计表

选项	人数	占比
提高学生学习成绩	403	44.63%
按学校要求维持班级纪律	310	34.33%
参与各项活动取得名次	48	5.32%
促进学生全面发展	142	15.76%

如图3-13所示，903名接受调查的高中生中，有168名高中生认为自己的班主任经常与学生交流，了解学生情况，占比18.60%；其他高中生皆认为班主任找学生谈话的主要内容是学习成绩下降或出现了违纪，占比81.40%。

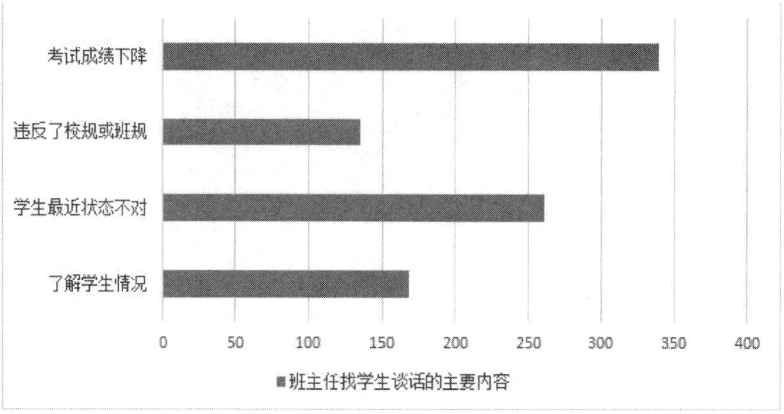

图3-13 班主任找学生谈话的主要内容示意图

可以得出结论，在班级管理中，师生关系较为融洽，高中生认为班主任更关心班级学生的学习成绩和守纪情况。在学生违纪后，大部分班主任能够与学生耐心交流，但训斥、责备等现象也普遍存在。

（二）班规与班级干部的现状

班规是通过体现班级文化和规范师生言行来彰显师生共同追求的纽带，班级干部是联通同学和班主任的桥梁。二者在班级管理中的作用大小能体现出班级管理的民主程度高低。

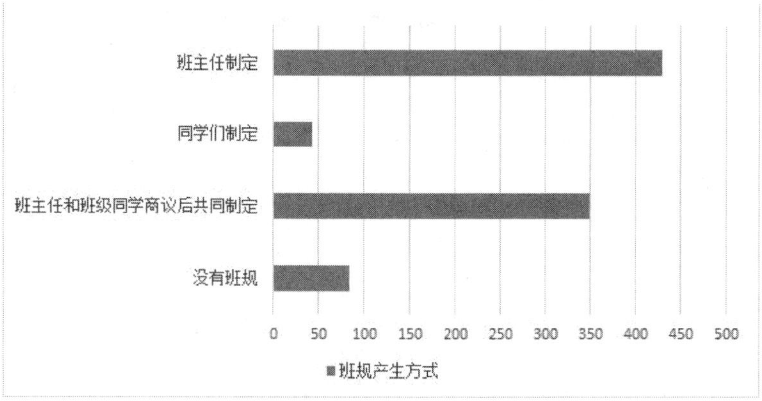

图3-14 班规产生方式示意图

如图3-14所示，调查发现429名高中生所在班级的班规由班主任全权制定，占比47.50%；值得注意的是有84名高中生所在班级没有班规，占比9.30%。

在与高中生的对话中发现,这种以班主任意见为主导的班规体现着班主任的班级管理需求,在班级管理中发挥着较大的作用,高中生在班级管理中处在被管理、被束缚的境地。为发掘班规对高中生的具体影响,只能严格按照班规的规定学习、生活。

如图3-15所示,387名高中生所在班级的班级干部由班主任指定,占比42.86%;258人选择"自我推荐后由班主任确定",占比28.57%;243名高中生表示班级干部由投票选举产生,仅占比26.91%。

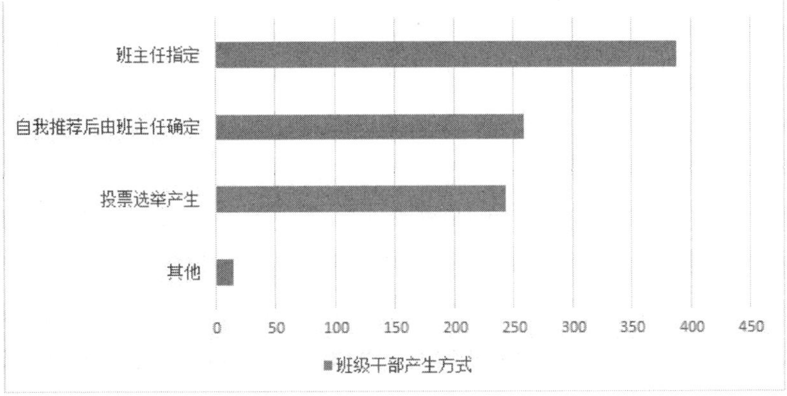

图3-15　班级干部产生方式示意图

综合以上数据能够发现无论是班规制定还是班级干部选任;班主任的意见都占极大比重。班级管理中学生参与程度和学生配合程度较高,但配合程度稍高于参与程度,觉得班级管理与其无关的高中生比率虽不大,但不容忽视。在班级管理中,家长的参与程度不高。

(三)高中生的学习动机及影响因素

表3-6和表3-7呈现的数据显示,当前高中生的学习动机不够明确,主观性较弱,近半数接受调查的高中生将学习动机确定为满足父母要求,有84名高中生不清楚自己的学习动机。同时,522名高中生将学习外的精力主要投注到上网或玩手机上。

表3-6　高中生学习动机统计表

选项	人数	占比
在学习中收获知识的满足感	204	22.59%

对家庭、社会、国家的责任感	189	20.93%
考上好大学,满足父母的要求	426	47.18%
不清楚,所以被动地学习	84	9.30%

表3-7 高中生除学习外耗费较多精力的活动统计表

选项	人数	占比
上网或玩手机	522	57.81%
恋爱	57	6.31%
体育运动	141	15.61%
其他	183	20.27%

综合以上数据,可以发现所调查地区的班主任班级管理总体发展态势较好,班主任年龄结构较为合理,班主任队伍向着年轻化发展;班主任队伍学历构成优化效果明显,本科及以上学历的班主任占比96%以上。大部分学生非常认可自己的班主任,觉得班主任对本班学生有一定了解;家校互动中家长相对比较愿意参与或响应班级管理工作。通过对班主任的专业素养、班主任承担工作原因、班主任工作待遇、班主任工作压力等问题的分析,能够发现班主任在工作中存在一些问题。综合学生问卷的分析,能够发现班级管理尽管不再完全是班主任的"一言堂",但仍然呈现出学生参与度不高等班级管理问题。

第二节　高中班主任班级管理存在的问题

新时代赋予教育新的使命。随着时代不断前进,社会对于人才的需求、家长教育孩子的理念、影响学生成长的环境同样在不断变化,这些因素使得新时代的高中生呈现着不同于过往的心理特征和价值观念。在崭新的时代背景下,处于人才培养承上启下关键位置的高中学校教育面对着来源于各方面的压力,高中的班主任班级管理也随之暴露出一些亟待解决的问题,对这些问题进行总结和分析,能够更好地促进教育生态的绿色发展。

对比过去,新时代的班主任班级管理已经体现出较大的提升,但也存在着一些限制班主任班级管理效能提升的不足。

一、班主任的职业倦怠比较明显

"'职业倦怠',指个体长期处于工作压力情境下所出现的躯体、情感和认知的综合衰竭状态。"[①]自1974年弗鲁顿伯格提出以来日益受到各行各业的关注。职业倦怠定义为包含三个维度的症状:在以人为服务对象的职业领域中,个体的一种情感耗竭、非人性化的成就感降低的症状。在我国,研究者对教师职业倦怠通常理解为:教师职业倦怠是教师不能顺利应对工作压力时的一种极端反应,是教师在长期压力体验下所产生的情绪、态度和行为的衰竭状态,典型症状是工作满意度低、工作热情和兴趣的丧失以及情感的疏离和冷漠。

综合相关案例、调查数据以及对班主任教师和学生的访谈发现,职业倦怠已经是班主任队伍中不能忽视的问题。接受访谈的班主任大多表示自己存在情绪波动较大、用标签式的语言形容个体学生等现象,在对学生的访谈和调查中得到了相关印证。本节按照职业倦怠的三个维度将班主任在班级管理中出现的职业倦怠表现作了如下表述。

(一)情绪衰竭

情绪衰竭维度呈现班主任在班级管理中的情感投入状态,具体表现在班主任对于班级管理工作的热爱程度。接受调查的101名班主任中,仅有31名班主任具有超过7年的班主任工作经历,占比仅为30.69%。结合占比22.77%的主动申请承担班级管理工作的班主任,可以发现接受调查地区的班主任普遍对于班级管理工作的热情不高。

不同班主任在班级管理中呈现出的衰竭状态有着程度上的差异。处于情绪衰竭的初期的班主任,一般仅因为工作繁忙而产生一定的疲惫感,尽管他们的工作热情有所降低,但情绪衰竭的程度并未影响其工作投入;而一部分班主任情绪衰竭程度比较严重,具体表现为缺乏工作热情,精神状态很敏感,情绪徘徊在暴躁的边缘,常感觉到疲倦、烦躁,很容

①邢金萍.教师职业倦怠的背后——教师职业倦怠相关因素的调查与研究[J].河南大学学报(社会科学版),2006(01):160.

易被学生触到发怒点，惯于用咆哮解决问题。当班主任的情绪衰竭程度较为严重时，必然会对学校和学生产生怨言，所以对待情绪衰竭严重的班主任需要特别的关注，避免其在班级管理工作的冷漠悲观态度影响学生成长。

（二）去人性化

去人性化维度呈现班主任在班级管理工作中的人际关系状况，也就是班主任通常以怎样的态度对待学生和家长。在关于师生关系的调查中，近半数高中生认为班主任对自己的了解程度较低，近79%的高中生觉得班主任与自己的交流内容为学习成绩或日常操行。在关于班主任与家长沟通的渠道和内容的调查中，也能够发现相似的情形：班主任更愿意通过电话和将家长请到学校的方式进行交流，而交流的内容往往是将师生难以缓和的矛盾转移到家长身上。诸如此类的片面强调解决问题而忽略高中生个性成长的班级管理行为，实则是由班主任职业倦怠的去人性化体现。

处于职业倦怠中的班主任对班级管理中的人际交往持回避心理的另一种体现是，不愿意与班级学生有过多的交往和交流。但这种回避并非对学生全盘的否认和躲闪，而是“鸵鸟式”地对违纪现象及“多事”学生躲避，即班主任过分追求自身的省时省力，对班级学生做出的不符合健康发展的行为避而不见。在田野调查的观察中发现，去人性化较严重的班主任在班级管理中会表现出攻击倾向，如在沟通中对学生进行语言上的讽刺、挖苦、辱骂，在具体的班级管理行为中也会有包括体罚在内的惩罚倾向。

（三）低成就感

低成就感维度呈现班主任在班级管理工作中的成就感体验。成就感是班主任班级管理工作激情和热情的重要来源。调查数据显示，转化后进生、处理突发事件、按照学校的各项要求进行班级管理三个问题在最令班主任最困惑的问题中占比超95%。其中，转化后进生能够体现班主任的教育管理成效，得体处理突发事件能够突出体现班主任协调管理的能力，按学校要求规范班级学生行为能够体现班主任班级管理的执行力。以上三个明显的、能够量化的问题比潜移默化地影响学生道德情操、提升学生文化素养和增强学生审美体验等与之相对的隐性的、意识的班级管理内容更容易让班主任获得成就感,但也最让班主任困惑。简而言之,与成就感相关度越高的问题越能为班主任造成困惑。

如果班主任感觉自己即使在班级管理中投入再多的时间和精力也不能取得预期的成效,甚至在学生本身反复出现犯错误时认为学生不会因为自己的教育和管理有所成长,长此以往,班主任自然难以获得相关的成就感体验。长期处于低成就感体验中的班主任难免会产生自己不适合这份工作的想法,进而不愿再向班级管理工作注入更多的情感和精力。此时,低成就感的班主任在学校规定限制下,如“稻草人”般对班级学生起着僵化死板的监管作用,同时失去继续严格要求自我进步的热情,失去明确追求和努力方向。消极的心态和工作态度必然导致低成就感的班主任在人际关系中的格格不入,如果学校管理层不能予以适当的指导和帮助,而是仍然严格要求,必然会加速低成就感的班主任自我否认的进程,进而严重影响班级管理工作。

二、班主任的角色定位相对固化

关于班主任角色的研究由来已久,从教育社会学的角色理论来分析,班主任既是一个普通教师,也是一个学校行政管理人员,具有多维的社会角色,不仅扮演了教育者和管理者的角色,同时还是学生生活、学习的指导者。也有人认为“班主任工作应当是中小学教师的职业组成和专业构成要素。”尽管说法不尽相同,但有关班主任在班级管理中具体角色的研究观点都趋向于淡化班主任在班级管理中的绝对性。

接受调查的大部分班主任对自己的角色有比较清晰的定位,但也或多或少地都承担着自我角色定位之外的极其宽泛的角色任务。从简单的教师、父母、朋友角色,到复杂的对学生进行及时合理的心理辅导和心理救援的心理工作者、帮助家长对孩子进行合格教育的家庭教育辅导者。然而频繁的角色切换和厚重的角色内涵导致一些班主任难以协调兼顾,不自觉地将角色固化。

班主任是班级管理的主导,高中班主任与高中生相处的时间比家长更多,所以班主任的一言一行对高中生的影响尤为明显。有的班主任做了许多届还像新手，有的班主任带了一届学生就已成熟，其中的区别很大程度上取决于班主任的专业化程度。班主任专业化的程度体现在班级管理中就是班主任担任不同角色的能力。比如有的一心想在班主任工作中做出成绩，但由于对班主任角色定位的偏离，导致其在班级管理中难以处理好与学生的关系。虽然教育离不开陪伴，但班主任工作并不能简化为“跟班”，班主任角色更不应该固化为监管角色。

观察发现，有的班主任强调整齐划一的班级氛围，但对学生个性养成和信念培育关注不足，在班级管理中，管多于教，导致学生品德养成效果一般；有的班主任具有较强的教育理论基础，但缺少实践操作经验，难以将理论和实际结合，导致在班级管理工作力不从心，模糊了引领者的作用，使班内学生无所适从。这说明班主任的角色定位的差别会使不同的班主任在班级管理实践中呈现出不同的优点和缺陷，其本质即班主任在班级管理中表现出不能周全担任角色使命的特性，呈现出如下几种角色固化。

（一）将教育管理者的角色固化为看护式管理者

在立德树人根本任务的指导下，班主任在班级管理中应当注重培养学生的道德品行，树立正确的价值观念，形成良好的生活习惯和学习习惯，由内而外地自觉维护纪律、热爱学习、陶冶情操，提升能力。然而一些班主任受限于自己的专业知识体系不健全、专业技能不娴熟，在班级管理中机械地执行上级的管理任务，将教育管理弱化为管理主义倾向严重的绝对管理。

必须注意的是，看护式的管理漠视学生个体间的差异，以方便管理为至高的管理诉求，片面强调师道尊严。具体表现为强硬地要求学生服从各种制度、以简单的减分量化考核核准学生的日常操行、以粗暴的训斥代替潜移默化的影响等。尽管以束缚住学生为目的的管理方法的即时效果立竿见影，但长远看来，并不能对学生产生持久的教育效果。长此以往，趋于绝对化的管理角色势必将师生管理异化为管理者与被管理者的等级关系，甚至激化为监管者与被监管者的关系。凡是一切依靠惩罚的地方，就不会有自我教育，而没有自我教育，也就根本不可能有正常的教育。[①]习惯高压下的绝对化管理的学生,注定缺失了自我管理的环境和思想,所以一旦脱离监管,常常触发心理的反弹机制,表现出更顽劣的行为。

(二)将学习引路人的角色固化为追分逐名的人

班主任承担着指导学生学习的使命,完成使命需要帮助学生构建由适合的学习方法、科学的学习习惯、热烈的学习动机、坚韧的学习动力组成的体系,这需要班主任具有充分的认知理论和教育心理学等学科的知识积累,充分掌握班级学生的学情状况,因势利导,成为合格的学习引路人。但在903名接受问卷调查的学生中,403名同学认为班主任进行班级管理是始终围绕着提高班级学生分数的,占比44.63%。大多数在执教中即如此——将一切班级管理行为的目的都简化为提高学生分数,同时过分忽略学生除成绩外的各项活动,其实对学生的全面成长及核心素养的养成益处不大。

一旦班主任在班级管理中过分专注于学生的分数和名次,其班级管理的重点势必会转移到对学生考试技能的培养,进而采取增加学习时间、强调死记硬背和反复训练攻克书山题海等极端的方式督促学生在考试中取得较高分数。班主任将学生引路人的角色固化为追分逐名的人必然会影响班级学生。同样,若将以压榨为法宝的学习方法持续三年,容易导致已经度过十几年学校生活的高中生认为提高成绩的唯一途径便是班主任强调的堆时间多刷题,而不懂得改变学习方法、提升学习技巧来适应发展日益快速的时代。最突出的影响就是当前许多高中生阅读量很少,对历史、时事一无所知。试想,走出高中后没有了班主任的催促,没有了各种考试的追赶,不能保持高强度学习的学生,该怎样面对未知的世界?

班主任将学习引路人的角色固化为追分逐名人之后,或许能够提高学生的学习成绩,但对学生学习能力的培养、学生知识积累的夯实却见效甚微。

---

①苏霍姆林斯基.给教师的建议[M].武汉:长江文艺出版社,2014:228.

（三）将心理疏导员的角色固化为矛盾调解员

北京大学一百年校庆时，哈佛大学的尼尔·陆登庭校长曾经发表演讲，提出教育的作用，在促使我们更好地工作时，应该使我们的心理更完备，个性更积极。[①]心理疏导对于高中生身心健康的成长的作用毋庸置疑，目前多所中学都存在对高中生心理状况了解不深入、进行心理疏导不及时等情况。

然而，无论是学校为班主任组织的心理健康教育培训还是班主任的谈话策略，都强调心理疏导的目的是维持班级纪律、助力学习成绩的提高，班主任基本没有形成有计划地与学生交流从而观察学生心理成长状况的意识。对学生心理健康成长和心理健康现状的忽视，导致班主任常常不能对怀有悲观消极心理或者产生偏激情绪的学生的冲动行为进行防微杜渐的心理疏导。在学生发生厌学、逃学、出走等行为时，班主任只能在情况发生后上报学校，综合各方面意见进行矛盾调解。

（四）将家庭教育合作者的角色固化为学生情况传达者

对于学生的教育问题，班主任和家长有着共同的目的和期望，有着深入合作的基础，所以班主任和家长应是积极协作、互助互利的关系，家长应积极配合学校教育，班主任也应参与家庭教育，为家长提供帮助和指导。如调查数据所示，39.60%的班主任被转化后进生的工作困扰，接受问卷调查的班主任表示转化后进生的最大难度在于家长不配合，甚至与学校教育起着相反的作用。如班主任在班级管理中遇到一些不服从管理的、比较难教育的学生时，班主任习惯于将教育的责任交还给家长。学生家长受限于自身工作和教育能力，很多时候没办法解决问题，此时学生通常表现出油盐不进的特点。为了维护班级管理的权威性，班主任只有频频请家长到校，这样反复的无用功，使得家长对班主任觉得厌烦，甚至不再信任班主任，班主任认为家长不关心孩子、不配合工作，二者矛盾渐渐产生，家长疏远班主任，班主任对学生持放任和驱逐的态度，使学生直接受到伤害。

当前班主任联系家长的方式通常是打电话或在学生违反规定、成绩

①陈丹.初中青年班主任角色转换问题的研究——以上海市田林康健学块为例[D].上海:上海师范大学,2011:11-12.

明显下滑时请家长到学校交流。毫无疑问，在这样的家校沟通中能够发现学生状态不对的蛛丝马迹，也常常能够使学生因为家长耽误工作的到来产生愧疚或感动的情感，进而愿意改正错误。但是这种沟通方式存在主观色彩过浓、了解消息渠道狭窄等方面的缺陷，导致学生接受教育后的效果不能持久。

所以，班主任作为校方接待家长的第一责任人，有义务负担起家庭教育合作者的职责，帮助家长畅通亲子沟通渠道、学习家庭教育理念、科学进行家庭教育，但受限于班主任自身专业化程度不高，没有能力进行这项工作，将角色固化为学生情况的传达者，一定层面甚至激化了亲子矛盾和家校矛盾。

三、班主任与学生沟通相对欠缺

班级管理中，学生往往通过与班主任的人际关系的感受，来决定是否喜欢这个班主任所教的学科，是否愿意遵守这个班主任所提出的要求，是否喜欢学习和参与这个班主任所组织的各种活动。所以，班主任与学生间的良性沟通是班级管理工作的重要组成部分。如果班主任和学生沟通的内容、方式缺少理性和科学性，很难对已经产生较强自我意识的高中生产生正面的教育效果。

接受调查问卷的学生表示："班主任心情好的时候会给我们安排课外活动，对犯错的同学也不会非常严厉地处罚，但是班主任心情不好的时候对我们会很严厉。"班主任在与学生的沟通中如果缺少理性，班级学生必然被班主任喜怒无常的管理风格钳制，有问题不再愿意同班主任沟通。长此以往，班主任与学生间的沟通会产生障碍，这种障碍存在以下两个特征——在班主任与学生对话过程中无法实现信息的双向传递，只有传递没有反馈，学生呈现消极被动的状态；沟通内容没有被学生准确地理解或者双方对某一信息的理解有歧义。

调查发现，相当一部分新班主任在班级管理中有无法回避的困境。班主任出于对班级管理工作的热情，本着对教育的热爱、对学生的责任心、对工作的负责态度，想要通过班级管理帮助学生成长，其本意并无失职之处。然而由于新班主任在缺乏对学生充分认识的前提下进行强硬的要求，导致本应使师生关系更加密切的沟通简化为上传下效的僵硬命令。长此以往,学生将反感与班主任进行沟通,其反馈表现为不情愿地执行甚至对抗,师生双方都在沟通中承受着伤害。如班主任一时兴致勃勃,想要陪伴学生争创佳绩,受到挫折后便垂头丧气,觉得班级管理事务繁琐、班级学生怠惰;学生觉得班主任过分严肃、不考虑学生情况等。研究发现,在高中阶段的班级管理中,班主任与班级学生沟通存在的相对欠缺之处有以下几种。

(一)班主任与学生沟通的时效性不强

充分掌握班级学生情况,才能综合其成长环境、心理近况等因子判断学生将要采取的行为和可能发生的事情,将一些突发状况防患于未然。如班主任能够了解到学生最近和谁发生了较大摩擦,可以通过及时沟通帮助学生开释心结,消弭未发生的冲突;又如班主任了解到学生的家庭有变故,可以通过及时沟通做好学生工作,帮助学生端正生活和学习的态度等。然而,沟通的时效性不强使得班主任对学生的发展中存在的问题不能及时发现和辅助解决。

(二)班主任与学生沟通的内容不够全面

新时代高中生的价值观较过去呈现出鲜明的时代性,存在坚守与屈从博弈、聚焦与离散交互、开放与迷茫交替的特征。在高中生价值观确立的关键时期,尤其需要班主任的全面引领和疏导。调查数据显示,占比81.40%的高中生认为班主任找自己谈话的主要内容是询问学习成绩下降和违反日常行为规范的原因。班主任结合学生学习成绩下降和学生违纪的沟通原本无可厚非,但在沟通过程中却存在上位者对下位者的权威审判,即班主任以见多识广的过来人身份断定学生成绩下降或违纪的原因,然后强硬地指出改进方向,这种亡羊补牢式的沟通内容并不能对学生产生持久的影响,因为冷冰冰的知识、冷冰冰的思想学生是不会接受的,即使强制接受,也是暂时的,只有饱含“感情”的知识,学生才乐于接受、理解、记忆和运用。当然,忽视了学生真情实感的内容,片面的沟通也难以引领学生建立符合新时代的核心价值观。

(三)班主任与学生的沟通缺少连贯性

立德树人,通过品德养成促进学生成长必定是一项缓慢而长效的工程，这也是教育的魅力所在。因此，班主任在教育学生的过程中需要循序渐进。这种循序渐进不仅是知识结构的逐渐完善，更是德行成长的内化于心和外显于行。班主任在与学生的沟通过程中，应当以连贯的教育主题规范循序渐进的沟通过程，尤其应当将国家、社会中的能够促使学生品德成长的时事要闻赋能于学生的成长过程中的关键节点，激发学生的爱国情怀和社会责任感，并以此作为努力学习和匡正行为的动力。当班主任能够借助连贯性的沟通教育学生逐渐成长为能够自己管理自己、对自己负责的全面的人时，学生便对应的能够对自身学习成绩、违纪情况等问题进行自省，实现“立德树人”的育人目标。然而沟通随机性较强的问题也较为广泛地存在于当前的班主任班级管理中，这种沟通连贯性缺失产生的沟通偏差只是简单地头痛医头脚痛医脚，对学生的教育效果较为有限。

四、班级管理理念的育人性不全面

2018年5月2日，习近平总书记在与北京大学师生座谈时指出：“要把立德树人的成效作为检验学校一切工作的根本标准，真正做到以文化人、以德育人。”而“坚持立德树人根本任务，必须牢牢抓住理想信念这个中心环节，强化理想信念铸魂”。[①]

（一）班级管理规则缺少育人性

高中是基础教育和高等教育的桥梁，承担着塑造学生品质、萌发学生理想、熔铸学生精神等重任。班级是高中教育中培养学生的最直接单位，因此尤其需要通过科学的、符合新时代特性的管理理念营造出适合高中生成长的文化氛围，实现以文化人、以德育人的目的。管理能力管理学家彼得·格鲁克指出，管理的根深植于文化、社会、价值、传统、风俗、信念、政府与制度中。班级管理应当充分考虑学生的成长背景，建构符合青少年成长阶段的班级氛围。然而，当下高中班级管理中，过分追求成绩、答题技能，要求高中生死板的遵规守纪，轻视高中生的全面发展和个性成长，其重要原因之一便是班级管理理念的人文性不足，不分辨各项制度的科学性和内涵所在，僵硬地要求学生按照指令成长。

班级管理规则育人性不足的最直接表现是班级文化体系冰冷。通过

①李忠军，钟启东．落实立德树人根本任务，必须抓住理想信念铸魂这个关键[N]．人民日报，2018-5-31，第一版．

严苛的班规将学生管住的理念明显缺乏对学生的人文关怀，这与被称为刚性管理的唯制度管理理念尤其相似。然而，缺乏人文性的管理，不考虑个性差异，更少考虑管理艺术，管理的质量也是不高的。刚性管理属于低层次的制约式管理，太多的条条框框会束缚师生的学习工作积极性、主动性和创造性、实效性。一旦管理环境发生变化，管理效果即呈现断崖式的滑坡。比较突出的表现是学生高中毕业后，便不愿再以班规中的规范要求自己（包括其中对自身成长有益的部分），甚至出现报复式的反弹，是以这种速效但短效的管理明显不利于学生的长远发展。

班级管理理念的人文性不足，忽略了教育应当以人为本的特质。相对于刚性的制度管理，柔性的人文性关怀虽然将付出更多的管理成本，如时间、精力等。但人文性的班级管理理念能够予冰冷的制度以温度，注重班级文化的培育，形成师生同心同向的班级愿景，形成班级管理理念与班级制度的统一内核，使管理的成效可持续化。

（二）班级管理目的不能充分体现育人性

关于班级管理目的的研究已是老生常谈，观点也较为统一，如"班主任在进行班级管理中，只看重学生的成绩而忽略德育""但在高中阶段，依然强调应试教育，班主任依然不同程度地存在着重分数、轻能力，重结果、轻过程的评价方式"等。诚然，面临着高考的检验以及依据高考成绩报考大学的筛选，高中的学校教育注定绕不开分数和升学率，这在一定程度上限制着班级管理的目的取向。此外，班主任在班级管理实践中，除了督促学生提高成绩外，尤其注重学校的量化考核标准，包括仪表、纪律、卫生、寝室等内容，要求学生严格遵守，不得违抗。

班级管理目的过分追求效率与统一的时候，恰恰也迷失了班级管理本质。班级管理不同于成本管理、时间管理甚至员工管理，其复杂性体现在管理者与管理对象都是内涵丰富的生命体，甚至管理最终想要达成的目的都应该是在实现基本素养全部合格的基础上凸显每个个体个性成长的。当习惯以简单的、固定的思维处理复杂问题时，注定会因为达成表面的规整划一而忽视班级管理是为了育人的目的。甚至可以说，过分量化的班级管理正在将复杂的、多样的几十个个体统一化、简单化、标签化，这种管理目的缺乏对育人性的深入思考，使得班级管理成效与促成全面的人的教育设想南辕北辙。

育人性不足的班级管理环境中的学生很难得到关于个性养成的保证。期望被同样的管理目的期望的五十几名家庭背景不同、学习基础不同、成长环境不同的学生实现各自在高中阶段的成长理想，实质上就是在期盼“一把尺子适合所有人”的奇迹。这种班级管理目的支配下的班级管理实践仍在迎合班主任乃至班主任上级系统的要求，而不是体现学生的主体性，这是一种同质性的管理输入，面对个性差异的学生，为了保证基本教学、教育秩序，班主任往往把控制列为第一位的目标和任务，要求多，引导少。基于平均水平设定的班级管理目的似乎能够适合所有人，实际上是以损害平均水平之外两端的学生为前提的，很容易使一部分学生感到厌倦，进而实施反抗。

每颗水滴都有自己的光芒，虽然教育有普遍规律，但在班级管理中因材施教不能忽略。在伟大的新时代，高效率、低成本的班级管理目的应当向着立德树人的方向坚定不移地前进。

五、班级管理方式的科学性不充分

班级管理是教育活动的分支，对于学生心理品质、行为习惯的培养有着重要意义。简而言之，班主任班级管理的方式和方法是班级管理理念和目的支撑的管理实践。尽管当前班主任班级管理基本不再是班主任的一言堂，但距离真正实现学生自主管理还有一段距离，尤其班主任在进行班级管理实践中的运用的方式方法不够符合教育科学。

鉴于学生个体之间各不相同、学生不断学习成长着的个体本身不同阶段也有所差异，所以班主任在班级管理实践中教育学生时运用的方式方法也应当因人而异、因时而异。孔子的不愤不启、苏格拉底的产婆术都是通过启发帮助学生开悟。但现代的班级管理中，批评教育乃至惩罚是显性效果最明显的教育方法之一，多数教师爱用这种教育方法。

教育改革随着时代发展不断深入，基础教育课程改革倡导教师转变角色观念，教师不再是教学中的“权威”，而是教学过程中“平等的首席”。加之，社会舆论的控制、各种儿童保护条例的颁布、教育规章制度的限制，教师不能用高压的手段或者强制的手段管理学生。过往的强迫式管理方式，转换为沟通式的管理方式，表面上从压迫变成了谈话，深究其内核却能够发现只是从对学生的“硬控制”转变为“软控制”。因管理方式方法的内核变化不大，所以当“软控制”无效时，班主任的班级管理方式常常退化为“硬控制”。

缺乏科学性的班级管理方式会为班级管理埋下隐患，其表现如下。

（一）班级管理方法较为简单

缺乏科学性的班级管理方法往往以批评、处罚为主，班主任全面掌控班级的文体活动、组织、纪律、卫生等各个方面，班级学生完成任务时若不符合要求，便予以批评或进行处罚。不能否认，短期看来往往批评惩罚得越凶狠，管理的效果越好。实际上，单调的班级管理方式是一种狱卒式的管理，是班主任偷懒和不负责任的体现。因为批评和处罚不需要了解事件背后的各种影响因素，只需迫使学生服从。这种管理方式对班级的管理和学生身心的健康发展有很大的负面作用。况且这个时候的学生心理很敏感，如果管理不当会轻易地让他们产生反叛的情绪，从而恶化师生的关系。

（二）班级管理反馈机制缺失

反馈，又称回授，是控制论的基本概念，被广泛应用于社会学、经济学、教育学、心理学等各个领域。教育管理反馈是指，教育者或施教者在对学生的教育过程中输入相关信息，各方接受处理后产生教育效果，该输出结果经系统再反馈回来，并对教育管理过程中的输入产生影响的过程。也就是将教育管理过程中、过程后的信息反馈给管理者，从而对接下来的教育管理实践进行调整以取得更好管理成果的行为。

班级管理反馈是班级管理目的达成的一个重要条件，科学的班级管理离不开合理的管理反馈。然而当前的班级管理反馈渠道主要是考试成绩与学生日常表现，这种反馈缺少科学、标准化的衡量和系统化的信息整理。班主任与学生的交流大多为成绩情况和违纪情况，关于班级管理对高中生的品德成长状况、性格发展情况的影响的相关反馈明显缺失。偏重于分数的班级管理反馈忽略了学生全面发展的情况，针对操行的负面反馈常常激化着师生矛盾。形式化强与实用性弱的班级管理反馈，不能对班级管理进行赋能。

班主任进行班级管理中的反馈是成绩单，而这也是班主任给予家长的反馈，此外更多的是班级学生违纪的实时反馈。成绩的反馈依赖于学校的时间安排，远时反馈的特点突出，而学生违纪的反馈尽管及时，但过于零散、过分负面。所有的反馈信息都被抽象为激励或逼迫学生取得更好成绩的助力。针对反馈信息做出的调整也常是注意抓哪个学科的成绩或盯紧哪名同学。

班级管理反馈信息不足，导致班主任缺少对班级管理进行反思的参照，难以立足于学情因材施教，发展学生个性，与新时代的人才要求不够契合。

第三节　高中班主任班级管理存在问题的原因分析

一、班级管理工作性质复杂

相较于其他工作岗位，高中班主任班级管理工作具有其自身无法规避的复杂性。

（一）较强的外部制约性

各行各业都会受到所处的外部环境的影响。教育行业尤其受到社会、国家、人民的高度关注。高中阶段教育，学生在校时间更长，每天接触最频繁、相处时间最多的人就是班主任，这使得源自高考的压力、学校和年级要求、学生家长的干预等方方面面的制约都集中到高中班主任身上。部分班主任渴望在班级管理中实践自己的教育理念，但是没办法放松对学生应试能力的高强度训练，一旦学生成绩不好，家长和学校都会将其视为不称职的班主任。在具体的班级管理中，班主任的育人理念需要服从于学校管理理念，当班级安排与年级、学校安排冲突时，班级安排必然变更，在一些学校班主任私自给学生活动时间都是不被允许的。因此，与其他职业相比，班主任工作比其他工作受到更多的外部因素的影响。

（二）工作对象的特殊性

班主任的工作对象是学生。分班不是就业双选，班主任没有权利自主选择班级学生，往往在新生入学后才知道班级学生情况。高中生经过基础教育阶段的学习和成长，学习基础已经成型，很多习惯也已经养成，对于其中一些习惯不好、性情偏激的学生，高中班主任需要付出更多的耐心教育他们，这种不可选择性是班主任必然面临的。

这种特殊性同样体现在不同个体间，来自不同成长环境，具有不同的发展状况的不同高中生个体，即便做出同一种行为（如不服从班级管理、不愿学习、争执吵闹等），其动机往往差别极大，这要求高中班主任必须详加鉴别才能做好班级管理工作。这种工作对象的特殊性决定了班主任工作的高难度。

（三）工作目标的广泛性

如前文所述，班主任工作的权责界限模糊。同样，班主任班级管理工作的目标也相当广泛。班主任的工作除了保障班级学生安全、督促班级学生学习，维持班级管理的各项活动正常运行等可见的显性目标外，还有培养学生学习、生活的习惯，指导学生学习、生活的基本技能，关注学生身心的成长状况，养成学生的道德品行等关系学生持续成长的目标。除此之外，因为新时代对人才需求是多样的，所以如果班主任有能力和精力，在某种程度上来说对班级学生的培养和教育同样是可以无止境的。广泛的工作目标丰富班主任工作的内涵的同时，也挑战着班主任的能力素养。

（四）工作时间的无界性

尽管教育部多次规定中小学生在校时间，但为了学生的成长安全，高中班主任教师的工作时间普遍超过8小时。学生在校期间，学校要求班主任必须全程陪伴学生。这样的工作时间损害着班主任的健康。此外，班主任的工作时间并不能只用在校时间衡量。除了日常教学和跟班外，一旦班级学生有什么情况，班主任也需要马上到岗处理或解决。这种时间的无界性，很容易导致班主任因无法放松而长期处于工作压力中，进而导致紧张和焦虑，与主流的生活、工作的理念产生反差。①

（五）工作效果的延时性

教育是一个漫长且长效的过程。班主任对学生的教育除知识外，还有品德、品性。虽然考试成绩一定程度上反映某个教学阶段中学生对答题知识和答题技巧的掌握情况，但能够影响学生一生的学习兴趣、学习方法、学习习惯却需要很长的时间养成，并在更长时间的实践中才能表现出来。品德和品性同样需要学生在成长过程中逐渐显露。除了成绩能够即时呈现外，班主任工作的效果，都需要时间的发酵才能展现得醇厚。

复杂的工作性质要求班主任在班级管理工作中投入大量的时间和精力，然而取得的效果却难以保证。其他职业的付出往往可以得到较为明显的社会收益或经济收益，而班主任的负责工作性质决定着这一工作需要更多付出和奉献。而且这种付出和贡献很难用简单的量化核定，在工作时间和岗位职责上也缺乏明确的规定，使得这些付出难以得到明确的体现。这导致在班级管理中投入较高的班主任难以获得想要的回报，影响着班主任的工作热情、工作效率和工作成果。

二、班主任专业素养的欠缺

随着时代发展和社会进步，班主任队伍的学历构成更为合理，并呈现出高学历化的趋势。同样，班主任在班级管理中也能够和学生相处融洽，越来越多地受到学生的爱戴和喜欢。但不能否认的是，班主任的专业素养仍存在一些欠缺。

（一）班主任专业化现实困境的钳制

我国高等教育对学科教师的培养已经形成较为完备的体系，但班主任的学科理论体系尚未构建。学界普遍认为，班主任工作中关于德育、心理健康教育和安全教育的内容是包含在教育学和心理学中的，而班级管理和家校协调是教育管理学的内容，这些都是普通教师应该学习的内容。不具备完备理论基础的班主任工作，难以发展出科学的学科体系。同时，与班级管理相比，学科教学受到更多的外界束缚，这也是导致班主

①闻待.论高中教育的多样化发展[D].上海：华东师范大学，2010：21-22.

任工作缺少必要的专业学科理论和班主任职业道德、自治权利等以及班主任并不具备专业技术职业化的条件的原因之一。班主任从事班级管理工作需要广博的专业知识，却没有与之相适应的学科体系，制约着班主任队伍的发展。

（二）班主任对于教育政策法规的忽视

班主任在班级管理中存在与学生沟通的内容单一、对学生的教育局限于分数和日常操行等问题，这些问题与班主任对教育政策法规解读的忽视有着密切关系。班主任对当下的教育政策不理解，不及时更新教育理念，致使班级管理行为的方向与时代存在偏差。

《中学生日常行为规范》《中小学生守则》以及每所学校多年来形成的学校制度和要求是教育专家和众多一线教师经过不断探索实践得到的智慧的结晶。但过分依靠规范要求学生的班级管理会将高中生的创新意识锁死在规范之中，也是对当前教育政策和教育发展的一种无视。

近年来，习近平总书记的讲话对人才的培养方向进行了提纲挈领的重要描述，教育的根本任务是立德树人，培养社会主义的建设者和接班人，所以班主任在班级管理的过程是为党和国家培养社会主义人才的过程，所以需要对教育政策有较为深入的理解并践行到班级管理中。当前的班级管理中，班主任对教育政策法规等了解不够深入，所以在管理过程出现了一些偏差。

（三）班主任工作忠诚度较低

部分班主任是被动走上班主任岗位的，他们通常存在“自我班级管理能力较弱”或“对班级管理没有过多热情”的认知，是以这部分班主任在班级管理中的投入感较低，也比较不容易发现班主任工作的价值和意义，其进行班级管理单纯为了满足学校和年级管理要求。

班主任对于班级管理工作的较弱意愿往往能引发对工作的抵触心理，走进班级管理绝对化的误区。绝对化的班级管理中，班主任往往通过以强硬方式管住一些难管的学生树立自身的权威，通过权威约束其他班级学生。这种“简单、粗暴”的管理手段容易取得即时效果，但也忽视了对学生的品格养成，尤其是对难管学生的成长极为不利。

三、高中生情况更具时代性

新时代，作为班级管理主体的高中生已经表现出和以往不同的群体特征，这要求班主任在班级管理工作应当做出符合当前高中生特征的调整，以适应时代的发展。

（一）高中生具有更鲜明的时代性

受时代的影响，当代高中生更具有正义感，遵守社会公德，具有权利义务意识和民主法治观念，热爱党和人民、热爱祖国，也存在着实践创新意识欠缺、求知进取心不足、自我中心意识强烈、缺乏诚信意识、抄袭作业现象突出和奉献精神不够等特质。这是因为高中生受中外优秀思想影响的同时也遭受了西方社会思潮的负面影响，以及社会的不良习气、媒体的误导宣传等侵袭。集中体现出依赖和独立并存、自制力薄弱、自尊和自卑交织等特点，他们渴望表现自己又怕遭到别人的嘲讽，佯装无所谓心中却念念不忘，希望与众不同又怕与群体格格不入，对这样学生群体进行班级管理必然要与过往惯用的模式和方法产生冲突，无形中增加了班主任在与学生沟通时的工作量。

（二）新时代的高中生产生新的依赖

新技术、新媒体的普及使学生产生新的依赖，增加班主任班级管理的难度。这些年来，智能手机飞速普及，各种手机应用软件层出不穷，能够满足人们衣食住行乃至学习、工作、娱乐等各种需求，更是出现了对手机极度依赖的低头族，对使用手机的行为无法控制，对自身生理、心理健康及学习工作均产生有害影响。此外，风靡的游戏更是学生们讨论的主流话题，是学生拉近距离的有效切入。高中生的自制力较成年人更加薄弱，容易沉溺于这些新事物。调查中也发现班主任觉得现在的高中生玩手机最难管，大部分高中生日常闲暇时习惯玩手机、追星。过度耽溺于这些的高中生往往产生现实人际交往能力的下降和产生自我封闭倾向。班主任面对这样的问题采取的方式往往是暴力截堵，却忽略了时代洪流的伟力。所以，无论是没收还是请家长，都做不到让班级学生完全脱离这些，这使得班主任在班级管理工作中要投入更多的时间和精力去协调和解决。

四、班主任管理体制的辖制

有研究者提出：对于一个岗位来说，某个人做不好也许是个人问题，但许多人都做不好，就不是简单的个人问题了，而是需要从限制与规定人的制度本身进行思考。

（一）班主任制度有待完善

尽管当前班主任制度在基础教育中发挥着十分重要的作用，但不能否认，班主任制度仍存在一些需要反省的地方。

1. 班主任权责没有明确的制度界定

班主任的权责界限模糊导致班主任的工作负荷过大，这一点在关于班主任角色固化问题的阐述中已经确认。班主任在班级管理中需要承担来源于学校不同部门的工作并负责满足学生家长的各项要求，纷繁杂乱的工作内容使班主任在班级管理工作严重超出负荷。

当今，教师权利已有如下界定："教师在教育教学活动中依法享有的权益，是国家对教师能够做出或不做出一定行为，以及要求他人相应做出或不做出的一定行为的许可和保障。"①但承担极繁重的工作任务的班主任在班级管理中却没有要求学生相应做出或不做出一定行为的权利保障，而学生在校期间甚至离校期间的一切安全问题都和班主任脱不了关系，这在班级管理中使班主任常常处于两难和待命的状态。如学生违纪后，班主任按照学校或年级的要求对学生做出了处理后招惹了家长的不满，面对家长质问的学校或年级反而会将问题再交还于班主任，其结果往往是班主任作为第一责任人承担家长的怨怒，学校只是出面调停。同样，当学生在校期间因玩耍、意外发生了碰撞后，第一时间迎接家长怒火的也是班主任。模糊的班主任权责界限导致"权利少，职责多，常背锅"已成为班主任的写照之一。

2. 班主任兼任制度阻碍德育工作开展

很多研究者认为当前班主任班级管理中的突出问题是重智育、轻德育，对原因的分析有德育理念模糊、德育活动形式化、德育评价单一等。班主任兼职制度是当前重智育、轻德育的重要影响因素。

①劳凯声．教育法学[M].沈阳：辽宁大学出版社，2000：128.

高考成绩能够为班主任对学生的智育作出统一且权威的评价，与此相比，德育却无法以某项成绩、某种考核体系来量化。德育工作需要班主任具有对国家政策、教育政策、教育理论的了解并结合丰富经验，才能够因材、因时、因事并合理地进行。

调研发现，所调查地区学校教育的德育任务基本由班主任独立承担，而班主任皆为任课教师兼任，其中详细了解教育政策的班主任教师15.84%，系统学习过教育学相关理论的班主任占比30.69%。可以得出结论，其中大部分班主任进行德育工作的理论基础主要是他人或自己的经验。这必然影响德育工作的成效，造成德育工作失位。此外，高中生成长需要的心理健康教育、安全教育更是成了形式化的娱乐参与。

3. 班主任经历成为职称评聘的跳板

不够恰当的激励制度打击着班主任的工作热情。一部分教龄较长的教师承担班主任工作的时间不长，原因是职称评聘需要班主任工作经历。校方因班主任缺口大，不进行考核培训便加以任用，上岗后要求新班主任按照学校和年级的指示进行机械的班级管理。

管理主义倾向和单一的激励制度导致班主任工作成为“无阶梯的专业管理岗位，缺乏目标引领和动力推动”。而为评聘职称担任班主任工作的教师，一旦达到目的，对班主任工作的热情自然急速消退，以职称评聘作为激励制度吸引教师承担班主任工作的效果不言而喻。

（二）学校管理相对僵硬

班主任在班级管理中出现的问题不能完全归咎于班主任的敬业意识不强、管理能力不高。班主任自上岗始，所进行的班级管理工作大都在学校的要求下进行，所以在班主任班级管理中暴露的问题，学校管理难辞其咎。学校在对待班主任管理中，习惯将班主任视为达成学校办学目标的工具，很少认识到班主任的人力资源潜能，这在很大程度上制约着班主任班级管理的进行。学校管理维度在班主任的上岗标准、教育培训、激励体系、考核办法几个层面对新时代班主任班级管理中的问题影响最大。

1. 上岗标准形同虚设

教育部在2009年出台的《中小学班主任工作规定》中指出："班主任由学校从班级任课教师中选聘。聘期由学校确定，担任一个班级的班主任时间一般应连续1学年以上""教师初次担任班主任应接受岗前培训，符合选聘条件后学校方可聘用""选聘班主任应当在教师任职条件的基础上突出考察以下条件：作风正派，心理健康，为人师表；热爱学生，善于与学生、学生家长及其他任课教师沟通；爱岗敬业，具有较强的教育引导和组织管理能力"。但在学校的执行层面却事与愿违。大部分班主任上岗是非自愿的，而校方在选人时也存在一种"班主任工作人人都能干，维护好班级纪律就行"的思想。另外，因为班主任缺口较大，学校以班主任经历为职称评聘的硬性要求，使得一些为了评聘职称的老师上岗，而他们的精力、能力未必能够担任繁重的班主任工作，这也为班级管理埋下了隐患。

学校管理层应当反思选用班主任的过程。一个年级的班主任团队一般由年级主任确定出团队梯度后上报学校领导班子审批，最后进行调整确定，队伍由具有丰富班主任工作经验且成绩突出的老班主任、能够担任班主任的骨干教师、新入职的大学生等共同组成。班主任选用过程中，年级主任以自己的经验为依据确定选择班主任的条件和标准，难免带有主观色彩，一定程度上忽视了入职规范。值得注意的是，一部分被选定的班主任难免对这份工作抵触、对班级梯度安排有异议，但又无法违抗学校和年级的安排，只能消极被动地进行班级管理。更为严重的是，有一些以班主任职位牟利的教师也主动请缨承担班主任工作，而学校年级对主动申请的教师往往加以任用，最后酿成苦果。

班主任准入制度，其意义不仅在于克服了目前班主任管理中存在的种种缺陷，还在于它顺应了教育发展的趋势，适应了德育工作的要求，满足了班主任自身成长的需求，是教育发展的必然趋势。由于班主任准入制度形同虚设，导致班主任的个体素质良莠不齐，班主任队伍整体素质不够高。

2. 教育、培训偏形式化

教育者的技巧，并不是一门什么需要天才的艺术，但它是一门需要学习才能掌握的专业，班主任班级管理工作尤其需要班主任进行专业的学习、接受专门的培训。但是当前的班主任教育和班主任培训存在任教前的预期职业社会化和任教后的继续职业社会化。两者之间在相当程度上存在着“若即若离”的现象。不够“接地气”的班主任教育和培训使班主任的班级管理能力不强。综合调查数据和访谈，发现当前班主任教育、培训的欠缺之处主要有以下三点。

第一，班主任入职前教育与入职后工作存在偏差。高等教育中并不存在专门的班主任专业，而是在日常的学习中穿插教育管理方面的学习，而教育学大类和学科教学大类的学生主要学习的是教育学相关理论和学科知识、教学技能，虽有教育实习，但因时间短，任课老师舍不得完全放手，故效果多不理想。因此，师范类毕业生，除了学科知识外，教育理念和实践经验几乎为零，更不要说班主任专业知识了。这使得师范生入职后从事的班主任工作同过往学习存在一定程度上的不相符，需要师范生在知识结构、管理理念、育人方式上进行大幅度调整。其主要原因是高中教育专注的分数导向与高等教育提倡的育人导向有偏差。

第二，入职培训的形式化倾向。学校层面有责任帮助新入职班主任形成适应班主任岗位工作的能力。有部分新教师的入职培训以教育局组织统一培训的方式进行，培训对象为全市所有同年入职的新教师，班额常常超过200人，培训以讲授形式开展，内容为理论的讲授和个别案例的剖析，考核以出勤率为主。而培训有时只涉及带班工作经验的介绍，基本不涉及与实践、新课改理论结合的案例研究、问题探讨形式的培训。静态的讲座，容易束缚班主任们的思维，导致思维的停滞，容易致使班主任学习的积极性不高，学习效果不佳。这样的岗前培训存在着思想认识不到位、缺乏计划性和规范性、缺乏反馈和评价机制等问题。同时，不能回避的是，入职培训往往是在新教师入职后开展的，新班主任在承担繁重工作时，还要请假参加效果不显著的入职培训。

第三，学校培训工作不到位。学校对待班主任的能力水平，注重使用，轻视开发，对选拔使用优秀班主任热情有加，但对班主任的培训培养却少有重视和支持，对于新班主任的培训主要采用师徒结对的方式，由老班主任带新班主任；对于老班主任的培训基本没有。这样培训的缺失使得班主任在班级管理中的理念、方式方法并未随着时代发展进步。班主任的专业能力也就很难呈现出持续发展的势态，影响着班级管理的成果和班级学生的成长。

3. 激励体系有待完善

教育工作者将激励界定为唤起和推动行为、提出行为目的和指引行为、继续维持行为、导致选择和执行行为的过程。学校对班主任的激励是一项需要仔细斟酌的系统工程,正确的激励方式和激励行为能够激发班主任的工作热情,将更多的精力和智慧投入班级管理中,反之亦然。然而调查发现作为激励主体的学校出台激励政策和发生激励行为时都存在一些不足之处。

第一,受限于激励政策的力度和落实情况,一些班主任工作的积极性并未被调动,甚至激励政策产生了反作用。学校给予班主任的激励方式可以概括为政策倾斜和物质奖励。政策倾斜包括评聘职称照顾、考核加分、评奖优先等,但这些政策性的照顾不能惠及整个班主任队伍,尤其是考核加分和评奖优先一类的政策照顾仅有一小部分班主任能够享受到,没被照顾到的班主任主观上往往认为自己付出的辛劳不比别人少,但限于所教班级学生的基础、科任的配置和领导的关系等因素很少获奖或被评为优秀,影响自身在班级管理工作中的工作投入感。另一方面班主任的工作明显比科任老师繁重许多,但政策倾斜的力度不能满足班主任额外的付出,所以在入职意愿方面,愿意主动申请承担班主任工作的教师不多。物质奖励主要由班主任津贴和高考奖金组成。为了平衡班主任额外付出的辛苦、增加班主任工作的吸引力,学校和年级本身乐于提高班主任的待遇,在经费无处可出的前提下,班主任津贴可能需要在科任教师的绩效工资中扣除,这种以牺牲科任教师合法利益为代价的物质奖励倾斜无疑会引起班主任和科任教师的冲突,自身利益被损害却无能为力的科任教师容易一种“既然班主任领了津贴,那班级工作都应该交给班主任干”的想法。

第二,激励理念简单,没有考虑班主任队伍的阶梯性。校领导和年级主任存在一种把班主任作为管理对象的思想倾向,所以在进行激励时往往有一种施舍的意味。这样的思想下,政策倾斜方面的激励容易演变为控制班主任的手段。然而,当前班主任队伍的学历水平都比较高,这样的激励注定难以满足所有班主任个体的自我实现的需要,甚至一些新入职的高学历班主任还因为经验少、学生淘气等因素遭到了刻意打压。当前的激励理念是建立在将差异显著的班主任个体一致化的基础上的，这种理念在某种程度上无视了性别、学历、年龄、职称、家庭、价值观等因素，导致即使班主任感受到了激励，但并未被激励。受限于了解渠道，学校层面对班主任工作实际情况的细节了解常常没有班级学生那样详尽，但在制定激励措施和执行激励动作的过程中却缺席了班级学生的参与，成为学校和年级的“一言堂”，实际上，这种略高于班主任班级管理工作实际的激励理念下的班主任始终处于被动的位置，在这样的激励下，班主任工作投入感很难因为激励本身有明显改变。

4. 考评制度不够合理

现有的班主任工作考核评价制度存在着以简单的、量化的班主任工作等级评定取代对班主任能力成长评价的倾向。这导致在考核评价下的班主任在班级管理中必须时刻反省自己是否完全符合学校的考核要求，使得高中班级管理千篇一律，不利于高中生乃至班主任的全面发展。应当注意的是，尽管考核评价的目的是制定奖励方案，但考核评价的内容不应当完全依靠关注班主任在班级管理中的到岗到位情况和班级学生的成绩及对校规的遵守情况。这种过度量化的班主任考评制度，究其实质还是一种工作考核，不能全面考察班主任的专业发展程度，更谈不上发挥在班主任专业发展方面的引领作用，不能满足班主任在专业发展上的诉求。

第一，过度量化的考评制度固化了班主任的工作角色，钳制着班主任的专业发展。由于量化评价具有评价指标具体、可操作性强、业绩考核评价结果较为清晰和同行之间可比性较强等特点，因此成了目前班主任评价中最为常见的评价方式。量化评价本身无可厚非，问题在于为了便于考评，学校层面完全以量化考评班主任工作，这种过度量化的考评方式增加了班主任的工作量，却降低了班主任工作的意义。譬如学校为了衡量班主任对学生管理的好坏，将班级纪律、班级卫生、违纪违规、宿舍状况等能够量化的因子作为评分依据，每月在班级基准分上将学生的减分扣去，按照得分情况分出A、B、C三等发放津贴。量化考评确实可以将班主任的工作情况以数字呈现，使管理者能够一目了然、区分优劣。实则缺失了评价的科学性，当学校层面将学生是否修改了校服裤腿、头发长短、寝室床上放了毛巾等问题通过量化的方式强迫班主任严抓狠管时,已经偏离了班主任工作的中心,更是助长了简单粗暴的管理方式:扣分、处罚,将教育调动主观能动性的作用弱化为经典条件反射。过分量化的考评制度一方面使班主任整天忙于完成学校安排、处理扣分学生,没有时间对班级管理进行科学细致的反思,班主任如何能够感受到工作的意义? 另一方面,为了追求量化考评的“标准”学校对班主任工作的各个层面都做了固定的要求,时时、事事都要求班主任到岗,连德育主题、班级布置都要一致,在时间、空间、理念上都将班主任辖制起来,将班主任工作的专业性僵化为处理繁重的事务,固化了班主任的角色、束缚班主任的专业发展,很大程度地降低了班主任岗位对教师的吸引力。

第二,专注追求结果的考评制度约束班主任进行班级管理的理念、方式。教育是立德树人的事业,更应当立足于“以人为本、全面发展”。现行专注追求结果的考评制度一方面致力于要求班主任全力提高学生的成绩,但限于不同班级的学生的入学基础、班级科任老师配备的差别,许多班主任付出了辛苦但取得的效果并不显著。只看横向不看纵向的考评方式,忽视了班级管理除了班主任的主观能动的努力外还受到种种客观因素的制约这一现实。另一方面学校为了追求学生的整齐划一,强制要求班主任成为学生的保姆,陪着自习、陪着跑操、陪着值日,陪伴时间越久的班主任越受到学校和年级的青睐。希望学生能够在青春关键期养成自主管理能力和习惯的班主任,往往被认为工作热情不高。专注追求结果的考评制度下的班主任为了保住自己的成绩,和学生一起撒谎、欺骗。这些做法,其实是把班主任们逼上了反教育的境地。

五、社会支持力度比较薄弱

任何管理都是在一定的或特定的社会环境下发生的,必然受到各种社会环境因素的影响。然而,当前的社会环境对班主任工作的支持程度并不高,班主任工作得不到应有的认可。

(一)社会舆论的不认可

现有研究中对社会舆论对于班主任和班级管理影响的研究很少,但“教育是一个开放的,动态的系统,学校内部的教学活动与社会各界的舆论信息进行双向的影响"[①]。班主任班级管理亦在其中。

随着时代进步，自媒体作为一种传播门槛低、使用便捷的新兴媒体迅速发展，但其内容却良莠不齐。有一些居心叵测的公众号、微博账号片面宣扬扭曲的价值观，有的断章取义地讴歌严师出高徒，有的曲意迎合地鼓吹学历唯一论，有的不辨是非地描绘师生矛盾。在这样的舆论宣传下，学校领导、班主任、家长都认为学生考不进名校就没有前途，通过刻苦学习就能够考上名校，却忽略了新时代对人才的需求，忽视了学生个体的爱好。一定程度上扭曲着班主任的班级管理理念和方式方法。

（二）学生家长的不认可

必须承认当前家校矛盾已经较从前缓和很多，但仍存在一些家长对班主任的班级管理工作不理解、不支持，如有的家长觉得对孩子的教育就是把孩子放在学校，将教育责任完全托付给班主任，自己却不能很好配合班主任对孩子进行的相应教育；有的家长对孩子溺爱，孩子犯错后不配合班主任处理；有的家长爱子心切对班主任不够宽容，只要学生在学校出了事故，就觉得班主任有不可推卸的责任，对班主任百般刁难。

（三）家人的不理解

班主任也是妻子（丈夫）、母亲（父亲），当工作不被家人理解时，孤独的班主任是很难有激情投入自己的事业中的。长时间、高强度的工作使得班主任难以照顾自己的家庭，履行自己对家庭应尽的义务。担任班主任的教师披星戴月地工作，往往早上家人未醒班主任已然出门，晚上家人已睡，班主任还未下班。这样的付出确实需要家人更多地承担家庭义务，而家人的不支持必然使本已疲惫不堪的班主任更加痛苦。

①张俊华.浅谈当代社会舆论对教师职业倦怠的影响[J].科技资讯，2011(34)：228.

第四章　高中班主任班级管理创新对策

第一节　创新班级管理形式 缓解班主任职业倦怠

班级管理工作的复杂性质严重消减了班主任的工作热情，所以应当积极探索能够分担班级管理工作、减轻班主任工作负担的班级管理形式。[①]教育先行者为适应时代发展对教育做出了改革，如浙江为新高考做出的走班制教学等。改革中虽然呈现出一些问题，甚至遭受了一些诟病，但不能因此停止改革的步伐。学校的办学应当始终指向育人，不能在教育中单纯地强调高考得分，所以，学校应当鼓励班主任进行多种形式的班级管理，顺应新时代高中班主任班级管理的发展趋势。

一、鼓励全职班主任制

身处教育最前线的高中班主任每天忙于繁杂的班级管理工作和学校各项任务仍然是未曾改变过的事实，有些能力强的班主任甚至还承担着学校的行政工作，很多班主任表示自己在教学和班级管理中难以很好地兼顾。这样重担下的班主任很可能任何一项工作都难以保质保量完成。

帮助班主任减负的最直接方式就是将其从繁重的工作中解放出来，由业务能力强的教师相应承担更多的教学任务，由管理能力强的教师专职承担班主任工作，这样二者各司其职，各擅所长，能够较大程度弥补班主任队伍的缺口和引导不同职业追求的教师向着相应的职业理想方向发展。

---

①章劲元，雷光辉，张伟楠，陈建文. 中小学教师工作压力对其职业倦怠影响的建模研究[J]. 西部素质教育，2022，8(23)：116-117.

二、推行导师制

许多学校现行的导师制与当前的班级制产生冲突，甚至出现学生选择了非本班任课教师作为导师的现象。这种情况一方面增加了导师的工作任务，另一方面学生与导师的交流也受到限制。所以在导师制实行的过程中应当规定学生选择本班的任课教师作为导师，通过分析学生的资料指导学生的学习、生活和成长，并结合学生表现和学生发展阶段定期完成与学生家长的沟通的任务。

同传统的班主任全责管理班级的管理形式相比，导师制更为灵活和全面。以常见的50人班额为基数，班主任任本班15名学生的导师，不承担其他班级的教学任务，高考科目的任课教师每人任7名学生的导师，任课教师的任课班级应不超过两个。班主任的工作侧重组织班级管理活动，导师的工作侧重引导学生成长，这样导师能够分担班主任繁重的工作任务，能够缩小班主任和科任老师间的工作量差别。这种每名导师不超过15名学生的指导任务能够保证导师根据学生的个性成长特征，制定指导方案，选择合适的指导方法，并且有条件针对学生个体进行详细的了解，进而疏导学生的不良情绪、心理压力等，达到培养学生品德、学识引导学生健康成长的目的。

三、试行导生制

导生制又称“贝尔-兰卡斯特制”，陶行知先生也做过“小先生制”的尝试。尽管受高中生身心发展情况的限制，导生制未能在当前高中教育普遍推行，但可以借鉴其优秀部分。

导生制的实施需要充分保证班级管理的民主性和学生的主体性，班主任在适当的指引和规划后，允许导生和学生之间双向选择。班主任应当尊重学生间的选择，鼓励导生和学生间的沟通和交流。

如在导师制下将每位导师的学生分为两组，确定组长为本小组的导生，负责收集整理本小组成员的资料，定时向导师汇报。

四、提升高中生自主管理能力

具有较强的自主管理能力是高中生自主管理的前提。受高中生个体间发展水平差异的影响，不同高中生的自主管理能力也不尽相同。如自觉层次的高中生仅是意识到遵守规定、履行义务的意义，实践较少；自理层次的高中生能够以积极行动参与班级管理，但管理行为相对缺少节律性、协调性和调节性；自为层次的高中生能够以适度的方式实现自主选择的目标。自主管理的意识尚未形成或较差的高中生随着班主任出现与否往往表现出两个截然不同的样子。所以，鼓励自主管理应当着力提升高中生的自主管理能力至自为层次。

（一）提升高中生自主管理意识

提升高中生自主管理意识，要让高中生确定自己不仅是班级的成员，更是班级的主人。转变高中生的分数至上的意识，在班级管理活动中提升自主管理能力和社交能力。随着自主管理意识的提升，高中生能够自然而然地对自己的学习成绩、日常操行负起责任，不再需要班主任亦步亦趋地跟班。形成自主管理意识的高中生不仅在高中期间如此，更能够以自主管理的意识和习惯陪伴终身。所以，在班团会、学校活动、社会实践活动中应当合理指导、充分信任高中生，帮助高中生提升自主管理意识。

（二）培养高中生自主管理能力

培养高中生自主管理能力应当贯穿高中班主任班级管理活动的始终，但自主管理能力并非一朝一夕就能形成的。通过让高中生亲身参与到班级管理的各种活动，帮助高中生收获自主管理的成就和快乐，能够增强高中生进行自主管理的兴趣。在兴趣的激励下，高中生通过不断地管理尝试，能够养成自主管理能力。所以班主任应当定期组织有益于高中生的活动，如全体参与的形式多样的班会，从主题选定、内容安排到过程组织都放手交给学生，从点滴开始积累，提升高中生的自主管理能力。

第二节　提升班主任专业素养 更新传统角色定位

2013年9月9日，习近平总书记致全国广大教师的慰问信中指出："希望全国广大教师牢固树立中国特色社会主义理想信念，带头践行社会主义核心价值观，自觉增强立德树人、教书育人的荣誉感和责任感，学为人师，行为世范，做学生健康成长的指导者和引路人。"打铁必须自身硬，凝练核心素养过硬、班级管理理论体系健全的班主任队伍是提升班主任班级管理水平的重中之重。

一、凝练班主任核心素养

学乎其上，取乎其中。高中生的胸怀、视野与朝夕相处的班主任息息相关。在问题的描述和归因的分析中发现，新时代的班主任应随着时代的步伐培养时代的人才，不能故步自封。2014年9月9日，习近平总书记前往北京师范大学看望教师、学生时指出："全国广大教师要做有理想信念、有道德情操、有扎实知识、有仁爱之心的好老师。"班主任作为与学生交流最多的教师，更应当以此为方向，从理想信念、道德情操、扎实知识、仁爱之心四个方面提升自身核心素养。

（一）端正理想信念，坚信社会主义核心价值观的指引

"社会主义核心价值观是社会主义核心价值体系的凝聚和提炼，集中反映了中国共产党在带领人民进行国家建设的价值目标、社会的价值取向和公民个人的价值准则。"①肩负培养新时代青年责任的班主任不仅需要努力践行社会主义核心价值观，还需要引导高中生建立正确的世界观、人生观、价值观，成为合格的社会主义接班人。

开放的时代大潮下，多元化的价值取向在多元的媒介中传播，妄佞的历史虚无主义观点、偏激的消费主义价值取向、恣意的无政府主义形态诉求、过度的自我中心精神追求等偏执歪曲的观念动摇着班主任的工作理想，如重视分数高低轻视道德培养、看重眼前得失忽视长效机制、计较

①原黎黎.新媒体背景下大学生理想信念教育有效路径研究[D].石家庄：河北师范大学，2017：24-25.

个人得失缺失大局意识等表现扭曲着班主任的工作追求,降低了班主任的工作幸福感。这时,班主任需要端正意识形态,以社会主义核心价值观为导向树立正确的理想信念,将爱国、诚信、敬业、友善内化于心,外显于行,以身作则教育班级学生。

(二)陶冶道德情操,激活国内外优秀师德的源头活水

从孔子、朱熹、蔡元培到夸美纽斯、乌申斯基、苏霍姆林斯基;无论“师范端严,学明德尊”“学高为师,身正为范”还是“教师个人的范例,对于青年人的心灵,是任何东西都不可能代替的最有用的阳光”。古今中外的教育先贤无不在诠释教育者的德行对学生的重要影响。

高尚的师德不仅能体现班主任的良好品质,还能够为学生提供正确引导。相较于其他学段的教师,高中班主任与学生相处的时间最长,高中生又处于三观形成的最重要阶段,若班主任能够以高尚的师德唤醒对工作的热情,将精力投注于班级管理,以教育学生为出发点和落脚点,杜绝无爱的“监管者”角色,更能够达到“立德树人”的目的。

(三)提升班级管理能力,树立终身学习和科学研究的意识

行有不得,反求诸己。班主任是提升自身班级管理能力的责任主体,作为班级管理行为的亲历者,班主任最清楚自己在哪些环节比较薄弱、哪些方面存在缺陷,找到问题的症结,就能够通过不懈地学习找到解决问题的关键。

班级管理工作的重点是通过管理达到教育的目的,引导学生尽可能正确地走向下一个人生环节。这更需要班主任顺应时代的潮流,树立终身学习和科学研究的意识。社会不断前进,时代对人才的需求也发生着变化。由任课教师兼任的班主任在提升自身能力时不能局限于学科知识,更要广泛地研究教育理论、研读教育政策、联系社会时事,将学习所得与工作实际相结合,不断总结班级管理经验,提升自己的班级管理能力素养。

《学会生存》一书中提出如下建议:“把终身教育作为发达国家和发展中国家在今后若干年内制订教育政策的主导思想。”在终身教育的视

角下，每个人都是学习者，班主任面对着不断随时代变化的学生群体，更应当不断学习提升自身班级管理工作胜任力；更新班级管理理念，完善自身知识结构，提升自己的专业能力。树立终身学习和科学研究的意识既是班主任自我实现的必经之路，更是完善教育生态的重要手段。这要求班主任在日常学习和工作中根据自身需求制定学习计划，并积极参与自身需要的学习交流和进修培训，以此适应时代的变化和要求。

（四）恢宏仁爱之心，熔铸尊重理解关怀宽容的师爱

教师的仁爱之心是以师生相互信赖为基础的，这种信赖主要体现为尊重、理解、关怀和宽容。体现在班级管理中就是班主任对班级学生由心而出的由衷尊重、充分理解、悉心关怀和体谅宽容。如前文所说，班主任工作繁复，待遇与付出相比很低，学校和年级的僵硬要求更牢牢地束缚着班主任。相比这些困难，班主任对学生的仁爱之心，才是支撑班主任付出的初因。

班主任对学生真正的关爱需要观察学生的细微变化，细心留意学生的一举一动，把对学生的关怀化为具体的行动。知深爱切，班主任以尊重、理解、关怀、宽容熔铸仁爱之心爱护班级学生，具有主观能动性的学生自然以爱回报班主任。

二、明确新时代班主任角色定位

时代不断发展，社会不断进步，新时代的人才需求和学生个性特征无不诉求着构建新时代班级管理理论体系的新时代班主任角色定位。时代需要创新，时代呼唤创新，无论新、老班主任都应当通过学习更新自己的知识结构，建立健全新时代班级管理理论的体系，明确新时代的角色定位。

（一）具有新时代班级管理理念的教育管理者

行为以理念为向导，班主任确认怎样的班级管理理念，就会确立怎样的角色定位，做出符合角色定位的班级管理行为。学生对班主任的情感在班级管理活动中较浓，但在毕业后随着时间的流逝逐渐变淡。也就是说，在成长的关键节点，班主任给班级留下的印象只是暂时性的。对照传统班主任的“监管者”角色定位和与之相对应的班级管理理念可以发

现，重视“管”轻视“教”，重视“分数”轻视“品性”，对学生的要求往往不是以学生的个性发展为取舍，反而要求学生淡化个性完全融入整体。充斥着随意性、主观性的管理角色和管理理念，容易导致班级管理中师生关系的失衡，使得学生在被管理时渴望与老师搞好关系以求得认可，当学生脱离了被管理环境后，自然难以观察这种应变式的感情延续。同理，班主任角色定位以及班级管理对学生的品德和其他方面的成长也难以产生持久的影响。

马斯洛的人本主义教育理论持续受到教育研究者的关注，基于促进人自我实现的目标进行教育更适合发展人的个性。体现在班级管理理念中即以人为中心，以人为根本。具体来说，班主任应当在班级管理中形成尊重学生独立人格和主体地位、开发学生潜在价值、鼓励学生自我实现的管理理念，明确自身的教育管理者角色。

教育管理者角色定位区别于监管者角色定位的关键之处在于班级管理理念是否基于具有明显差异性的学生个体：从学生本位出发的班级管理理念下的管理行为需要因人而异、因时而异、因事而异，这就需要班主任无论是处罚还是管理都是以真正的“教育”为原点。明确了教育管理者角色定位的班主任在班级管理行为中必然不会呈现出僵硬、死板、粗暴的特性，其班级管理的着力点为全力帮助学生全面发展。班主任能够认真分析学生的情况提供相应的帮助，就必然不会出现角色僵化等问题。所以，进行班级管理首先要培养新时代的班级管理理念，明确自身教育管理者的角色定位。

（二）担当倡导新时代班级管理制度的引路人

近年来，学生在班级管理中的主体地位愈加受到研究者的重视，很多班主任也已经尝试将学生的主体地位引入到班级管理制度中。但在具体执行过程中仍然是班主任同时兼任班级管理的主导和主体的过往模式。

班级管理的民主化转变具有毋庸置疑的重大意义，其内涵应当是唤醒学生的自我意识，由学生自发地进行自我管理、自我约束。实现民主化的班级管理，离不开相应的制度建设，通过制度保障学生的民主权利，通过制度帮助学生在自我管理中成长。所以，新时代的班级管理制度应是班主任既参与又不越俎代庖，班主任在班级管理中担任引路人的角色，通过运行符合时代育人要求的班级制度进行班级常规管理，从而实现师生的互通互融。

确定引路人角色定位的班主任能够引导学生制定班级管理规定制度，与学生共同遵守班级管理制度。班级管理制度需要更多体现班级学生的具体情况，不能简单照搬学校的各种规定，或者在学校的各项规定上再用更详细的要求束缚学生。这样只管学生、不管老师的制度明显将班主任自己置身于班级之外，如何能够让学生全盘接受？学生是班级管理的主体，不应当只是被要求、被规定的"守法成员"，更应当是"立法成员"和"执法成员"。所以，新时代的班级管理制度必须在制定过程中吸引学生加入。这种加入并不是随意的、形式的，而是应该保证班级管理制度的权威与稳定，将班级管理制度的制定程序化、民主化。已经形成的班级管理制度并不是不能更改，而是应当随着班级学生的进步而适时进行变更，满足新的发展需要。

当然，合格的引路人在观察或引导班级管理制度的实行过程中应当宽严有度，既避免刚硬的粗暴简单，也不能完全放任学生自由，必须充分考虑到新时代高中生的特殊性，宽严相济，疏堵结合，促进学生发展。同时，充分给予高中生需要的信任和认可。当下保姆、狱卒般的跟班模式既增加了班主任的劳动量，又降低了高中生对班主任的情感和认同感。处于生长发育关键期的高中生，渴望得到外界的信任和认可，班主任应当科学地指导、宽容地看待，与班级学生共同探讨班级管理中呈现问题的解决方案。

班级管理制度不是死板提要求，而是通过制度唤醒班级内部活力。新时代的高中生的个性更加饱满，需求多元化，更在乎自我价值的实现和得到尊重。班级管理制度应当充分利用校内、班内资源，在多个层面帮助不同的学生展示自己的能力，力图使班级学生的付出都能有所回报。

（三）担当构建新时代班级环境的精神导师

2019年3月，时任全国政协委员、江苏省锡山高级中学校长唐江澎在两会小组讨论中表示："要求学生复习备考是很有必要，但不能去搞杀气腾腾的百日誓师动员大会;提倡学生发奋学习是对的,但不能让校园里充斥着'只要学不死,就往死里学'这种血腥标语。"

同样,班主任应当主动承担学生精神导师的角色定位,在班级管理行为中要通过多种形式发挥积极正向的价值导向作用。如今很多学校和班级,无论是显性的班级物质环境,还是隐性的班级精神文化环境,都呈现很大程度的雷同。外部的物质环境是相同的桌椅摆放、固定位置的KT板和宣传条幅,其内容是为高考加油打气鼓劲的简单图案或是标语。追分逐名的班主任角色将教育目的异化为分数的班级管理导向,实则抽空了教育的丰富内涵,充满为分数"拼搏、奋斗"的标语和行为的班级环境,明显不能够适应新时代的高中生成长。

担当建构新时代班级环境的精神导师角色的班主任,对学生的品德养成并非完全通过各种条例束缚和积极例子的说教,甚至这些应当只是精神导师的辅助手段。能够担任精神导师的班主任在建构新时代班级环境时,必然重视学生在真实道德情境中的道德养成。班主任将角色固化为矛盾调解员和学生情况传达者的共同前提是学生违反了错误而班主任选择将矛盾消弭或转移给家长。这些选择明显皆不利于情感处于敏感期的高中生的成长。同样情况,能够明确自身精神导师角色定位的班主任不会因为一次犯错就否定学生,而是通过引导高中生在试误的亲身实践过程中增强自身的道德体验,这远比说教和惩罚更能够提升高中生的道德修养,因为道德准则,只有当它们被学生自己去追求、获得和亲身体验过的时候,才能真正成为学生的精神财富。

能够担任精神导师的班主任角色可以通过与高中生共同塑造班级环境,陶冶彼此的心灵,启发师生双方美好的想象,让师生都对班级产生家的归属感。正如许多人引用的,教育是一棵树摇动另一棵树,一朵云推动另一朵云,是一个灵魂唤醒另一个灵魂。所以在班级环境的布置上,班主任应当让班级的一景一物都成为无声的语言,促进学生的理性精神和天性并行不悖地发展。

第三节　创建新时代师生关系 畅通师生沟通渠道

教师的学生观是决定教师对学生的态度和行为方式的深层原因。更有部分教师把学生当成是自己的“作品”，可以根据自己的愿望任意塑造。这类教师在担任班主任时，容易出现角色固化，其往往存在一种对学生发展心理的误解：认为学生的发展中不可或缺的是外部约束、管教、逼迫、指导，所以需要严加看管、层层束缚保证学习效率。新时代的高中生个性更加突出、思想更加活跃，若以这种误解作为学校教育的逻辑起点，那么教育将不再是爱的事业，而是惩罚的伪装。这明显与“以人为本、立德树人”南辕北辙。所以班主任应当树立新时代的学生观。

一、树立新时代的学生观

新时代，越来越注重人的能力的发挥，新时代的人才应当是全面发展的人才，而“人的个性的充分自由发挥，不仅是人的全面发展的最终目标，也是人的全面发展的最好表现形式……使每个人的个性全面发挥，是实现人的全面发展的充要条件和最高标准”①。全面发展和突出个性相融的新时代人才观，正是班主任应当树立的新时代学生观。在班级管理中不能为了便于管理而刻意追求学生的一致性，尤其是泯灭学生不同成长环境、不同学习基础的一致性，而是要把学生看成具有独立人格的个体，尊重学生的个性。这就需要班主任以新时代的学生观为核心，鼓励班级学生全面发展的同时为不同的学生确定符合其个性成长的管理目标。

传统的学生观中，班主任对学生的教育和管理通常呈现出单向性、灌输性的特点。即在班级管理中，班主任刻意维护自身的权威，威慑学生服从管理，由此，师生间的交流也成了上下级间命令式的指挥与服从。但教育不仅是促进学生道德提升、个性发展、增长知识的过程，也是教育者通过平等地和被教育者沟通、交流进而实现专业成长和自我价值的过

①谢雨诺.当代中国实现人的全面发展的路径研究[D].吉林：东北电力大学，2018：20-21.

程。将五六十名各不相同的学生个体抹去差异,以形成规整划一的整体恰是单纯的为“管”而管理的体现,也是落后的学生观的体现。

正确的学生观是良好的师生关系的基础,班主任只有树立新时代的学生观,才能建立符合时代发展的和谐师生关系。

二、养成全面和谐的师生关系意识

和谐教育是建设社会主义和谐社会必不可少的重要组成部分,而师生关系是教育中最核心最基本的人际关系,和谐师生关系对整个教育质量的提高和学生的健康发展有着重大的影响。对班主任而言,和谐的师生关系无疑能让班级管理事半功倍。

和谐的师生关系就是教师与学生之间达到了相宜相生、相辅相成、和衷共济的状态,需要班主任在班级管理中建立与学生实现全方位、全时段、全部人的和谐的意识。

(一)全方位和谐

全方位的和谐是班主任与学生达到包括人格、道德、知识、精神等各个层面的和谐。班级管理活动中,学生是具有各不相同特征的发展中的人,班主任与学生的交流和交往应当是以平等为起点的互相理解、互相尊重、互相学习,这种真诚的交流更能够帮助学生获取积极的生活体验以及乐观的生活态度,并将之表现在学习生活中。

(二)全时段和谐

全时段的和谐指贯穿整个教育阶段的、不受任何因素干扰的和谐。受青年的个性特征和过往经验产生的惯性干扰,大部分高中生很难在犯错后即意识到错误的严重性,也存在相当一部分的高中生在接受教育后再次甚至多次犯错。这时就需要班主任以关怀和宽容的心态理解和接受班级学生的不完美,结合实际协助学生知误、证误进而达到成长的目的。这一过程中尤其需要班主任保持爱心和耐心维护全时段的和谐。

(三)全部人和谐

全部人和谐是指班主任在班级管理活动中不能有所偏爱。人的喜好各有不同,性格的趋近性、审美的偏好性必然导致班主任对一部分学生更加喜爱，但在班级管理中不能带有感情色彩，杜绝“所好则钻皮出其毛羽，所恶则洗垢求其瘢痕”的现象。很多接受调查的班主任觉得极少数调皮学生影响了自己的职业幸福感，其实这也是班主任缺乏全部人和谐意识的体现。

全部人的和谐还应包括班主任和家长的和谐。班主任在与家长沟通的过程中应当拓宽沟通的渠道，发散沟通的内容。现行的电话沟通和叫家长到校交流一定程度上加重家长的负担，有时甚至会加深家长对班主任的误会。所以班主任应当采取如家访、书信等方式展现沟通的诚意，除了学生当前的不好表现外与家长共同发现学生的亮点，实现育人的目的。

受到各种因素的限制，形成和谐师生关系或许还有一段路需要走，但作为班主任无疑应当首先养成和谐师生关系的意识，以适应时代的发展潮流。

第四节　创新以人为本的新时代班主任管理机制

2016年9月9日，习近平总书记在看望慰问北京市八一学校的师生时指出：“基础教育是提高民族素质的奠基工程，要遵循青少年成长特点和规律，扎实做好基础的文章。基础教育要树立强烈的人才观，大力推进素质教育，鼓励学校办出特色，鼓励教师教出风格。”学校是班主任工作的平台和环境，应当为班主任营造出温馨的归属感和激越的奋斗环境。学校管理者对于班主任班级管理工作进行指导和管理的过程应当是通过管理达到教育目的的过程，不能单纯地为了管理而管理。有些高中以强硬的方式要求班主任死守岗位、监管学生，这样死板的管理制度下班主任难以发挥创造性。所以学校对班主任的管理也应当让班主任参与到管理中来。使管理能够从基层开始发挥规范教学行为、服务教学行为的作用。

一、更新班主任管理理念

“受到科学主义管理的影响，同时也受到企业管理的影响，我国有些中小学往往倾向于把严格管理和约束师生行为作为学校内部组织形式和管理机制的价值取向。"①学校对班主任的基本要求是"看"住学生，并认为一切教育都是在"看"中体现出来的。这里的"看"，即看管的意思。班级事务无论巨细，班主任都应身在其处，盯着学生做。这样的管理理念下班主任角色便已被固化为简单的看管者，在这样每时每刻的看管下，学生自然难以发展个性。这样学校看管班主任、班主任看管学生的理念下，很难培养出具有发散思维的创新人才。

教学管理是为了实现学校育人能力的提升，促进学校和教师共同发展。所以，校方应当坚定"立德树人"的根本任务，以人文胸怀更新管理理念，助力班主任班级管理。这需要校方尊重班主任的管理自由和自主权。班主任的劳动是创造性的，班主任的劳动对象具有较强的特殊性，要是班主任能够在班级管理活动中做到因材施教，校方却用统一的、刚性的、量化的规范来约束班主任班级管理行为和取得效果的方式显然是违背教学规律的。而通过增加在校时间、增大练习题量提升学生考试成绩的管理目的更是违背教育科学的。所以，学校应当从人为关怀的角度出发，确保班主任的知情权和决策权，创设民主、和谐的氛围，杜绝学校负责制定、班主任只负责执行的现象。

二、科学核定班主任工作量

当前高中核定班主任工作量为课时量的一半，正常教师的周课时为10节，即两个班的教学任务，然而担任班主任的教师往往要兼任两个班的教学任务。但很多班主任却表示宁可承担更多的教学任务也不愿接受班主任工作，可见班主任的工作压力大部分来自教学之外的工作。此外，还有一些班主任教师为了取得职业上的发展，还会承担学校赋予的行政岗位任务，获取双重的经验和精力，这样明显不利于班主任的专业成长和正常生活。所以，学校在进行工作分配时应避免随意性，着力减轻班主任额外的工作负担，以科学的制度核定班主任应当承担的工作量。

①胡振京，杨春芳.学校管理改进亟待提升治校理念[J].天津市教科院学报，2018(05)：13.

三、完善班主任考评制度

班主任考评的目的是奖励优秀班主任和帮助不够优秀的班主任发现缺点，以促进班主任班级管理能力的提升和职业生涯的全面发展。相较于其他能够即时看到成果的职业，班主任工作的好坏不能即时得知，其考评也受到更多因素的影响。这时，学校如果根据班级学生的日常表现、学习成绩简单进行量化考评，无疑是一种考评目的不明确、考评标准不科学的、缺乏公平性的单主体考核。这样的考核势必难以达成其应然的目的。学校应在考评主体多元化、考评内容全面化和考评结果公开化等角度对现行考评制度进行完善。

多元化考评主体，将单薄的、数据的考评完善为多元的、有温度、有情感的考评。除政教处和年级提供的减分数据和班级成绩情况外，更应当参考科任教师、家长、学生的意见。在拓展对班主任的了解渠道后，根据班主任的表现全面评价其师德水平、班级管理能力、科研水平和工作业绩等。

全面化考评内容，学校对班主任的考评主要从考勤、工作量、班级日常与班级成绩几个方面展开。这些能够用数据表现出的指标更多关注班主任的坐班情况和对学生的要求、看管情况，反而忽略了班主任的专业发展，也难以提出对专业发展有帮助的指导。这样专注班主任显性管理的评价，忽视了班主任对学生隐性的教育，如对班级学生的思想品德教育、心理疏导、课后辅导、情感关怀等难以即时显性呈现，却对学生长远发展更为有作用的教育。学校在考评内容的确定上还要关注班主任的发展性评价，通过科学的机制在一个连续的班级管理时段中对班主任的班级管理行为进行一个客观的评价。

公开化考评结果，及时主动地将考评反馈给班主任，并健全班主任的退出制度，避免让不适合班主任工作的教师在班主任岗位上误人误己。

四、优化班主任激励制度

科学合理的激励制度是激发班主任工作积极性、提高班主任工作投入感的关键。对班主任的激励可以从物质激励和荣誉激励两个层面进行。针对不同考评结果的班主任，学校应当实行不同的激励方案，以达到激励的目的。

确立考评结果优异的班主任的权威地位，通过大幅度提高薪资、职称聘任和荣誉表彰等多种渠道进行表彰。赋予优秀班主任选用科任的权利，进一步激发荣誉感和责任感，体验自身价值认可的自豪感和满足感。这样既鼓舞了优秀班主任的工作热情，又为其他班主任树立了榜样。

帮助中等考评结果的班主任发现自己在职业发展上的上升空间，鼓励他们成为优秀班主任。为其提供更多的培训机会和破格提拔的机会，在职业发展过程中，帮他们设计出较为清晰的发展路径，并辅以薪资的激励提高其专业地位和社会地位，进而达到激励的目的。

考评结果较差的班主任对于班主任工作并没有太多追求和潜力，但并不是在所有工作中完全不投入、不付出和消极怠工的。对这部分班主任的激励，应在保障其标准薪酬的基础上，开展有效的教育和培训，着重从师德和个人修养方面激发其投入工作的热情，树立他们的自信心和提高班级管理的效能感，帮助他们从工作中获得认同感和愉悦感。

五、规范班主任上岗标准

巧妇难为无米之炊，没有好的班主任队伍，学校的管理便难以奏效。调查显示大部分班主任上岗方式是学校或年级以“安排”“任命”的方式强制上岗。一开始便影响着班主任的工作积极性。同时，作为选用方的学校或年级考虑的多是凑足班主任人数，而不是提升班主任队伍的综合能力，使得班主任班级管理暴露着一系列问题。所以，学校应以制度的形式改变这种局面，在合理的管理制度下增强班主任工作的吸引力，一方面引进高素质的教师扩充班主任后备队伍，另一方面严格班主任工作的上岗标准。

第五节　革新社会支持方式 助力科学的班级管理

2018年9月10日，习近平总书记在全国教育大会上明确：“努力提高教师政治地位、社会地位、职业地位。”社会氛围是影响班主任和班级管理的重要因素，无论班主任角色或是班主任的班级管理理念方法，都是实践社会关系的具体体现，也就受到社会氛围的影响。如果一个教师没有拥有实现职业幸福的社会条件和机遇，就像一粒种子没有土壤和水分一样，当然不可能开花结果。营造有利于班主任发展的社会条件，能够促进班主任班级管理健康发展。

一、重视师范生的班主任技能培养

随着班额的不断缩小，中小学对班主任的需求量逐年增加，所以许多毕业生一入职就承担了班主任工作。在接受高等教育期间并未与高中生有过师生关系的师范生不知道该怎样管理学生，往往表现出亲密有余而威信不足，对一些极端的学生也不知该如何教育。所以，应当加强师范生的班主任技能培养。

（一）强化师范生班主任技能教育

当前高校的师范生培养主要面向基础教育岗位，而基础教育中班主任工作缺口已经很明显，但培养师范生的教育体系中有关班主任的科目并未占据其应有的重要位置。所以在师范生的培养中应当通过职业理想、职业道德、职业规划等相关教育引导师范生树立起承担班主任工作的意识。

第一，重视班主任技能相关科目的特殊性。班主任的中心工作是班级管理，是偏重于实践的管理行为，这就要求在相关科目的设置上，既需要对相关理论、政策有详细深入的学习，更需要师范生进行实际操作和操作后的反思。所以，要通过班主任的相关科目的设置来体现立德树人的重要价值，帮助师范生体悟班主任在班级管理中教育学生的重要意义。

第二，建立围绕班主任班级管理的知识基础。有学者认为班主任工作技巧是教师应然掌握的，因为班主任工作需要的理论基础也贯穿在整个师范生培养的过程中。如教育学、教育管理学、道德教育等，但这些仅是通过老师讲授、师范生理解是不够的，需要加以引导，帮助师范生建立班主任班级管理的知识基础。比如在工作边界模糊的班主任工作中的投入感保持，在班级管理中如何避免角色固化，在与家长的沟通中如何拓宽渠道，都需要相关的学习或实践。

第三，加强对师范生的发展性培养。师范生对于班主任工作的认可不可能是一朝一夕形成的,所以在对师范生进行班主任工作意识树立时应当通过多种方式追求长效的成果。如引导师范生将自身所学知识和实践经验与成长过程中的班主任对应,促进师范生感受班主任工作的意义所在。同时加强班主任工作的案例分析,通过情景再现等方式,使师范生积累班主任工作的经验,加深对班级管理工作的认识。

(二)强化师范生班级管理实习训练

《国家中长期教育改革和发展规划纲要(2010—2020)年》中,则明确提出:"加强教师教育,构建以师范院校为主体、综合大学参与、开放灵活的教师教育体系。"教育部2011年颁布的《教师教育课程标准(试行)》中提到在教育实习中要加强和深化教育实践环节,注重师范生职业基本技能的训练,给予他们教育见习和观摩名师讲课的机会。在政策的指导下,高校应当有针对性地指导师范生将积累的班主任班级管理知识在普通高中的实习、实践中加以应用。

目前,高校的师范生实习存在以下三个问题:第一,实习普遍集中于大四年级,这时的师范生既面临着实习又要进行毕业论文的创作;第二,师范生在实习中的侧重是教学,而不是班级管理;第三,接纳师范生的实习学校往往倾向于让师范生多听少做。有鉴于此,在强化师范生班级管理实习训练中应当注意以下两点。

第一,深入进行高校与高中在班主任班级管理方面的合作,鼓励高中接纳优秀师范生担任班主任助理,较早地从事班级管理工作。同时,鼓励高校吸收优秀班主任担任师范生的班主任导师,以亲身经历和实践指导师范生。

第二,积极引导师范生进行班主任、班级管理等方面的相关研究,将理论和实践结合起来,一方面探究当前班主任班级管理中存在的问题,另一方面通过自身努力积极利用现有资源解决这些问题。

二、加大对班主任工作的政策扶持力度

对班主任在班级管理工作中表现出的投入感较低、角色定位混乱等问题的归因可以发现,通过加大财政投入、明确岗位职责等政策的贯彻实施,能够满足班主任自我实现的需要,很大程度上解决上述问题。

(一)进一步增加财政投入

祖国日益重视教育投入的当下,基础教育无论从普及率或程度上都有了较大提高。华东师范大学2014年发布的《中国高等师范院校师范生培养状况调查与政策分析报告》指出:“当下中小学教师的经济收入低是拉低其综合社会地位的主要因素,成为教师职业与其他职业相比的一个主要劣势,难以吸引更多的优秀人才,也使得已就职的教师从教意愿难以稳定。”①

这一现象在班主任职务上体现得更加明显。有鉴于此,班主任的津贴应有明确的规定,免得学校在是否发放班主任津贴的问题上处于两难的境地。提高班主任的社会地位和职业自豪感,很大程度上取决于经济收入。班主任在付出爱和心血的辛劳工作后收获的若只有差评,势必无法维持对自身工作的认可。

(二)明确班主任岗位职责

在《中小学班主任工作规定》基础上提出合理的班主任岗位职责,尤其是安全义务的责任边界,并通过岗位聘任合同的形式明确。班主任在班级管理中若已经较为妥善地履行了观察、告知、监管义务后,仍有学生执意违反安全规范发生安全问题的情形下,班主任应不承担责任或承担有限责任。教育行政部门应当维护班主任的合法权益,不能为了片面地平复家长、学生的情绪而对班主任采取极端的措施,在必要时应当积极诉诸法律程序,树立能够作为典范的合理预期。这样能够帮助班主任减轻心理负担。

(三)明确班主任工作边界

有学者认为“我国的教师专业伦理建设中多谈教师义务,且先谈教师义务,而少讲教师权利。这容易导致教师义务无边界,削弱其对教师的影响力,进而培育‘顺从’和‘沉默’的教师”。参照教师的义务无边界能够发现班主任的工作边界更加模糊——工作时间的边界无限延展,工作内容的边界无限拓宽。这样高强度、长时间的工作容易使班主任过早地

---

①丁钢,李梅.中国高等师范院校师范生培养状况调查与政策分析报告[J].教育研究,2014(11):95.

产生工作倦怠感，进而影响工作投入。所以应当规定班主任的工作时间，将工作任务合理地分担给学校的各个科室。同时，一些班主任老师兼任行政职务，分散了班级管理的精力，应当有相应规定进行明确。

三、关注班主任的需求

班主任除了物质需要这一基本需求，还有更高层次的需求，比如，情感的需求、个人实现的需求等。作为学校管理人员必须了解教师的这些需求，不仅要满足教师的基本生活需要，还要努力实现班主任教师的精神需要。

（一）充分尊重和肯定班主任工作

班主任最基本的精神需求就是对自己工作的尊重和肯定，有些班主任对工作失去兴趣，不能认真完成工作任务，追其原因发现多数人认为自己的工作得不到管理人员充分的认可和尊重，当班主任有了缺点或者失误，或是批评指责，或者公开批评，以至于班主任对工作失去兴趣。管理人员对班主任的管理要学会用情感感化人，尤其是年轻班主任，教学经验和班主任经验比较匮乏，在工作中出现一些小错误是不可避免的，管理人员要寻找合适的机会和场合，以平等的谈话方式了解情况，学会包容和了解他们的小错误，学会“容人之短”，激发班主任“学校是我家”这种强烈的归属感和认同感。

（二）满足班主任的成长需求

学校对于不同年龄结构的班主任应给予不同的成长帮助。班主任工作时间长、强度大、收益不明显等特征对于年轻班主任来说明显缺乏激情和挑战性。固化的班主任管理和论资排辈为主的晋升方式使得年轻班主任看不到成长的方向，甚至犯下错误后会因为反抗意识和能力较弱被当作典型处罚，这必然降低年轻班主任的工作激情。学校方面应当避免刚毕业师范生入职即成为班主任的现象，加强对年轻教师的培养，使其能力全面后再承担班主任工作。同时，帮助年轻班主任规划成长方向。

中年班主任在家中的承担注定更多，与之相应的是中年班主任同样需要一定的社会地位。学校层面应当综合中年班主任的能力和需求允许其在工作和家庭中的侧重。对渴望晋升且能力足够的给予机会，对家庭需求较强的给予不违反规定的照顾，必然能够增强中年班主任的工作投入感。

年龄较大的班主任更多地转向为自我实现的需要，学校层面可以安排这些经验丰富的班主任在管理班级之余认真带领年轻班主任前进。

（三）满足班主任的培训需求

学而不思则罔，思而不学则殆。班主任提升班级管理能力需要自身的不懈努力，也需要学校组织行之有效的培训和进修。但当前的班主任培训和进修形式单一、内容随意、结构零散以及时间安排不合理使得班主任对培训提不起兴趣。这需要学校有的放矢，为班主任提供对症的培训。

第五章 主题班会在班级管理中的应用

第一节 主题班会对于班级管理的作用分析

自1998年起，当时国家教委以规章的形式明令“各级教育行政部门和中小学校应切实保证校会、班会、团(队)会、社会实践的时间”。这是教育行政部门以“指令性计划”的形式，专门分配给班主任的教育时段。主题班会作为班会中最重要的一种教育形式，是班主任对学生进行思想教育的重要手段，也是培养学生综合素质、增强学生团结协作意识的重要阵地，还是建设班级文化的有效途径。所以，设计与实施主题明确、内容新颖、形式活泼、为学生喜闻乐见的主题班会就成为学校教育的重要任务。

一、主题班会的涵义

关注主题班会，首先需要清楚主题班会的涵义。

从定义上说，“主题班会”相对于“班会”是一个“子概念”，它的界定在本质上离不开“班会”的概念。《简明教育大辞典》指出：“有一个明确的主题”的“班会”即“主题班会”。《中国中学教学百科全书(教育卷)》则从实用主义出发，认为“主题班会”是“在班主任的指导下，根据学校教育计划或根据客观需要，为解决本班某一重要问题而进行的班会”。

有学者进一步丰富了这一定义，强调班主任工作和主题班会之间的关系，认为“主题班会是班主任根据教育任务和班级学生的实际情况，围绕一个专题或针对一个问题而组织的教育活动，它是班主任对学生进行思想品德教育的一种重要形式，是班主任有意识、有组织、有计划地实施德育的重要载体”。

也有学者强调主题班会中师生之间的互动性，认为主题班会是“围绕一个教育主题，班主任与学生共同设计表现形式、表达方式，由班主任指导，由学生表演的一种活动”。

总之，对主题班会概念的界定，由于研究角度的不同，得出的结论也不尽相同。但这些概念之间包含一些共通的因素，如主题班会的实施主体包括班主任和学生，有鲜明的主题，本质上是一种教育活动等。①

综上所述，主题班会是指在班主任的引导下，根据学生的兴趣和身心发展特点，以学生为主体，经过一系列精心设计、策划的班级教育活动。

二、主题班会的作用

主题班会作为班集体教育活动之一，在引导促进学生树立正确的世界观、人生观、价值观方面具有重要作用。主题班会的作用在于以下方面。

（一）为德育理论的丰富提供多样的素材

当今社会高科技、互联网的迅速发展给人们的生活和学习带来了诸多变化，但无论社会怎样变化，教育立德树人的根本使命和任务不会变，让每位学生实现人生的幸福这一教育本质不会变。作为学校教育的重要方式之一，主题班会在其中承担着引导学生正确认识人生、认识社会、认识自我，促进学生树立正确世界观、人生观、价值观的重要职能。应该看到，教师德育能力的提高和德育实效性提升已成为当前学校教育的重要命题，这些命题的破解，在很大程度上取决于德育理论的丰富完善和有效的实践。而如何针对当代高中生的特点采取有效的主题教育方式，如何改革传统的德育思路和模式，并没有现成的理论作指导，需要我们在教育实践中进行深入的探索和大胆的尝试，赋予主题班会以新的内涵，并采用符合时代特征和当下高中生思想情感认知特点的形式来实施主题班会。从这个意义上说，主题班会以其特定的对象、广泛的内容和多样的形式，为德育实效性的不断增强提供了多样的教育素材；为学校德育一体化、课程化的整体设计和架构，提供了丰富的实践案例；为德育理论的丰富完善提供了不可多得的佐证材料。

①张金红.班会对于班级管理的促进作用[J].科学大众(科学教育)，2016(4)：99.

（二）为德育实效的提升寻求科学的手段

引导学生把立德树人的目标和要求与自己的学习和生活紧密联系，做到知行合一，这既是学校教育的重要目标，也是需要不断攻克的难点。教育的实践表明，每个学生的认知水平、成长经历、家庭背景和社会关系存在差异，每个学生在不同阶段的成长发展也不尽相同。关注和尊重学生的差异，是教育的重要原则，也是提高德育实效性必须思考的首要问题。

基于此，德育的实施必须采取适合学生差异的科学手段。主题班会作为学校德育的重要抓手，让学生通过主题班会触动心灵，产生共鸣，收获认知，其中除了确定班会主题之外，科学有效的手段和方式也十分关键。显性和隐性的教育方式、体验与讨论的情境创设、情感的激发和调动，都需要根据不同主题和对象做出恰当的选择。手段要灵活多变、新颖独特，一味地说教灌输，或是脱离实际，空泛而流于形式地讨论交流，都不可能产生实效。要实现引导学生自我认识、自我教育、自我管理、激励奋发的效果，主题班会一定是在把握学生认知水平、尊重学生差异的前提下，在手段方面下功夫。主题班会的实效如何，反过来也能验证主题选择、学生研究和手段采用的有效性。从这个意义上说，主题班会的实施也正是一个不断探究如何使德育手段更加有效的过程。

（三）为德育境界的提升创设有效载体

学校办学水平的提升重在引领师生形成围绕学校办学目标的共同愿景，并为共同的价值追求而奋斗，逐步形成具有学校个性的办学文化。作为办学的重要组成部分，学校德育不仅需要一体化的架构，更需要提升德育境界，从学校文化建设的高度来审视和规划德育，其中，主题班会就是提升德育境界的重要载体。一是通过主题班会，为形成学校办学的共同愿景创造条件，围绕学校的办学目标，形成不同年段的主题班会系列，为形成学校的办学特色奠定广泛的师生基础；二是主题班会对形成良好的班风学风具有不可或缺的作用，学生价值观的培养、集体荣誉感的增强以及班集体的文化建设都需要发挥主题班会的独特作用；三是主题班会对引导学生自我教育、培养学生的自我发展能力具有价值引领的意义。主题班会为每位学生将自己与集体中其他成员进行对照创造了有利条件,从而促进学生对自我有更清晰的认识,发现自己的不足和优势,为自我教育和自主发展提供了目标引领;四是在主题班会过程中,学生并不是单纯的受教育者,学生的能力和素质也从中得到了有效锻炼。主题班会的策划、组织管理以及沟通协调,往往是学生自行或在教师指导下完成的,该过程对学生来说是责任意识、组织能力、沟通交往等多方面素养的综合考量,如由学生主持主题班会,对其语言表达、心理素质、临场反应等方面都是不可多得的体验和锻炼。

简而言之,只要从学校文化建设的层面来观照主题班会,就能够不断拓宽学校德育的眼界,从而提升学校德育的境界。

(四)为师生关系的和谐发展构建有效载体

师生关系是教育活动中最基本、最普遍和最重要的关系,它因教育而生,为教育而存。师生关系的好坏不仅会对教育教学的效果产生巨大影响,而且对师生的身心成长与发展都具有重要作用。正如教育家赞克夫所说:“就教育工作的效果来说,很重要一点是要看教师和学生之间的关系如何。”从当前的教育实践来看,课程教学改革的重要目标之一,就是引导教师从关注自己的教转向关注学生的学。这一转变不仅仅是教育视角的转换,更意味着教师角色的重新定位,即教师不再仅仅是传统意义上居高临下的知识拥有者和知识传授者,而应当是学生学习的引导者和合作者。这一教育理念就要求在教育实践中以课程教材作为载体,构建新颖和谐的师生关系,教师重在启迪学生学会学习,学生则在教师的引导下体验探究,实现知识建构。课程教学改革的这一理念启示我们,主题班会应当成为构建和谐师生关系的有效推动力。主题班会关注的是学生原有的认知经验和生活经验、学生的自我认识、责任意识以及品质培养、道德认知与实践等有关综合素质的各个方面,由此可见,主题班会特定的内容有利于构建和谐的师生关系。师生在主题班会实施过程中交流思想情感,使得教师成为学生成长道路上的解惑者和引领者,在走进学生的内心世界、与学生开展真诚的心灵对话的同时,拉近师生关系,成为可以倾听学生内心苦恼和困惑的良师益友。通过主题班会,教师能够走近学生的内心世界,关注学生的现实问题,为学生答疑解惑;学生将教师视为自己成长过程中可以信赖的知心朋友,从而构建和谐的师生关系,营造良好的班集体氛围,促进学生的健康成长与全面发展。

(五)为教师育德能力的提升拓宽实践路径

立德树人是教育的本质使命,也是教师专业发展的重要内涵。这要求教师不断提升育德能力,深入研究每个学生的个性特点,与学生进行多方面的沟通交流,为学生正确的价值观形成澄清取向,为学生创造体验情境,针对学生的不同情况选择有效的引导策略和手段,等等。这一切离不开教师长期教育实践的积累,而主题班会则无疑是提升教师育德能力的重要契机。在主题班会的设计和实施过程中,教师必须围绕学校的办学目标或班集体建设的主要任务,或者就班级近期出现的主要问题来确定教育的主题,深入而缜密地思考选择哪些内容,采取怎样的教育方式,如何创设有效载体和体验情境,以求得预期的效果。总之,主题班会的实施,对教师育德能力的提升是多方面的,给教师所带来的启示也必然是深刻的。此外,教师设定的主题班会的预期目标与实际的结果往往会出现不一致的情况,这就需要教师不断反思自己的教育观念和行为,在不断地反思中增强专业自觉。这一切也都是不可或缺的历练。

三、主题班会的功能及其一般特点

主题班会与一般的固定班会和临时班会相比,有着不同的教育功能。主题班会是班级活动的特殊形式,它更多的是针对班级出现的问题、学生心理方面的困惑,以及情感、态度和价值观的培养,设定一个明确的主题。通过主题班会这一载体,启发学生在班会活动中受到教育,树立正确的价值观,塑造健全的人格,促进全面发展,增强班级的凝聚力。

(一)主题班会的功能

1. 引领导向功能

主题班会具有价值观引领导向的功能。针对某一问题,通过价值澄清的方式和对某一主题的深入研究探讨,培养学生的价值判断能力,引导他们做出正确的价值选择。同时,对班级中出现的一些不良倾向和行为,或学生在日常学习和生活中出现的思想问题和困惑,教师在主题班会上通过讨论、分析、辩论等方式,在观念和行为方面予以学生具体的指导和引领,帮助学生健全认知,摆脱困惑。

2. 激励感染功能

激励感染是利用主题班会促进学生个人成长的重要手段。学生在学习和成长过程中难免会遇到各种困难和挫折,如不能及时克服和应对,势必会对自身的发展造成极大影响。因此,主题班会的重要功能就体现为帮助学生树立战胜挫折困难的信心,保持积极乐观的心态,引导学生掌握战胜困难挫折的策略和路径。同时,主题班会是全班学生共同参与的活动,基于未成年的同龄人相近的认知和心理特点,同学之间的情感体验更容易传递,从而形成感染效应,引发情感共鸣,形成良好的主题班会氛围,为学生道德认知的内化起到助推作用。

3. 班级凝聚功能

主题班会作为班级活动的重要形式之一,增强班集体的凝聚力是其重要的任务。主题班会作为培养学生能力、增强学生团结协作意识的重要载体,在分析班集体出现的问题及探讨解决路径的过程中,可以促进学生之间沟通交流,促进彼此默契合作。学生在班会活动中逐步加深了情感,增强了团队合作的意识,进而促进班级凝聚力的不断提升,为形成良好的班风、持续推进班集体建设与发展提供强劲的动力。

4. 自我教育功能

主题班会与其他知识学科的教育方式不同,它不是直接告诉学生“必须怎么做”,而是让学生去体会“为什么要这样做”。主题班会的实效集中体现为学生的自我认知和自我教育能力的不断提高。因而主题班会是以“润物细无声”的方式,通过有效载体的创设和活动内容的精心选择,以一系列活动引导学生在体验思考中获得感悟,进而在自我认知、自我教育方面得到启迪。从这个意义上说,主题班会的价值就在于潜移默化而又深远持久地对学生进行情感与道德的熏陶,使其在活动体验中产生强烈的情感共鸣,对自我发展有更明确的目标追求,不断增强自我教育的意识,从而为逐步实现自我完善奠定坚实的基础。

(二)主题班会的特点

1. 自主性

主题班会是班主任从学生实际出发,根据学生学习生活中出现的问题实施有针对性的教育。这一特征表明,主题班会一定由班级师生自己解决，其设计和实施过程必然是一个体现自主性的过程。从班会主题的选择到具体的设计以及主题班会的实施，既是教师自主选择的过程，也是学生自主选择的结果。自主性体现了学生是主题班会的主体这一理念，更体现了主题班会的针对性和实效性。没有自主性，主题班会就失去自主教育的价值。

2. 生成性

主题班会的活动过程是引导学生将道德价值观内化的过程，但学生参与班会的活动过程并不是被动接受的过程。生成性学习的理论表明，学习的生成过程是学习者原有的认知结构与新的知识相互作用、主动选择和建构的过程。由此可知，学生参与主题班会的过程，就是头脑中原有的观念与教师精心设计的班会内容相互作用、主动选择、主动建构的过程，即从原有的认知和观念出发，逐步对主题班会的主题和内容由认识到认同，再由认同到内化，并将其转化为内心准则的过程，进而指导自己的行为实践。主题班会的生成性特点，强调班主任必须充分关注学生的主体作用，重视基于学生已有的观念与班会主题和活动内容相互作用，引导学生形成新的认知和观念，实现主题班会的目标。

3. 多样性

主题班会的组织形式多种多样，如演讲比赛、视频观赏、小组讨论、人物模仿等。需要强调的是，多样性并不意味着只是表面形式的变化，而是指班会设计中应当考虑主题班会活动内容和形式的丰富多样。强调多样性，一是基于主题班会的特定功能，主题班会的内容较多地涉及思想教育、道德规范、自我教育、集体建设等方面，而这些内容如果只是单纯地说理教育，学生被动接受，则效果极其有限；二是基于青少年教育的特点，高中生由于年龄、心理和社会阅历等多方面原因，形式单一的说教既难以使他们理解其中的原理，也难以触动其内心。基于以上两点，主题班会应充分体现内容形式的多样性，以活动方式多样、贴近学生生活、学生喜闻乐见且易于感知的内容和形式，引导学生积极参与班会活动，在体验思考、感悟的过程中理解与接受班会的主题和内容。从这个意义上说，多样性是主题班会的重要特点之一。

四、主题班会教育对象的特点

学生是主题班会的教育对象。清晰而深刻地认识主题班会的教育对象,是提高主题班会有效性的首要前提,也是启悟高中生心智,引领道德实践的重要条件。我们应当看到,生活在价值多元,信息化、互联网技术高度发达,物质条件相对优越的现代社会中,当代高中生身上已经打上了深深的时代烙印。如果从文化层面略加考察的话,可以发现他们大致呈现以下特点。

(一)以自我为中心的个体意识

随着社会主义市场经济的发展,社会分工的精细以及信息化、互联网技术的普遍应用,现代社会的开放包容及其对个体价值实现的充分肯定,人们的思想观念和生活方式发生了较之以往任何一个时期都无法比拟的变化。当今的高中生与他们的父辈相比,已经生活在全然不同的社会环境中,这是其形成以自我为中心的个体意识的重要原因。此外,市场经济的发展和互联网、信息化时代更多地强调个人的创新和进取,也对高中生产生了不同程度的影响。

(二)认知方式的碎片化

信息化、互联网技术的高速发展,使我们需要面对层出不穷的新名词、新理念。信息传播的载体和方式发生了根本性的变化。对于成年人来说,这一切或许是由于社会的发展变化而带来的技术辅助和闲暇生活的补充。伴随着这一时代发展而成长的高中生,使用电脑、手机这类信息媒体也已成为他们的重要生活方式。他们对世界和人类社会的认知体验在绝大多数情况下是借由信息媒体完成的,这导致以新媒体为主导的阅读方式,与传统的纯粹的文字阅读方式已有了巨大差别。信息媒体集图画、影像、音响、文字于一体,一目了然,使得人们对于外来信息的接受处于直观感性的状态,以往那种文字阅读所需要的想象、联想、思考、推理已逐渐不再为人所需要。如当下各种绘本的盛行,在一定程度上也反映了这一变化,即信息化时代,人们对事物的接受方式越来越偏向于感性直观。

这种传播信息方式的变化,必然会影响人们的认知方式。特别是高中生，一旦习惯于接受平板电脑、智能手机、微信等媒体视觉化、碎片化的叙事方式，就很可能丧失对文字阅读的兴趣，从而使得阅读能力不同程度地弱化。此外，被迫接受铺天盖地、眼花缭乱且彼此之间毫无关系的零碎信息，缺乏深度思考，势必造成当今高中生认知方式的碎片化。他们倾向于选择浅层次、表面化的阅读，以及短小的、以直观感性的方式呈现的信息和叙事作品，而相对缺少对事物进行整体的、富有逻辑的思考和理性认知。

（三）交织在传统与现代中的迷惘和孤独

先辈们生活的时代与当今已不可同日而语。正因此，原有的相对稳定的代际传承被打破，同时出现了传统价值与当代多元价值的冲突，这种冲突归根结底是不同时代语境下不同文化之间的冲突。高中生由于其年龄和阅历等方面的原因，缺乏对传统价值与现代意义作多方面分析的能力，较易偏激；也由于其心智尚未完全成熟，自我意识不稳定，故容易产生肯定自我与否定自我的心理波动。

上述种种，均容易导致高中生在现实社会中的迷惘和孤独，也使得他们在道德认知和道德实践方面无所适从。一方面，他们认同传统主流文化，如对中华传统美德的尊崇，不断试图确立自己的奋斗目标，并为自己的未来而奋发努力；另一方面，当下正处于以多元文化和多元价值取向为特点的社会转型期，主流价值的主导性、权威性遭遇了前所未有的挑战，高中生在价值观和行为规范方面常常陷入矛盾与困惑。他们觉得家长、老师都不了解自己，因而倍感孤独。他们一方面在努力使自己成为一个有理想追求的人，另一方面又想竭力表现出自己的与众不同，张扬自己的个性，因而在社会主导文化和时尚文化之间游走。与此同时，他们承载着父辈对他们莫大的期望，繁重的课业负担、激烈的竞争环境无疑是理想实现和刻苦奋斗这一主流价值给他们带来的严峻考验。在困难和挫折面前，他们中的一部分人可能会怀疑自我，为了摆脱内心的孤独，于是“自我张扬”、展现“真正的自己”就成了他们寻找归属感的重要出口。由此可见，当代高中生在传统与现代交织转型的社会背景下，呈现出了迷惘和孤独的鲜明特征。

（四）丰富多彩的情感世界

这一特点的呈现基于以下几个方面：一是年龄特点，高中生处于青春期向成人过渡的阶段，这一年龄段的特点之一就是对世界和人生充满无限的向往和美好的憧憬，较之于有社会阅历的成人，高中生的激情和理想弥足珍贵；二是社会经济和科技高速发展，感官化的大众时尚文化的流行，新的传媒技术向社会多方面的渗透，这些在改变人们生活方式的同时，也呈现出前所未有的丰富多样的文化形态，而文化形态的丰富性，也必然会影响当代高中生的情感世界；三是现代社会生活的快节奏和对风险预期的不确定性，也使得当代高中生在向往轻松愉快、自由自在的生活之余，也不同程度地感受到现实的沉重和学业的压力。高中生的情感世界中既有追求个性张扬之后的落寞心境，也有着对社会和外部环境问题的关注，以及希冀从大众文化中获得心灵慰藉的渴望。凡此种种，构成了当代高中生丰富多彩的情感世界。

上述特点为我们正确认识理解当代高中生提供了重要路径。这些特点启示我们，高中的主题班会要不断提高实效性，首先要从多方面对学生进行深入地分析研究，然后采取行之有效的教育策略和手段。唯有这样，教师的育德能力才能不断提高，主题班会才能真正发挥育人的作用。

五、主题班会的实施

主题班会要达到教育效果，关键在于先进的教育理念、科学的设计、相关素材的选择和教师的实践智慧。一般来说，主题班会的实施应包含以下步骤。

（一）主题确定

主题班会，顾名思义即一个有明确主题的班会，主题班会的内容覆盖面广泛，涉及学校教育和学生发展的方方面面，主题的鲜明性是主题班会的首要原则。主题的选择首先要有明确的目的，即通过这个主题要达到怎样的教育目标。其次，要有针对性，或针对班级存在的问题，或针对学生存在的模糊认识，或针对学生的精神状态、心理品格，等等。突出针对性，才能使主题班会贴近学生实际，从而使其积极参与其中。再次，要有时代性，这是促进学生认知、引发学生共鸣的重要前提。要联系经济社会发展的实际，尤其在高科技、信息化的当下，必须充分考虑时代特征，这是吸引学生深度参与主题班会讨论交流的重要条件。从某种意义上来说，主题的确立也是教师教育境界和知识结构的体现。教师对德育的本质有深切的理解和体验，对班级学生有深入的了解和研究，有较丰富的知识储备，就能够确立目标明确的班会主题。

（二）目标确立

任何有组织的教育都必须有教育目标，主题班会的教育目标是指班主任希望通过主题班会使学生发生变化，包括认知、情感、思维和行动的变化。主题班会的目标是教师通过主题班会的活动要达到的预期效果，是选择班会内容和方法的依据，也是评判班会实效性的重要标准。因此，教师在制订主题班会目标时，需要从以下几方面思考：第一，建立整体思维，从班会选题、班会背景、班会内容、班会形式等方面进行全盘考量，充分考虑这些要素之间的关系，使其保持一致性，促使教育目标的有效达成；第二，要符合学生的实际，教师只有在研究和把握学生身心发展的实际水平、内在需要和可能性的基础上，才能明确学生进一步发展的潜力和方向，使教育目标定位处于学生的最近发展区内，真正促进学生由潜在发展水平向现实水平过渡；第三，目标确立须清晰具体，主题班会作为具体的教育课程，其教育目标一定要具体、可实现，这样教师才能更好地把握和设计主题班会，保证教育实效。此外，教育目标的阐述需要条理清晰、表述明确，无论是认知、情感、技能、行为的哪个方面，都需要分别阐明，尽量避免交叉重复，把握教育重点。

（三）材料选择

材料的选择对主题班会而言不可或缺，充实、适切的材料可避免主题班会流于空泛说教，没有实效。缺乏材料，主题班会也就失去了抓手，没有了支撑。酝酿班会主题、策划班会的过程中，要充分思考素材的搜集和整理加工。主题班会的材料既包括来自班集体中发生的事件、校园中的事件、社会新闻报道的事件、小说或杂志中的题材故事，也包括一些相关的理论阐述、论断和评价等。需要强调的是，材料的选择至关重要，即使是真实的事件，有时也不能完全照搬，必须从班会确定的主题这个特定的角度对素材作相应的调整，以使材料与主题切合。

当然，材料选择不仅反映了教师对主题的分析与开掘能力，也涉及教师的知识结构和知识储备。要使主题班会达到预期的效果，教师在深入了解研究学生之外，还必须不断加强学习。除了本体知识之外，还须广泛涉猎各方面知识，尤其是体现时代特征的条件性知识，如信息技术、互联网、大数据等。对于这些知识，教师不仅要有比较清晰的理解，而且应具备基本的操作能力。此外，教师还须更多地关注经济社会的发展。这样，主题班会才能够搜集广泛丰富的材料，并通过对材料的分析思考，使主题班会对学生的思想认识提升、道德能力培养和社会核心价值认同产生深远的影响。

（四）过程设计

主题班会的过程设计是教师对班会主题进行具体深入的缜密分析和开掘提升的能力，创造能力以及教育智慧的集中反映。主题班会要达到预期效果，一般可从以下几个角度去思考过程设计。

第一，创设情境，这也是科学的德育理念的体现。道德教育不应当是单向灌输与说教，而应当创设相应的情境，让学生在深入体验、多向互动、互相观照之中激发道德动机、唤起情感共鸣、实现道德移情，进而提高认识、改变行为，将教育的要求内化为自觉的行为。由此，班会的导入方式、问题讨论的环节乃至认识误区的澄清等方面，都是情境创设的重要切入点。

第二，活动设计，活动是主题班会中不可或缺的因素。活动的设计首先要有明确的目的，切不可为活动而活动，或者只是为了表面的形式上的热闹而设计活动。活动的安排要注重激发学生投入班会的积极性，增加体验尝试。引导学生通过活动加深对教育主题的理解，获得直接感受，提升自我认识。需要强调的是，活动的形式应当是多样、生动且与学生年龄和心理特征相符的，同时也应当是学生喜闻乐见的，这样才能把主题班会的内容和形式有机统一起来，也才可能得到理想的教育效果。

第三，落实学生分工。主题班会不是教师对学生的单向说教，而应是师生双方在充分的交流互动中达成共识，进而付诸行动。主题班会的策划、组织和实施是学生锻炼能力、认识自我的重要契机。因此，教师在设计主题班会的过程中,必须充分认识到,学生不仅是接受主题教育的对象,同时也应当是主题班会的组织者和参与者,甚至还是活动过程的创意者。在班会的一些重要环节和活动的设计上,要充分发动学生一起参与思考,这样不仅可以让主题班会的内容形式更加贴近学生的思想和学习生活的实际,也能为学生组织能力、集体意识、奉献精神等方面的培养锻炼创造条件。事实上,学生的许多创意和设想往往可以超越教师的思考,从而也能促发教师更深入地理解和认识学生。

第四,充分考虑问题应对。理想的主题班会应当触动学生的心弦,通过具体事例的探讨或者情境体验,澄清学生对某些问题的模糊认识,且应当是通过认知冲突甚至激烈的讨论争辩所获得的深刻认识,而不是教育对象缺乏深入思考的被动接受。因此,过程设计要充分考虑学生年龄、阅历等主客观方面的因素,对于可能会出现认识不一致、观点片面乃至出现一些相反的观点等情况,要有比较充分的灵活应对的方案,要从内容、活动和交流等方面进行优化设计,同时要有引导的策略安排。这样才能让学生从思辨、探究、判断和选择中获益,再去努力实践。

(五)主题提升

主题班会不论采取什么样的主题或与之相应的活动形式,都需要一个凸显主题的环节,也就是对班会主题的开掘和提升。这一环节一般放在学生充分的活动和讨论之后,多安排在主题班会的结尾部分。其价值和目的在于,让学生经过比较深入的思考和沟通交流之后,获得关于班会主题的更清晰、更深入的认识,这也是主题班会的实施者发挥主导作用的重要标志。一般而言,实施者为了激发学生兴趣、深化学生体验和实现价值引领,都会设计比较多样的活动,在主题班会的形式上也做出较多的思考和设计,这当然是必要的,但也可能会带来一些干扰。比如,有时因为活动过多,淹没了主题或者偏离了主题;有时因为过多地追求形式上的热闹,忽视了对主题意义的深入思辨和开掘。因此,需要通过对班会主题的提升重申主题内涵,凸显班会主题的教育意义。

主题提升一般可从以下几方面考虑:一是对主题班会的总结,要力求画龙点睛,即要让学生从班会主题中得到新的启发、新的感悟;二是要对学生在交流讨论中出现的分歧，从主客观两方面做原因分析和归纳，使学生在认识上有所提高，逐步形成科学的思想方法；三是要有成果巩固的定向引导，针对主题班会过程中学生被激发出来的发现问题、解决问题及人格完善的意愿和热情，不失时机地对其提出身体力行的要求，要有任务驱动的设计，鼓励学生制定目标，拿出措施，付诸行动，这样对学生的发展促进就远远超出了一节主题班会的效应；四是主题班会结束后，要注意结果的反馈，要听取学生或其他教师的意见和建议，对反馈的意见要进行深入分析和反思，既要总结经验，也要吸取教训。当然，不能企盼毕其功于一役。一次主题班会不可能解决学生所有的思想问题，主题班会是一种持续开展的教育活动方式，其质量需要在教师的不断反思中逐步提升。

（六）班会评价

主题班会评价是对主题班会的价值作出判断，不仅需要描述主题班会的实施结果，还需要考察主题班会具体实施的过程，发现其中的亮点，诊断其中的问题，并提出改进建议。评价的意义在于提供导向和标准，其根本目的是促进主题班会不断改进，不断增强实效性。

在实施主题班会评价时需要考虑以下几点：第一，注重班会目标的达成。目标既是主题班会活动的指向和出发点，也是主题班会评价的依据。主题班会的内容选择、活动安排、过程设计、形式选用等多个方面都是由目标所决定的，都是为目标达成服务的。因而把主题班会的目标实现与否作为评价观测的重要依据，就可以对主题班会的整个活动过程进行比较清晰的考察，进而发现主题班会的亮点、特点与不足，最终为主题班会质量的改进与提升提供导向和路径。第二，注重评价的多元与多维。其中包括评价主体的多元，即参与班会活动的教师和学生、受邀观摩的其他任课教师和家长都可以作为评价者；注重评价角度的多维，既要对班会的基本环节和过程进行评价，也要对教师和学生在实施过程中的表现等进行评价。第三，注重评价方法的多样。通过多种评价方法的运用，如定性分析、量表或问卷以及多角度课堂观察记录等，总结主题班会的特色，提出改进策略。

总而言之，主题班会作为基础教育阶段学校培养学生核心素养的一种重要形式，它涉及学生发展和素质提升的方方面面，需要在大量的教育实践中不断优化和提升。

第二节　主题班会在班级管理中的作用发挥

一、以班会为桥梁，沟通师生感情，奠定班级管理的基础

古有教育名言："故安其学而亲其师，乐其友而信其道。"今有教育理念：爱是教育的核心，教育从本质上来说是一种以人为本的情怀，是一个生命对另一个生命的关怀。从古至今，教育者和被教育者之间只有心相通，情相切，建立了一种民主、平等、亲密的师生感情桥梁，老师的知识能力、思想观念才会由此岸到达学生的彼岸，才能成为学生的认识和表现。师生沟通，方法很多，机会很多，但班会这种整体性的、面对面的师生交流机会更珍贵，效果也更明显。

了解是感情相通的基础。每接手一个新班，班主任可以抓住机会，利用第一个班会，增进师生了解，实现师生感情的对接。在班会上，班主任可以先向全班同学做一个充分的自我介绍，包括自己的工作经历、脾气秉性、特长爱好等，做到庄重坦诚，亲切自然。然后要求全班同学依样自我介绍，要求真实、生动。言为心声，通过这种直接的形式，班主任能够接受大量的学生信息，尤其是了解到入学登记表上看不到的性格气质、表达能力、家庭情况、学习经历等。班主任调动自己的全部记忆潜力，采用分类、对比、联想等方式在第一时间争取记住班里所有学生的基本情况。当学生们感到在最短时间内班主任像熟悉自己的孩子一样熟悉他们的时候，他们就不仅仅是佩服，而会顺其自然地产生一种认同感和温暖感，感受到老师的爱心和细心。好的开头等于成功的一半，首次班会的成功有助于师生感情的积极沟通和不断深化。[①]

①杨忠芳．充分发挥班会作用，破解班级管理难题[J]．文学教育（下），2019（05）：168–169.

师生感情的沟通是个良性互动的过程。班主任时刻关注班里学生的情绪和思想动态,关注班里的重点学生和学生的重点问题,了解他们在想什么、干什么,有什么困难和要求,如果机会适宜和条件成熟就利用班会的形式加以解决。如学生感觉学习基础差,学习积极性不高,班主任就召开学习能力学习方法大讨论班会,引导他们抓住今天、挑战明天,以知识改变命运;当他们习惯了学校生活感到生活单调时,班主任可以在班会上组织一些文艺节目、猜谜活动等,丰富学生的生活。只要能抓住学生的思想,形式不一而足。在这种渐进的交流中,师生感情在不断深化。师生间有了良好的感情基础,在班级的管理上办法多了,效果好了,即使比较顽劣的学生,管理起来也会少了些抵触,多了些配合,能够取得班级管理的先机。

二、以班会为抓手,构建良好的班风,营造班级管理的氛围

班风是班级的灵魂,它看不见,摸不着,但又实实在在存在于班级每个学生的身上,对内,它约束、调控学生的言行,形成良好的班级秩序,为学生成长成才创造适宜的环境;在外,它代表、显示班级的形象,为班级争得荣誉,并为良好校风奠定基础。有了积极进取、团结友善的班风,班级工作会顺风行船,轻松畅快,反之,则按下葫芦起了瓢,事事被动,效果不佳。因此,班主任要把构建良好班风作为每次班会的第一要务,时时抓,处处抓,不怕底子薄,不怕出反复,不断强化,不断引导,扭住这根弦不放松,努力让它奏出和谐、欢快的歌。

第一,班主任可以把“班级荣誉,我的责任”作为宣誓词,每周班会前,亲自带领全班同学,庄重肃立,精神集中,声音洪亮,宣誓三遍。高中生,正值青春年少,血气方刚,思想活跃,接受能力强,经过这样不断强化认知,会在他们的思想上产生共鸣,他们也会为班级荣誉而自励,为班级荣誉而自警。

第二,抓住时机,召开一次以“珍惜班级荣誉,树立良好班风”为主题的班会,班会形式要活泼,要易于学生接受。此类主题班会可以这样展开:班会开始,班主任在教室黑板的上方写下“我能行”三个大字,然后在下面画一个大大的椭圆,鼓励每个学生走上讲台,说出自己的学业打算

和进步标准,让班干部和平时比较活跃的同学上台宣讲,要求台下同学以掌声给予他们表扬和鼓励。班主任联系班级荣誉和班风做简短总结:“面对椭圆你们想到什么呢?这个椭圆能不能看成一张脸的轮廓呢?如果把班级荣誉比作这张脸,现在还只是一个轮廓,它是否靓丽漂亮,要等到你们毕业时再说,这张脸将留下我们每个人的印记,你是在这张脸上涂脂抹粉使她漂亮,还是留下污迹使她丑陋呢?决定权掌握在大家手中,你们平时的一言一行,都代表着班级的形象。教室上方是贴奖状的地方,等大家用奖状把它贴满后,我们就以奖状为背景照张合影,那时候我们班级的脸应该是很漂亮,很完美的,对吗?那么,让我们团结起来,努力奋斗吧!”

班风本无形,以有形的班会催生她、培养她,不断成长壮大,营造班级管理的良好环境。

三、以班会为阵地,锤炼优秀班干部,培养班级管理的臂膀

班干部和班级同学朝夕相处,熟悉学生心理,掌握学生情况,是班主任联系学生的纽带,也是班主任搞好班级管理的助手。班干部的能力不是天生的,需要不断锻炼培养,除了平时因时因势点化、启发外,要充分利用班会这个大的阵地,有意识为他们创造条件和机会,提高他们的能力和威信。

每次班会前,班主任可以抽时间和班委开个预备会,听取他们对上周情况的汇报,了解本周工作的打算。在预备会上,班主任有意识考问他们对班里一些人和事的看法,对一些问题的处理,认真指点,及时把握。“不经历风雨哪能见彩虹”,通过这个会前会,他们会举一反三,触类旁通,吃一堑长一智,思想逐渐成熟,能力逐渐提高,班主任也能了解情况,在班会上有的放矢,分析情况能够更透彻,布置工作能够更周密。

经过一段时间锻炼,在班会上,班主任可以时而有意当配角,让班长或班委主持会议,讲评班级情况,安排班级工作,班主任只是在关键的地方重申强调,最后总结。这样,一回生,二回熟,班长或班委能替班主任考虑筹划班里的许多工作,由他们出面,班里一些诸如体育比赛、文艺演出等工作可能还会搞得更加出色,班级工作向学生自我约束、自我管理

方向发展。班干部也从中得到锻炼，组织能力和班里学生的认可度、公信力会不断提高。

四、以班会为镜鉴，规范学生行为，追求班级管理的实效

目前高中生思想素质和学习基础参差不齐，有许多学生学习目的不是很明确，平时表现不是很令人满意。后进生在整个班级学生中所占比例不小，他们的表现和心理也较为复杂。作为班主任，应当不回避，不退让，把班会当作一面镜子，使这些学生能从中不断审视自己，明己之短，知人之长，取长补短，共同进步，达到教育的目的。

在班会上，针对学生的诸如课堂违纪、不交作业、沉迷网络等问题，引导大家分析评价，自我教育。需要注意的是，如果每次班主任都能做预先工作，和班委以及班里的骨干学生充分交流意见，达成共识，这样在班会上牢牢掌握正确的舆论导向，依靠舆论的力量让有关学生感受到压力，受到思想触动。对他们做到不歧视嫌弃，不讽刺打击，晓之以理，动之以情，依靠正面引导，依靠耐心和精力，消除抵触情绪，帮助他们树立起改正错误的信心和勇气。

榜样的力量是无穷的。在班里班主任可以有意识树立几个学习标兵，不断通过班会给予他们公开的表扬和支持，为其他学生确立学习的标杆。对有进步的学生，在班会上不失时机地给予肯定和表扬，就是对他们些许的进步，也给予充分肯定，让他们的优点在班会上得到全班同学的认可。对他们来说，称赞已经是一种久违的表扬，他们长期被冷落的心灵感受到温暖，充分体验到一种成就感，从而进一步增强他们转化的内在动力，形成“比、学、赶、帮、超”的热潮，取得班级管理的好效果。

一次班会，仅几十分钟；一学期班会，也就十几次，但只要思想重视，精心准备，努力探索新思路，积极采用新方法，把它当作精品来雕刻、来维护，起到沟通感情、培育班风、锻炼班干、教育学生的效果，班级管理的一些难题也会在不知不觉中迎刃而解。但效果好的班会，也是和平时大量艰苦细致的管理工作分不开的，不能孤立地看待、绝对地看待。

第六章　高中主题班会设计现状及问题分析

第一节　高中主题班会设计现状

近年来，随着素质教育的开展和深入，学校、老师和家长逐渐认识到要注重学生的全面发展，而不仅仅是学生的学习成绩。主题班会作为一种重要的班级活动，是除了课程学习之外最能调动学生积极性，活跃班级氛围，帮助学生培养自己的情感态度价值观，树立人生信念和理想，提高学生核心素养的重要课程。①主题班会越来越受到班主任的重视，同时也给班主任带来很多疑惑：高中主题班会该怎么设计？高中主题班会设计上当前存在哪些问题？该如何改进主题班会？以下就高中主题班会存在的问题进行探讨。

一、高中主题班会设计安排缺乏计划性

俗话说“凡事预则立，不预则废”，也就是说做事要有计划，做好计划容易成功，做不好计划容易失败。高中主题班会设计亦是如此。没有计划、缺乏系统性的主题班会很难引起学生共鸣，很难达到教育效果。通过对部分班主任采访访谈，我们发现仍然有很多班主任对各个阶段的主题班会整体安排没有规划，召开主题班会之前并没有做好计划，在上主题班会课前没做好充足准备，课上状况频出，导致主题班会课失去该有的教育效果。主题班会设计安排缺乏计划性主要体现在时间安排不合理以及设计缺乏系统性两方面。

（一）部分主题班会时间安排不合理

高中班会课一般定在周一或者周五的短短的一节课，然而要想在这

①李宁.高中班级管理的实践探索[M].青岛：中国海洋大学出版社，2019：47-48.

短短的四十分钟时间达到教育效果，合理规划好主题班会的时间是很有必要的。但是高中班会仍然出现时间短、时间安排不合理、班会时间被其他学科占用的现象。主题班会大多没有从学年或者学期工作的角度来计划安排主题班会时间。或者班主任没规划好某一节主题班会的时间，在主题班会某一些重点环节耗费时间长，在一些有利于深化学生思想的时刻又出现忽视、一笔带过的现象。例如，在“感恩父母”主题班会中开始的歌曲导入时间太长，在导入上浪费时间太多，而在很具有感染力的“孩子与苹果树”的故事后，只是对故事进行了简单的总结，却没有用多一些的时间带领学生深入素材，而是直接进入下一个设计单元，这样不利于学生对主题的深入理解把握。

（二）部分主题班会设计缺乏系统性

在宏观上，主题班会在学生各个阶段选择主题要有连贯性；在微观上，单次主题班会内容要有衔接性。也就是说主题班会根据学生各个阶段需要选择什么样的主题，根据学生认知发展特点要选择什么样的主题班会组织形式在宏观上有个把握。同时，在每一节主题班会中具体的设计过程要规划合理，每堂主题班会课都有自己的特色。然而，当前很多班级的主题班会课设计是班主任在班会召开前临时决定主题或者根据班级出现的状况设定主题。主题班会设计有很多并没有从学生成长和发展阶段进行设计，容易忽视学生年龄特征和阶段心理特点，未形成系统、有特色的课程体系。例如，有些老师在引导学生观看《感动中国》视频后随即开展一堂主题班会意图培养学生树立正确的价值观，然而《感动中国》各事例涉及内容宽泛，中心主题不明确，容易造成学生对各个事例倡导的价值观念理解不深刻，主题班会设计缺乏一定的逻辑性，流于形式。

二、高中主题班会设计内容缺乏针对性

高中主题班会设计的内容是主题班会设计的血肉，也是主题班会课最直观、最容易给学生留下深刻印象的部分。一堂“血肉丰满”的主题班会课，它的内容必然是真实、有教育意义、能够吸引学生的兴趣同时又贴合学生实际、满足学生需要的。但是选用的什么主题、什么故事、什么案

例、什么活动更具有针对性、能够启迪学生、引发学生的思考又是班主任面临的一个难题。高中主题班会内容设计不合理,缺乏针对性的情况非常普遍。主要体现在以下几点。

(一)有些主题班会主题选择不恰当

一方面是与教育对象的心理发展特点不相适应。学生在不同的年龄阶段心理会有不同的特点。例如,高一学生刚刚入学,他们更多的是想要融入班集体,提升自己的交际能力。高二学生可能会出现早恋问题或者对一些社会上的现象迷惑不解等。高三学生面临高考,关心的更多的是树立信心,对未来的规划。然而有些班主任在进行主题班会设计时没有考虑到学生在各个阶段的心理特点,在考试的压力之下,有一些主题班会把激励学生斗志放在首位,经常开一些励志主题班会,而忽视学生在不同阶段的心理特点,虽然在一定程度上激励学生发愤图强,但是一直处于紧绷的状态无形中又给学生施压。选择的主题班会主题不恰当,不切合学生实际,也就不能起到良好的教育效果。另一方面是未能与思想政治学科的德育功能相结合。高中思政学科中对于德育,对于培养学生的核心素养有要求。高中主题班会在一定程度上可以作为思政学科德育教育的外延。在思政学科中难以达到的德育效果可以通过开展主题班会来实现。然而很多班主任并没有意识到主题班会的这一点作用,很少根据思政课的德育要求设计开展相关的主题班会,以主题班会促进思政学科教育效果的实现。

(二)有些主题班会素材选择运用不当

在确定主题班会的主题后就要根据主题选择相应的素材来填充。但是在观摩高中主题班会时还是能看到这些情况:第一,主题班会素材不够丰富。在观摩主题班会时我们经常会看到有些班主任的主题班会大量使用图片,整节班会课大量图片的堆积。或者一整节主题班会课全是播放视频,学生并不能自主地在视频中提炼有价值的信息。第二,主题班会素材新鲜度不高。有些班主任主题班会课上有些素材已经看过多次,完全没有新鲜感。班主任缺乏对时事热点关注会导致闭目塞听,班主任闭目塞听,就很难培养出胸怀天下、有社会责任感的学生。班主任不积极不主动地了解社会风尚，对于身边的社会和生活世界缺乏关注，就会被学生们看不起，成为落伍一族。第三，主题班会素材不够深刻。有些班主任主题班会的素材过于简单，完全没有深挖的意义，自然也就缺乏教育效果。

三、高中主题班会设计形式缺乏创造性

主题班会形式多种多样。专题讲座式、报告式、座谈式、讨论式、学习式、参观式、辩论式、演讲式等等都是主题班会可以采用的形式。合理规划主题班会的形式有利于学生更好地理解班会主题，内化主题班会内容。但是班主任在运用主题班会形式时过于单一僵化，缺乏创造性，主要体现在以下方面。

（一）大联欢式主题班会

我们观摩过很多主题班会是由学生来做主持人，主持人在台上讲一些华丽的语言，台下的同学只是麻木地听主持人喋喋不休，并没有真正参与到主题班会中。这种主题班会搞得像大联欢一样显得热闹，然而台下的学生并没有真正参与进去，并没有实质性的教育效果。

（二）大道理满堂讲

有一些班主任开展主题班会时只有老师一人准备些大道理、大理论材料对全班同学集体教育，学生根本没有参与其中，只为应付了事。老师在讲台上滔滔不绝，学生在教室里呆呆地坐着听，一个耳朵进，一个耳朵出，这样不仅没有教育效果，还容易导致学生的逆反心理。另外，有的教师在课上一直提问一些无效问题。他们提问题多是表层的问题，内容十分浅显，学生回答是不是、对不对这种问题，根本没有经过思考。

（三）放任自流式

班主任只确定一个主题然后完全不管学生，让学生自己去开展主题班会，这在一定程度上调动了学生的积极性，让学生自己动手动脑搜集信息、分析问题并找到对策，这样既锻炼了学生的认识问题解决问题的能力，又激发学生对问题的思考。但是，学生的认识毕竟是有限的，他们对班会中的活动大多停留在表层，很难有更深刻的理解。整个活动没有

老师指导和参与，缺乏理论和组织的指导和安排，教育效果就不会明显，浪费时间又收效甚微。

四、高中主题班会设计多媒体运用缺乏合理性

多媒体包括文字、图片、照片、声音、动画和影片，集图文声像于一体。合理运用多媒体起到渲染气氛、陶冶情操、开阔视界、增长知识、激发学生兴趣的作用。在主题班会课中什么时候运用多媒体，运用哪种类型的多媒体都是需要斟酌考虑的。可是在高中主题班会课上我们经常会看到多媒体运用不恰当的情况，主要体现在以下两个方面。

（一）有些班主任不用或者过多运用多媒体

有些班主任只靠“一个人、一张嘴”这种最传统的方式就开展一节主题班会课。这种方式对班主任各方面素质要求极高。这就要求班主任要有先进的思想、高尚的品德、丰富的学识，还要有敏锐的观察力、较强的记忆力及良好的表达能力。但是这种方式时间一久就算班主任滔滔不绝、口吐莲花，学生还是会产生疲劳，更何况部分班主任并不完全具备这些素质，并不能像个优秀的演讲家一样只靠一张嘴就能启迪人心。还有一些班主任过多运用多媒体。这些班主任在设计主题班会时运用大量的影视、图像、卡通等多媒体，以为越多运用多媒体，越能起到好的效果。其实不然，过多运用多媒体只是形式花哨，大片的图片堆积，或者是大段的视频播放，同学们在看到这些图片或者视频时也许会兴奋，但更多的是看热闹，过多的多媒体播放在学生眼里只是一带而过，没有经过深入思考，没有对材料进行深入挖掘，学生们图新鲜，对视频、图片眼花缭乱，抓不到重点，从而缺乏实质性教育影响。

（二）有些班主任多媒体选用不恰当

多媒体选用在精不在多。在观摩主题班会时，我们有时候会觉得某段素材用视频代替图片会更好些，有时候会觉得某些素材图片代替文字更能触动学生的内心。出现这种情况就是多媒体选用得不够恰当。多媒体选用不当就不容易触动学生心灵，不利于学生深入思考，对主题班会实效性有很大影响。例如，在“反对校园暴力，构建和谐校园”的主题班会设计中，很多教师会陈述大量的事例，把这些事例以文字形式投放

在大屏幕上,学生阅读文字性的事例触动并不深刻,但是如果选用校园暴力的图片或者一小段视频播放则会更加直观生动,更容易引起学生对校园暴力的思考。

第二节 高中主题班会设计问题原因分析

一、传统教育体制影响下造成重智轻德风气

虽然当前国家、学校和老师越来越重视学生的素质教育,重视学生的全面发展。但是当前我国传统教育的现状仍然没有改变,以考试成绩定胜负的现实依然深深地影响着学校的教育教学方式。主题班会是班级管理中的重要手段,也是促进学生核心素养形成的有力途径,但其应当受到重视的程度并不够。尤其是高中学校的主要关注点是学生的学习情况,对于学生的德育发展情况并不关注。像主题班会课这种对学生成绩没有直接影响的课程自然没有受到太多重视,学校和老师重智育轻德育的风气还比较严重。

二、学校领导对高中主题班会课重视不足

学校负责政教的副校长或者政教主任与班级和学生接触较少,不像班主任一般了解班级和学生的德育发展情况,所以他们往往不了解主题班会课,认识不到主题班会课的重要作用,没有认识到主题班会课对于培养学生德育发展、认识自我、教育自我以及组织能力等多方面的积极影响,更不用说重视主题班会。因此,他们也不会组织班主任教师学习、组织主题班会。主要体现在以下几方面。

(一)对班主任进行相关业务培训的力度不够

班主任培训是指学校对班主任有组织、有目的地进行培养训练,培养班主任管理班级、管理学生的能力。从前,人们都以为只要是教师就都可以做班主任。而现在人们已经认识到班主任不应该是随随便便的谁都可以做,做好班主任是一门学问,需要专业的培训。班主任要想走向

专业化就需要不断学习。主题班会课设计也是班主任应该有的培训项目之一。一个班主任如果没有接受过主题班会课相关培训很难设计实施出一堂优秀的主题班会课。而现在学校领导忽视对班主任主题班会方面的培训,相关培训次数少、力度小、重视度低。[①]

(二)对班主任主题班会课培训内容不细化,培训方式单一

学校对于班主任专业培训的次数比较少,在培训内容上更多的是大方向的培训,例如培养高尚的师德、对学生有爱心、负责任、团结其他同事、和谐人际关系等等。而具体到实施过程和细节上的班主任培训少之又少,更不用说细化到班主任主题班会设计了。在培训方式上大多采用专家讲授的方式,而集体讨论、观摩学习等方式采用较少,培训方式单一。

(三)对主题班会的有效性缺乏相关的评价机制

在中学主题班会评价方面,班主任是评价的主体,是主要倡导者和实施者。一方面,班主任在对主题班会有效性进行评价时在很大程度上是根据上级对主题班会有效性的标准或者按照自己认为正确的评价标准去对主题班会进行评价。开展主题班会最主要的目的就是帮助学生树立正确的价值观,形成正确的价值选择,但是在对主题班会评价时学生的意愿通常不在考察之列。学生究竟有没有从主题班会中有所收获,是否认同主题班会的价值观念经常会被忽视。学生在主题班会中的身份只是被看作主题班会的被教育者,而没有被看作评价主题班会是否起到作用的评价者。很多的主题班会评价只是为了给学校领导交差,或者看起来是给了班主任管理班级管理学生的能力的一种考量而已。另一方面,在中学主题班会的评价中,我们经常会看到雷同的评价标准与评价结果。大话、空话、套话跃然于纸上,屡见不鲜。没有合理健全的主题班会评价机制就很难去评判一节主题班会课成功与否,对于班主任改进主题班会设计中的问题,对于提高班主任主题班会创新能力,对于提高主题班会实效性都是不利的。

①李晗.高中主题班会设计现状与优化策略[D].武汉:华中师范大学,2018:17-19.

三、班主任对高中主题班会课素养欠缺

在高中大部分的班主任是由任课老师担任的。班主任身兼两种职能，既要抓智育又要抓德育。但是受传统教育大环境影响，班主任关注的重点仍然是智育，德育方面比较欠缺。班主任关心更多的是如何上好学科课程，而在主题班会上下的功夫少，在主题班会上素养欠缺，主要体现在以下几点。

（一）班主任缺乏相关专业知识和技能培训

教师选择主题班会的内容和活动形式，必须针对学生的年龄特征，充分考虑学生特点。要准确把握学生不同年龄阶段的心理特点，教师必须学习和了解相关的教育心理学知识。班主任要掌握的条件性知识中最重要的内容就是不同阶段学生的年龄特征以及先进的教育理念和教育模式。班主任对这些条件性知识的了解和掌握，不是对其原理和规则的死记硬背，也不是对个别教育策略的简单模仿，而是在全面吸收和领会这些知识的基础上，把先进的教育理念和思想融入主题班会设计和实施的具体工作中不断提升主题班会的设计和实施能力。只有不断丰富班主任的理论知识储备，增加对班主任相关的技能培训，才能有利于提高班主任开展主题班会设计与实施的研究能力，让主题班会的教育功能充分展现。

（二）班主任对高中主题班会的设计缺乏创新思维

一方面，在主题班会的形式上缺乏创新性。仍然有一部分班主任在主题班会单凭一张嘴就完成一堂主题班会课，大部分的班主任会采取多媒体等现代教育技术播放图片、影音等来达成主题班会德育效果。这种形式的主题班会便于班主任操作，班主任可以自己选择利于解说的素材资料进行讲解。但是这种形式容易出现班主任一个人、一张嘴就讲完一节主题班会课的情况，德育实效性不容易发挥出来。如果每堂主题班会都采用这种形式的话，未免太过乏味了。因此加强主题班会的形式创新很重要。除了现代多媒体教育手段之外，辩论赛、实地参观考察或者放手让学生自己主导，教师从旁辅助也不失为一种新的主题班会形式。另一方面，在主题班会的内容上也出现比较单一的倾向。高中阶段是学生

升学压力最重的时期,因此很多班主任会经常开展励志类的主题班会,然而高中主题班会不应该单一于励志类,还有其他爱国类、交往类、心理疏导类、学习方法类、职业规划类等其他各类主题班会,这些同样是高中生在生活学习中面临的困境或者需要解决的问题。

四、学生对高中主题班会课兴趣不够

目前教育部门提倡实行素质教育,要求学生德智体美劳全面发展,思想政治学科也提出了培养学生的核心素养,因此很多学校开始逐步关注学生的德育教育。但是,实际上这种状况并没有改变太多,许多学校仍然以升学率为重,升学压力大使得班会时间被挤占。在应试教育影响下,学生迫于繁重的学习压力以及为了取得良好的学习成绩,对主题班会没什么兴趣。主题班会活动既需要老师重视,同样也需要学生积极回应。其中学生又是主题班会活动的主体,是各种主题班会活动开展的重要参与者。但是,在实际的主题班会开展过程中,某些学生对自己在主题班会中的地位认识不清,认为自己只是听老师讲大理论大道理的被动的接收者,而没有积极主动参与,导致主题班会并没有取得什么实质性效果。

第七章　高中主题班会优化策略

第一节　高中主题班会设计要统筹安排

高中主题班会设计要统筹安排。在召开主题班会以前要做好各方面的准备，做好长远的计划。针对以往各学段德育目标不够清晰、课程内容简单重复、衔接不通畅等问题，对高中主题班会德育课程进行一体化设计，整体规划高中德育课程的内容和目标，增强教学活动和评价活动的可操作性，全面系统地提高学生的核心素养。[①]设计主题班会前要综合考虑怎样安排主题班会的时间，怎样系列地设计主题班会的主题等。

一、统筹安排高中主题班会时间

主题班会课虽然不同于一般的学科课程，但是也应该有合理的课程时间安排。一般班会课的时间会定在周一或者周五下午的一节课，主题班会作为班会的一种重要形式也经常会安排在班会课时间进行。但是主题班会课其特殊的德育性要求其时间安排有其特殊性。

（一）主题班会课时间要在学年或者学期的大背景下安排

在高中每一学年甚至每一学期都有自己的安排，主题班会只是一种班级活动的形式，班主任要在一个学年或者一个学期的大背景下把主题班会时间与其他班级活动时间协调起来，一学年或者一学期要开几次主题班会活动，什么时候开什么样的主题班会都要有一个详细的规划。并且主题班会课时间要联系思想政治课等其他课程的德育需要。积极及时地开展与其他学科课程德育需要相联系的主题班会，从而促进其他学科的顺利进行，使主题班会与其他学科相互补充，促进学生的全面发展。

①郭春飞．主题班会教研故事[M].上海：同济大学出版社，2017:7-8.

（二）主题班会课时间要根据学生心理发展特点安排

高中每一阶段学生心理都各有特点。我们通过观察或者回想自己的高中时光会发现高中阶段经常会出现这些现象：学生在课堂或者课下更加主动积极地表达自己的想法，虽然有时候想法是有些偏颇的；交友热情比较高，愿意与他人接触交流；做事情更有目的性和计划性；对异性关注度较高，容易出现早恋；开始思考自己的未来，有自己的职业目标。主题班会课在哪个时间段选择哪种主题的班会要根据学生心理发展特点来安排。

（三）主题班会课时间安排更具有灵活性

一般的学科课程时间都是按着规定的课程安排来，主题班会课也有自己的时间安排，只是相对于一般学科课程来说主题班会的时间安排更具有灵活性。很多学校都将班会课安排在周一或者周五，用于做一周工作学习的计划或者总结。但是某些突发情况出现或者重要节日来临的时候，我们可以借着在突发情况或者节日的特殊气氛召开主题班会。例如，班级中有同学间发生吵架或者打架事件，这时候在解决事件之后开展如何与人友好交往主题的班会，这样一来能帮助打架的同学化干戈为玉帛，二来可以对其他同学有所警示，学会与他人友好相处，三来对于建设良好的班级氛围有促进作用。在国庆节来临之际，可以在班级开展爱国主义主题班会，在父亲节、母亲节到来的时候开展亲情类主题班会，等等，这样在浓厚的节日气氛之下更容易对同学们进行情感态度价值观的培养，更利于同学们理解接受。在思想政治等其他学科由于时间课业压力等原因导致德育教育效果不明显时，可以及时开展相关的德育主题班会进行情感延伸，帮助学生更好地理解学科知识，促进学生知情意行的发展。

二、统筹安排高中主题班会内容

课程体系是实现课程培养目标的手段。每门学科都是在一定的教育理念的指导下，将课程的内容及各要素按照一定的原则排列组合，系统地呈现出来，以达到课程目标。根据学生的认知规律和成长规律，从浅及深、从小到大、由近及远、梯次推进、系统衔接，实现学段之间的有机衔接。例如，新课标高中思想政治课必修，分为四个板块：中国特色社会主义、经济与社会、政治与法治、哲学与文化。在每个板块中又根据相应的主题由浅入深地编排课程内容。主题班会课同样也应该系统化，形成自己的课程体系。整体规划各学段主题班会课程。

（一）横向内容维度的主题班会设计

培养高中生树立正确的情感态度价值观一直都是主题班会的重要部分，是德育的重要体现。因此在主题班会安排要选择有利于促进学生树立正确的情感态度价值观的内容。例如，培养学生良好品质方面，可以设计关于爱国、感恩、关爱、责任、互助等内容；建立学生人生观方面，可以选择理想、信念、励志等内容；在处理与他人关系方面，又可以分为处理异性关系、处理与朋友关系、处理与父母关系等等。通过主题班会不同情感态度价值观主题的选择，帮助学生们成为具有独立人格、自尊自爱、自信自强的新青年。

需注意的问题：第一，一堂主题班会课所选的主题不宜过大。例如，感恩类主题班会设计，感恩类主题班会是一个大类，不是单纯地开一个名为感恩的主题班会就可以的。我们可以把感恩类主题班会划分为以下几个方面：感恩父母、感恩老师、感恩祖国，每次班会课只选择一个方面进行开展，“小主题、深入挖”，这种方式更能深化学生印象，触动学生心灵，促进学生移情，从而将这种道德品质内化为自身的行为规范。第二，要考虑每一堂主题班会的跟进和延续问题。有些主题班会只靠一节课是完不成教育目标，达不到预期的教育效果的，这时候就要把一个班会主题分次完成，这就体现了一个螺旋式逐次递进的思想。例如感恩父母主题班会，我们要考虑到一堂主题班会课不可能既让学生体会到父母的生养之恩，又让学生了解应该怎么回报父母。这种主题班会就要两节课分别完成。但是要注意的是这两节课间隔时间不宜过长，否则不利于班会的连贯性，会影响教育效果。

学生的认知发展也应该是主题班会内容的一个方面。从初中到高中，学生思维能力逐渐发生变化，高中阶段更多的是需要抽象思维，学习方面开始出现困难甚至厌学。在培养学生认知思辨能力上，我们可以与高中思想政治课的哲学板块相联系，运用马克思的辩证唯物主义观念引导学生思考问题,可以通过设计与高中思想政治课部分内容相结合的主题班会来系统地有计划地干预解决。

(二)纵向时间维度的主题班会设计

高一到高三的不同阶段学生的心理发展各有特点,在不同的阶段也有不同的需要。高一学生刚刚入学时可能出现对新环境的不适应,与他人相处不融洽,对如何学习没有规划等状况。高二学生经过一年的学习以及一年的与同学老师相处,相对来说已经适应了环境,但是有些同学可能面临努力学习成绩却没什么起色而灰心丧气、对异性产生爱慕之情、对即将来临的紧张高三生活无所适从等情况。高三学生面对高考压力心理长期处于紧绷状态,很多同学会出现焦虑不安的情况,对未来想上什么大学、想学什么专业、想从事什么职业都没什么规划。因此在高中的各个时间阶段要根据学生的心理发展特点以及学生需要设计主题班会。

表7–1 高一年级主题班会设计系列

主题模块	主题名称	活动目标和内容
适应新环境教育	我们的明天 今天和明天	帮助学生适应初中和高中在学习内容、同学关系等方面的差异。顺利完成从初中到高中的过渡
	你好,新朋友	通过学生们相互交流认识彼此,帮助学生融入新环境,交到新朋友
	生活因感动而精彩,喜悦因分享而永恒	通过活动让学生体会到分享的快乐、助人为乐的快乐。让学生明白分享不是失去,而是获得
班级凝聚力教育	有规矩成方圆	通过学生们共同制定班规提高学生参与班级事务的积极性,积极为班级事务建言献策
	我爱我班	通过班级板报绘制、班级环境美化等活动使同学们热爱班集体
	团结就是力量——运动会大动员	在学校运动会召开之前,开展运动会大动员主题班会可以调动学生积极性,为班集体争光

续表

主题模块	主题名称	活动目标和内容
有效学习教育	好的方法亦是成功之母	通过班级中各科成绩优秀的学生传授自己的学习方法和心得，帮助其他学生解决学习困难
	各位老师来帮忙	在文理分科前将各学科的老师请进主题班会，帮助学生解决文理科选择的困难
	做时间的主人	通过帮助学生学会合理利用时间的方法，进而提高学生学习效率

表7-1针对高一年级学生的具体情况设计主题班会，这里主要设计了适应新环境教育、班级凝聚力教育、有效学习教育三个模块。这三个模块又分别设定了具体的主题来深化。班主任可以从中挑取部分主题开展主题班会教育，满足高一学生渴望适应新环境融入新集体的愿望，解决高一学生刚刚进入高中不知道该怎样学习的问题。这三个模块只是高一学生可能遇到的共性问题的开展的主题班会，班主任可以根据班级的特殊具体情况，根据本班个性问题再设计其他的主题班会解决问题。

表7-2　高二主题班会设计系列

主题模块	主题名称	活动目标和内容
男女交往指导教育	别让鲜花逆季开放	通过花开有季的道理，帮助学生认识到爱情在不合适的时间不能到来
	我们之间也是友谊	通过对学生熟悉的男女明星之间真挚友谊的呈现，帮助那些内心羞怯的学生主动与异性同学交流
	欣赏是一种美德	通过“我最欣赏的同学”活动，鼓励同学们用发现美的眼睛对待身边的人，主动向他们学习
励志教育	自信的力量	通过对那些因为自信取得成功的人事迹的分析，鼓励学生树立自信心，不断进步

续表

主题模块	主题名称	活动目标和内容
	挫折面前不低头	培养学生们在生活学习中遇到挫折和困难时不低头不放弃,砥砺前行
	成长的责任	鼓励学生在成长中看清自己的责任,做好自己分内之事
感恩教育	父母之恩不能忘	通过请家长参与主题班会的方式,使学生和家长互动,令学生们感受到父母深深的爱,从而体谅父母
	乌鸦反哺 羊羔跪乳	学生们讨论应该如何处理与父母的关系,用实际行动回报父母的恩情
	感恩社会,与爱同行	通过陌生人互帮互助的温情故事,促使学生在社会中多关心帮助他人,做一个善良的人

表7-2针对高二年级学生的具体情况设计主题班会,主要设计了男女交往指导教育、励志教育、感恩教育三个模块。第一,高二学生经过与同学一年的相处已经熟悉彼此,男生女生之间很容易出现把对异性的欣赏当作爱情的情况,班主任要防微杜渐,通过开展“别让鲜花逆季开放”系列主题班会及时预防。第二,高二是高中关键的一年。学生在学习生活上容易出现挫折和困难,通过开展励志教育主题系列班会以及感恩系列班会解决学生遇到的困难。

表7-3 高三主题班会设计系列

主题模块	主题名称	活动目的和内容
生涯规划教育	为四十岁做准备	通过了解一个人职业规划必须经历的几个重要阶段,让学生体会“预则立,不预则废”的道理,并鼓励他们从现在做起,努力为自己成年后的成功积累资本
	车到山前必有路	通过对俗语“车到山前必有路”的解读分析,让学生明白未雨绸缪的道理,避免“车到山前却无路可走”的窘境

续表

主题模块	主题名称	活动目的和内容
	知己知彼:说说我们的职业规划	通过小组交流的方式,让学生谈谈自己的职业规划,也可以邀请职业设计的专业人士给学生讲解自我设计和自我规划的重要性
	当机遇来敲门,我们准备好了吗	通过此次班会提醒大家在机遇来临时只有做好充分准备的人才能把握机遇,激励同学们努力学习,争取考进理想的学校,选择自己喜欢的专业
心理疏导教育	压力亦是动力	通过小品表演"考试的压力"来对学生学习中感觉身心疲惫、难以应对的状况进行分析,并解决问题,化压力为动力
	坚持到底就是胜利	面对即将来临的高考,很多学生出现自暴自弃的情况,通过此次班会鼓励学生继续坚持到最后
	不负时光不负卿	面对高三冲刺阶段压力大的情况,通过一系列的活动及时给学生们进行心理疏导,解决学生的焦躁情绪

表7–3是针对高三冲刺阶段设计的主题班会,主要设计了生涯规划教育以及心理疏导教育两个模块。高三冲击阶段学生学业压力大,不宜开展太多的主题班会。但是生涯规划教育和心理疏导教育两个方面是不得不开展的主题班会教育。生涯规划教育主题班会为学生今后的道路确定方向,提供引导。心理疏导教育主题班会为学生缓解高考压力,有良好的心态面对高考。

第二节　高中主题班会主题选择要贴近生活

主题班会的主题是班会的灵魂,是贯穿整节主题班会课的主线,设计好一节主题班会课的第一件事就是主题的确定。主题是引领主题班会设计的方向。主题必须有明确的教育目的,每堂主题班会课都要能解决一个问题或是达到一个目的。

一、高中主题班会主题选择要贴近学生实际

教师在主题班会主题选择过程中充分考虑不同年龄阶段学生的实际情况，针对班级中存在的具体的教育问题和学生的年龄阶段性心理特征，选择对学生具有启发教育意义的主题来开展主题班会活动。[①]如果选择的主题不符合学生实际，那么班会课上的活动就会非常尴尬，没有教育意义可言。高中主题班会主题的选择也是班主任在学生的成长中、日常生活学习中发现问题，并通过主题班会教育的形式进行教育干预。但是如何敏锐地发现班级中存在的问题呢？这不仅需要班主任具有敏锐的观察力和对问题的洞察力，还需要班主任不断考察了解。

在高中主题班会主题选择如何贴近学生方面我们可以采用以下方法：第一，观察。一个人的行为是一个人思想的外在体现。细心观察学生的日常学习生活以及在班级活动中的表现，发现学生成长和发展中的问题，进而总结归纳，寻找相关主题，并设计实施主题班会，解决学生遇到的问题，满足学生的需求。第二，访谈。对部分学生进行访谈，通过与学生面对面交流的方式，了解学生心理问题以及实际需要。为主题班会的主题选择提供依据。访谈法与观察法相比更有利于直接了解学生的心理想法。第三，问卷调查。根据教育目标设计调查问卷，采用问卷调查的方式可以更科学更广泛地了解学生在成长过程中遇到的共性的困惑。第四，家访。家访是贴近学生、了解学生的重要方式。家长比班主任更加了解学生的实际情况。班主任通过家访了解学生的家庭情况、学生在家中的表现以及学生和家长之间的问题与矛盾，挑选主题班会主题。

二、高中主题班会主题选择要符合时代要求

高中主题班会主题选择要符合时代要求，具有时代性。即主题班会必须能够紧扣时代脉搏，关注社会热点时事，关注社会风尚。高中主题班会关注时代性可以促使学生关注身边事，培养学生关注时事热点和社会风尚，培养学生的洞察力和观察力。符合时代要求的主题更具有亲近感、现实感、迫切感，可以激发学生的思考。不仅如此，突出主题班会的

---

①陈乔珍．德育教学在高中班主任班级管理中的应用措施[J]．教学管理与教育研究，2022，7(23)：126-127.

时代性，能够帮助学生更好地了解时代的要求，确定自己的目标方向，不断努力奋斗。要使高中主题班会主题选择符合时代要求，体现时代特色，我们可以从以下两方面入手。

第一，关注当今社会时事热点。班主任在日常生活学习中要多关注社会上道德时事热点问题，及时分析问题、提炼热点问题的共性，确定一个主题，并通过召开主题班会的方式对同学进行德育教育。例如，之前网络上频频曝出中学生校园暴力的视频，班主任在看到这些视频时不能仅仅痛心疾首，还要认真考察班级和学校有没有类似的情况或者苗头，找出预防或者解决这类问题的方法，并开展主题班会及时预防或者干预。

第二，了解社会风尚，弘扬社会主义核心价值观。班主任要了解当今社会的主流价值观念，弘扬社会主义核心价值观，努力把社会风尚引入主题班会。主题班会的主题选择可以从弘扬主旋律的主题入手，这样一来可以提高学生的政治认同感，促进学生核心素养的形成；二来有利于体现主题班会设计的时代性，促使学生们树立正确价值观念，紧跟时代步伐。

第三节　高中主题班会设计素材要丰富真实

高中主题班会设计就像做菜一样，一道好菜自然需要好材料，而主题班会设计的内容素材就像是做菜的食材一样，食材新不新鲜，种类多不多，都会影响这道菜的口感。同样，主题班会设计得成功不成功与所选素材的种类是否多样化，是否贴合实际都有着密切的关系。①那么，主题班会的素材从哪获得？素材如何选择，如何应用呢？

一、高中主题班会素材要丰富多样

在观摩班主任开展的主题班会时，我们经常会看到有些班主任的主题班会素材形式多样，视频、故事等多种多样、形式新颖，又很有教育意

①吴启霞.德育一体化视域下高中主题班会序列化设计与实践路径的探究[J].新智慧，2022(27):54-55.

义。还有些班主任的主题班会例子少、题材不新颖、内容不贴合学生的生活，导致主题班会的教育实效性不明显。只靠单一的举例子、讲故事或者看视频资料是上不了一堂成功的主题班会课的。所以主题班会素材积累要注意以下几点：第一，素材积累渠道的多样性。主题班会的素材积累并不能只来源于某些具体主题班会案例书本或者网上课件，在日常生活中也要注意主题班会素材的积累，做一个素材积累的有心人。在平常的生活工作中，心里要想着主题班会，细心观察和主题班会有关的素材资料，积累和主题班会活动有关的故事、例子或者视频素材。第二，素材形式的广泛性。主题班会素材的形式要尽量多样，可以有故事、图片、视频，还可以有辩论论题、社会热点，甚至学校班级发生的有教育意义的事情都可以作为主题班会的素材，这种形式的素材更加贴近学生的生活和实际。第三，素材内容的丰富性。主题班会素材积累内容应该丰富多样，可以把内容分为以下几大类：爱国教育、感恩教育、励志教育、心理健康教育、人际关系教育、学习理念教育、生涯规划教育、爱情观念教育等等。

二、高中主题班会素材要真实确切

素材真实确切，即选择的素材是少“假大空”，多“真小实”的。主题班会要想取得教育效果，素材的选择尤为重要。在观摩的主题班会中，有些主题班会选用的素材不真实，素材选用角度太大，过于空泛，也就是“假大空”，整节班会课更像是走形式，走过场。如果仅仅想通过一堂主题班会课就可以使学生热爱学习、助人为乐、做高尚的事情或者把学生的思想道德素质提高到一个新的水平上是不现实的。但是班主任能做的是通过一个个好的主题班会素材，一节节成功的主题班会课，日积月累、潜移默化地影响学生。那么，这里所谓的好的主题班会素材就应该尽量做到贴近学生生活学习，素材选用角度小一些，内容要真实，也就是“真小实”。这种素材才更深入地触动学生的心灵，引发学生的共鸣。

第四节　高中主题班会设计形式要不断创新

目前主题班会设计越发给人感觉形式划一、千篇一律，无论是什么主题的班会整个过程和形式都有些类似，学生看惯了雷同的主题班会，没新意自然不能引起学生的兴趣，主题班会自然就会不太成功。这种情况出现的原因是班主任在设计主题班会时过于墨守成规、模式僵化。所以，主题班会的设计形式应该别开生面，不断创新。所谓主题班会设计的创新就是，根据德育目标的要求变化及学生的兴趣和需要，在主题班会的设计中，大胆地创新主题班会的内容和形式，整合运用各种资源，有艺术地巧妙地设计主题班会，使主题班会更有新意，焕发新的色彩。①

一、把网络运用到高中主题班会中

多媒体资源包括文字、图片、声音、视频、动画等数据传输资源，除此以外还有衍生的一些新的表现方式，比如交互媒体、网络等。我们观摩的主题班会很多都采用了文字、图片、声音、视频等，班主任在设计主题班会时也会注意各种多媒体资源的运用，以增加趣味性，吸引学生注意力。现如今人们拥有智能手机越来越普遍，人们通过智能手机和网络更快地了解这个世界。高中生也不例外，他们甚至更了解网络，更能游刃有余地使用网络认识世界。所以，我们可以把网络运用到主题班会中。

第一，网络中积极向上符合社会主流价值观又具有教育意义的内容可以运用到主题班会中，如公益广告、震撼人心的照片等。虽然网络上公益广告或者一些震撼心灵的照片的教育对象不同，但是这种道德教育的目标是一致的。这种更具审美性欣赏性的内容可以淡化主题班会思想道德教育说教和灌输的色彩，更有助于学生移情内化为自身的道德选择和道德行为。

第二，主题班会可以把网络作为自己的新形式，开展网络主题班会。网络主题班会是把网络技术和德育结合起来，确定一个明确的主题，在

①陈玩勤.网络环境下高中主题班会活动的实施现状及优化策略研究[D].深圳：深圳大学，2018：60-61.

网络平台上开展网络主题班会。这是一种寓教育于网络的形式。网络主题班会有以下特点:第一,开放性。传统的主题班会课时间地点比较局限,而网络主题班会不用拘泥于时间和地点,不用局限于课堂的45分钟,也不受教室场地控制,只要有网络,学生们在家也可以进行。相比传统的主题班会课更有灵活性。第二,互动性。网络主题班会的平台就是网络,在网上的主题班会班主任不能时刻观察到学生的反应,不能充分调控全局,这时候学生就是网络主题班会的主角,学生们可以充分发挥主观能动性,在网络主题班会上畅所欲言。还有一部分性格比较内向不愿当面交流的学生可以通过网络主题班会克服自己的恐惧,在网络主题班会上表达自己,抒发自己的感想。开展网络主题班会要注意以下几点:第一,网络主题班会虽然时间地点更加灵活,不受限制,但是网络主题班会课由于学生分散,不便于班主任掌控全局,传统主题班会课表演或者竞赛的方式不适用。所以网络主题班会应以讨论为主要形式。第二,传统主题班会还是主流,网络主题班会应是传统主题班会的补充,在传统主题班会开展不便时,网络主题班会可以发挥其作用。

二、加强高中主题班会课与其他学科的联系

以往中学德育更多仰仗于德育专门课程,忽视其他学科的德育功能,主题班会是中学德育的重要方式,其他学科虽然智育作用更明显但是仍然包含着德育的因素,学生在日常学习自然科学及人文科学的同时,同样也会受到这些学科隐含的德育熏陶。例如,语文学科提出家国情怀、理想信念等德育范畴,数学学科提出理性精神、数学审美、爱国主义等德育范畴,英语学科提出文化礼仪、习俗风貌等德育范畴,思想政治学科提出政治认同、法制参与、科学精神、公共参与核心素养的德育范畴。每一门学科中都蕴含着丰富的德育资源,每一位任课教师也都是发展学生德育、培养学生核心素养的参与者。不过,任课教师的身份与作为班级管理者的班主任身份不同,他们的德育作用的发挥不像班主任那样有计划安排又自发强烈。这就需要班主任想办法鼓励任课教师参与班级建设和管理。

加强高中主题班会与其他学科的联系具有以下好处:第一,调动任课教师参与班级管理的积极性。任课教师与班主任角色不同,很难自发参

与班级管理,只有在出了问题的情况下才找班主任解决问题。如果班主任邀请任课教师走进班会,参与甚至主持班会,既能让任课教师体会到你对他们的尊重,也能让他们多与学生加强日常交流接触。当他们看到自己在班会上的言行对学生产生积极作用时,内心的满足会促使他们更积极主动参与班级活动。第二,弥补班主任自身不足。“尺有所短寸有所长”,班主任在某些方面并不一定比任课教师做得好。例如班主任除了作为班级的管理者,同时也是一门学科的教师。当学生在自己的学科出现问题,班主任可以自己掌握调节。可是如果学生对于其他的学科存在困惑,班主任往往不能掌握。因此,必须借助任课教师的力量。第三,发挥任课教师的个人魅力。任课教师走进班会,对学生来说是一件新鲜事,会增加学生的参与热情;对于任课教师而言,走进班会与平时上课不同,更有利于他们发挥更有感染力的个人魅力。第四,建立和谐的师生关系。其他学科走进班会,为各个学科的教师与学生的交流构建了平台,可以促进师生增加了解,增进师生情感,构建和谐师生关系。所以,如果把主题班会与学科结合起来,深入挖掘各学科蕴含的德育因素,那么就能充分发挥各个学科独有的育人功能。让任课教师走进班会是加强高中主题班会与其他学科联系的有效途径。

第一种方式是让任课教师参与主题班会。班主任可以邀请任课教师参加主题班会,并在主题班会中担任活动参与者、活动点评者等角色。学生平时与任课教师交流更多的是在课堂上,很少在课堂以外与任课教师有交流,通过这种方式更能激发学生的兴趣,提高学生参与热情。例如,可以邀请部分任课教师与学生共同担任主题班会的评委,任课教师在评论时可以利用平时上课时所教授的内容进行点评,并加入德育因素。学生在主题班会上既能听到任课教师专业的点评,又可以从任课教师结合自身学科的点评中学习平时学习的知识中蕴含的德育思想。

第二种方式是让任课教师主持班会。班主任不是全能冠军,并不是什么都会,由于学识、专业、眼见的差异,有些工作的确需要任课教师来做才能有最好的效果,更能解决实际问题。所以班主任应该积极主动邀请任课教师主持班会。比如,学生进入高二文理分班。班主任只是其中一门学科的任课教师,并不能全面掌握各科的情况,无法科学合理地给予学生指导意见。虽然可以从网上找到资料或者向任课教师请教以后再传递给学生，但是这种方式并不一定比各科教师阐述各自学科的特点以及如何学习更加有效来得实在。所以这时候就可以策划一个"问学"主题系列班会，每次邀请文科历史、地理、政治或者理科物理、化学、生物的任课教师前来主持主题班会，讲授本学科的特点以及学习方法等，并回答学生在各个学科上存在的疑虑。这样做可以拉近师生间的距离，培养师生感情；也可以解答学生的疑惑，引导学生正确分析思考，培养学生科学精神，帮助学生找准自己的方向；教师们还可以在与学生交流讨论中看到学生的学习热情，也就会更有信心，担负起自己的责任，尽心尽力教导学生，工作起来干劲也会更足。

三、利用本土教育资源开展高中主题班会

本土教育资源就是指我们出生成长的地方的地域特色、自然景观、文物古迹、地名沿革、历史变迁、社会发展以及民间艺术、民俗风情、名人轶事、语言文化等。以往中小学德育内容抽象化，大谈人生理想情感态度，学生很难从内心上认同，从而缺乏现实感染力。大量研究调查表明，人们在学习时更容易对与身边的事有联系的知识感兴趣。正确把握人们熟悉的事物与知识的结合点，才更能抓住学生的兴趣点，从而有利于学生理解掌握知识。学生对自己家乡山水草木、人文景观、历史状况、发展前景等总是特别关注，感情深厚。所以要深刻意识本土资源的重要价值，在主题班会设计时利用好这些宝贵的本土教育资源，"以文化人"，学习中华优秀传统文化，突出本土教育资源特色，有利于提高主题班会课的教育实效。在这里我们可以采用以下方法把本土教育资源利用到主题班会中。

第一，当地道德榜样进高中主题班会。学生在日常生活中可能会听到身边人提起当地发生的感动人心的事，做这些事的主人公就是当地的道德榜样。邀请当地评选出的道德榜样走进班会，向学生们讲述自己的故事并接受学生的采访，学生通过与榜样面对面交流获得正确的价值观念。

第二，开展探访名胜古迹实践活动型主题班会。学生走出校园，到当地具有教育意义的名胜古迹参观，在老师的解说下了解中华文化，学习中华文化传统美德。这种实地体验式主题班会更容易对学生造成思想

冲击,促使学生将美德内化为自己的价值观念。

第八章　基于体验式的高中主题班会设计

第一节　体验式主题班会基本理念

一、主要理论依据

（一）活动理论

活动理论发源于古代西方哲学。“活动”即实践，是人在主观能动性的驱动下去实现目标的行为。这种自由的、自觉的、主动的、体验的活动是人存在和发展的根本方式。

人类的活动的过程是活动理论的主要研究内容。其基本内容有如下几点：第一，人的意识和人的实践活动的统一性。人的意识体验并指导着人的实践活动，同样，人的实践活动也影响并改变着人的意识。第二，活动和环境的相互影响性。主体的活动受环境的影响并相互影响。特定的活动环境会使人产生不同的感受和体验从而改变人们的认知。

（二）科尔伯格的道德发展认知理论

科尔伯格是当代西方道德认知学派的代表人物。他认为认知发展是道德发展的基础，道德教育的关键是培养学生正确的道德判断能力，道德教育绝不能仅仅靠死记硬背道德规范和进行强迫性的纪律管理，他主张一方面通过道德两难问题讨论来激发学生思考，让学生明辨是非；另一方面创设公正、民主的班风，让学生在优良的群体环境中彼此影响。

（三）价值澄清理论

价值澄清理论是出现于20世纪20年代，在20世纪60年代逐渐流行的一种德育理论。在社会发展中价值冲突导致人们的不同的道德价值观念,而预定的道德规范和要求不能通过简单的道德灌输进入学生的心中。价值澄清理论强调学生在复杂的社会环境中作出明智的道德选择。在现代多元社会里,各种传播媒体以及不同国家和文化间的交流给学生提供丰富多变的信息,使得形成固定的道德观念越来越困难。学校教育中,教师不是灌输道德规范而是帮助学生澄清自己的价值观,提高其道德选择的能力。在价值观形成过程中通过学生的分析和评价促进"知""情""意""行"的和谐发展。价值澄清理论重视培养学生在生活中和内心世界的价值冲突中负责任地判断是非。

(四)体验式教学法

体验式教学法是指在教学过程中为了达到既定的教学目的,从教学需要出发,引入或创设与教学内容相适应的具体场景或氛围,以引起学生的情感体验,帮助学生迅速而正确地理解教学内容,促进他们的心理机能全面和谐发展的一种教学方法。[①]体验式教学法通过创设一定的情境引起学生的积极的、主动的情感体验,从而激发学生的学习动机。民主、轻松、愉快的氛围更容易激发大脑的活力,从而大大提高知识的认知和理解。捷克教育家夸美纽斯在《大教学论》中写道:"一切知识都是从感官的知觉开始的。"体验式教学法通过情境的创设,激发学生的学习兴趣,并且从形象的感知达到理性抽象的顿悟。

体验式教学中学生的主体地位和良好的师生关系会激励学生独立思考,培养学生的主动精神和创新精神。一句话,体验式学习就是以培养学生具有独立、自主、创新等主体精神为目标,以营造教学氛围、激发学生情感为主要特点,以学生自我体验为主要手段的学习方式。

二、体验式主题班会的内涵

体验式主题班会是指在学校教育教学环境下,根据一定的教育目的,由老师、学生共同设计活动,用团体活动的方式来组织班会,学生在活动中参与体验、交流分享、感悟提升的一种主题班会形式。与校外拓展活动不同,体验式主题班会是在校内有限的时间,空间和教学条件下组织

①林小棉.体验式教学法在《职业规划与就业指导》课程中的实践[J].广东轻工职业技术学院学报,2013(02):13-14.

开展的。这种主题班会少了传统主题班会的僵化模式,少了班主任的枯燥说教和一言堂,少了表演色彩,激发学生自我感悟,自我教育。在体验式主题班会中每个人都是课堂的主人,都充分地参与到活动中来。分享感悟和价值澄清是体验式主题班会的核心部分,活动完成后,让同学们分享自己的感受,由于每个人的生活经历不同,相同活动学生会有不同的感受。不同的感受其实展现了同学们的不同价值观,在比较不同的感受的过程中,学生会逐渐明白了道理,分清了是非,这就是价值澄清的过程。

三、体验式主题班会的特征

(一)自主性

自主性是指主题的选择和班会的设计实施是班主任和学生自主选择的过程。学生在学习和生活中存在的问题,当前社会的热点,学校安排的德育教育内容等都可能成为自主选择主题的内容。这种以人为本的自主性选择体现了对学生主体地位的尊重。主题班会教育目标的设定应该在班主任的指导下设定,根据设定好的目标来确定主题班会的组织形式、活动的方式和老师学生各自在主题班会中的主次。

(二)生活性

从根本上讲主题班会是为了解决学生生活中、发展中存在的问题。陶行知说:“没有生活做中心的教育是死教育。没有生活做中心的学校是死学校。没有生活做中心的书本是死书本。”[①]因此主题班会主题的选择一定要贴近而不能游离于生活。那种存在于课本中的,不接地气的德育主题是和学生的生活世界相隔离的。与此同时,也要引导学生去追求美好的、更高层次的、梦想中的生活。因此主题班会立足于学生生活的现实,又不能满足于现实,要在不断追求美好的过程中实现德性的提高。

(三)体验性

体验式主题班会通过学生的情感体验,分享感受,价值澄清实现了从感知到体验到明理的品德养成过程。体验式主题班会根据学生的品德

①陶行知.陶行知全集(第二卷)[M].长沙:湖南教育出版,1985:289.

形成规律，通过活动激发情感体验和认知感悟，使学生在潜移默化中实现了道德的内化。活动的设计有很高的要求，必须触动学生的内心，产生共鸣才能达到预期的教育效果。学生全身心地投入活动中去，产生角色意识进而与所体会的角色融为一体。情境的创设和角色意识能有效地促进学生的情感体验。

（四）生成性

体验式主题班会的开展过程同时也是促进学生德性成长和发展的过程。学生带着原先的生活经历和价值观参与主题班会，在和同学分享感受的同时也在进行着道德判断，从而修正自己的原有观念实现了道德生成。在这个过程中学生的情感、态度和价值观不断地得到改进，道德认知水平不断提升，学习和践行能力也不断提高。由此可见体验式主题班会的活动过程也是一个学生自我意识的觉醒和学习、体验、反思、成长的道德建构过程。

第二节　体验式主题班会目标与设计

一、设计目标

主题班会的教育目标是主题班会出发点和归宿，它统领着整个主题班会，是主题班会的灵魂。德育活动课程的目标包括情感、态度、价值观目标、知识目标、能力目标。其中，情感、态度、价值观对中学生德育来讲尤为重要。我们根据当前主题班会存在的问题有针对性地进行目标设计，为学生的德育发展树立一个精神的标杆。

第一，选择适当的组织形式。改变主题班会僵化的组织形式，根据班会内容和学生特点选择适当的方式。可以由两名学生主持，也可以由班主任和学生主持，或班主任自己主持。改变对发言讨论这一活动形式的过度依赖，避免使主题班会成为单调、沉默的发言会。要根据教育目标设计相应的活动，开展活动后再让学生有感而发。

第二，选取与学生学习生活密切相关的内容。设计中要选取与学生生活密切相关的和符合青春期特点的教育内容，来提高学生的参与兴趣，引起学生的共鸣，避免班会内容空洞、脱离实际。比如，主题班会“人生百味——态度影响情绪”中，通过让学生体会周围同学对自己的笑脸、赞扬等积极态度和冷漠、挖苦等消极态度来体会不同态度对自身情绪的影响，培养学生正常交往，善待他人的习惯。

第三，增加主题班会的生成性、教育性。现在有的主题班会成了活动的“拼盘”，一个活动接一个活动，你方唱罢我登场，倚重表演，就像一场舞台秀。要以体验式主题班会的主题为主线，选用合适的方式，注重学生的活动过程的感受。①

第四，遵循动态生成规律。以前的德育，各个学段之间互相割裂，没有系统的设计，没有连续性。这种情况下，不同阶段的德育内容可能不一致甚至是冲突的，这也决定了情感、态度和价值观形成过程中的思想冲突。体验式主题班会在内容选择上符合学生的年龄段特征使学生在不同阶段的连续性教育中不断形成和巩固良好的道德规范。

二、设计原则

（一）活动教育原则

体验式主题班会通过开展活动让学生获得有益的体验，使学生热爱生活、热爱生命，提升学生作为生命个体的生存质量。活动设计时我们要善于挖掘其中的教育元素。比如，偶像崇拜是青少年普遍存在的现象。正确的偶像观能够激励学生积极向上，但是错误的偶像观会诱使学生误入歧途，甚至会发生人生悲剧。班主任可以设计“我从偶像学到了什么”主题班会，让学生认识到，偶像的成功绝不是偶然的，每一个偶像在成功的过程中都经历了很多挫折和磨难，他们大都有百折不挠的坚韧个性。要选择那些通过奋斗成功的人做偶像，学会理性、客观评价偶像，用偶像的榜样力量来激励自己。在主题班会上，可以通过“偶像的过去”“偶像的魅力”“超越偶像”等几个活动来促使学生用正确的态度学习偶像。再比如，感恩教育是主题班会的一个重要主题。提到感恩，学生马上想到父母、老师、亲人等，知道这些人为自己付出了很多，应该感恩，

①何锦鹏.体验式主题班会课的设计与实践[J].中学课程辅导，2022(06)：97-98.

但是仅仅停留在道德认知水平上。通过在感恩主题班会中演出情景剧《淘气的孩子》，让孩子在角色扮演中体会到父母养育子女的辛苦，进而树立“老吾老以及人之老”的思想。又比如，在“老鹰捉小鸡”游戏中可以引导学生进行这样的分析：

师：“为什么母鸡会不顾生命危险来保护小鸡呢？它不怕死吗？”

学生1：“母鸡爱自己的孩子胜过自己的生命。”

师：“母鸡跑来跑去保护小鸡很伟大也很辛苦，小鸡应该怎样对待辛苦保护它们的母鸡呢？”

学生1：“应该感谢母鸡。”

学生2：“听鸡妈妈的话，不乱跑，少让母鸡操心。”（感恩意识开始形成）

师：“虽然有妈妈的保护，为什么有的小鸡还是被老鹰抓走了呢？”

学生1：“小鸡跑得不够快。”

学生2：“要想生存光靠妈妈的保护是不够的，还要不断提高自己的能力，跑得快才不会被吃掉。”（自我意识和竞争意识开始形成）

由此可见，活动中包含了丰富的教育元素，只要善于挖掘，同一个活动会使学生在不同的层面和维度受到教育。一方面，在设计的时候要考虑游戏活动的教育元素；另一方面，在活动后善于引导学生在分享感悟和价值澄清的时候挖掘出其中的教育价值。

（二）情感体验原则

情感体验是体验式主题班会中德育的起点。学生在身临其境、角色融入中用自己的心灵去感受、理解知识和道理。班主任在活动的过程中要通过语言提示、表情暗示等方式引导学生充分地参与活动，加深学生的情感体验，并引导学生在分享感悟环节说出自己的真情实感，从而实现价值的澄清，最终实现德育的选择性内化。如果条件允许，可以让每个学生都参与到活动中并分享感受。在当前大多数学校的班额都比较大的情况下，开主题班会时可以把学生分成几个小组，然后让每个小组推荐学生参加体验活动，这样不直接参加活动的学生也能在给本组学生加油助威中而在精神上高度参与了。活动中，班主任可以以问题的形式帮助学生挖掘活动所蕴含的教育价值，让学生结合社会现实和自身的学习和生活来分析判断,形成正确的世界观、人生观和价值观。

班主任在设计活动的时候要对活动的理念进行反思,使其符合科学性原则,这样才会避免出现导向性错误。体验是一个中性词,同一个活动不同认识水平的学生会有完全不同的体验,有的甚至出现价值观的错误。

我们的主题班会教育不可能更不应该脱离现实、逃避现实。在交流辨析过程中,要让学生说出真实的想法,让学生联系现实进行辩论分析,这会促进学生就某个主题进行更深入思考,这实际上就是一个价值澄清的过程,同时学生的自我意识、独立意识、责任意识也得以培养。学生的认知升华的过程就是品德养成的过程。

(三)主体参与原则

体验式主题班会是以学生为主体的班会活动,班主任在设计活动的时候要充分考虑学生的参与程度。在教室内进行的时候要设计学生动作幅度不大的活动,如果活动所需场地比较大可以到室外如操场进行。事实上大部分的心理辅导主题班会是在室外进行的。这样主题班会的主体是学生,班主任只是组织者和参与者,是其中的一员,真正的班会主人是学生。第一,设计的时候要面向全体学生,要考虑到参与度。避免出现一部分学生忙于表演,而其他学生成为游离于班会之外的看客的情况。第二,充分发挥学生的自我教育和同伴教育作用。让学生在经过价值澄清之后认识到自己原有的观念中存在的问题,从而主动进行修正。第三,在学生分享感悟的过程中,鼓励学生和同学展开辩论,在激浊扬清中使真理越辩越清。

比如,在传音接力活动中,学生把卡片上写的话:“蚱蜢是虫,不能说成龙”以耳语的形式逐个传递到教室内竖排的最后一个同学,结果最后一个同学写在纸上的话与原话迥然不同。通过这个游戏许多学生意识到:信息经过在口耳相传的过程中会失真,即使你亲耳听到的也不一定是正确的内容,就像《吕氏春秋·察传》中说的:“故狗似玃,玃似母猴,母猴似人,人之与狗则远矣。”这种以讹传讹得来的信息往往不真实。所以背后不要轻易去议论他人。

三、设计内容

主题班会的教育目标、教育内容本质上是一致的，目标是情感、态度和价值观等方面的要求，而教育内容是为了实现教育目标而选定的资料素材，其中主题班会的主题是教育内容的概括性表述。教育目标是抽象的，教育内容是具体的。

通过观察、调查和研究等方法来发现和寻找德育的主题。观察学生的日常生活和学习，从中分析出存在的问题，通过甄别选择提炼出主题；通过问卷调查、座谈等方式发现学生的真实想法、需求和问题，为了解决发现的问题，可以确定主题进行思想教育活动；科学研究是班主任必备的技能，把日常管理和教学中存在的问题作为课题进行微课题研究是从深层次上确定班会主题的办法。例如，在《中学德育大纲》要求的德育内容的指导下，L高级中学坚持全面育人的理念，把培养“懂礼仪、守纪律、爱学习、有担当的合格高中生”作为我们的育人目标，提出了系列性、阶段性、节日性和时事性四类主题。

第一，系列性主题。为了实现不同学段和年龄阶段的思想教育的连续性和系统性，可以设计不同年级的系列主题班会主题。比如高二年级，可以设计如下的系列主题。

表8–1　高二年级班会系列主题模板

主题系列	时间安排	德育目标	参考题目
开学教育	9月8日	高二，高中的分水岭。高二，重新分班，同学和老师都进行了调整，要使学生尽快调整好情绪和状态，形成稳定的班集体，构建良好的班风和学风	未来，我们一起努力
			释放青春活力，共筑温馨团队
			相逢是首歌
学习方法指导	9月22日	升入高中是一个巨大的挑战，适者生存，优胜劣汰，适应形势，迎接挑战，才有未来	永不言弃的信念
			学习有妙法
			包袱已抛开还需好方法

续表

主题系列	时间安排	德育目标	参考题目
诚信考试教育	10月18日	营造一个公平、公正、积极健康、有序和谐的竞争平台，创建良好的考风、学风、校风，培养同学们自强自律的精神、刻苦学习的作风，塑造高尚的品格，坚决抵制考试作弊的不良风气	勇于竞争，诚信考试
			君子爱分，取之有道
			有你(诚信)更精彩
成绩分析	10月27日	对同学情况分析，表扬优秀生，安抚后进生，鼓励边际生。针对班级问题进行讨论	学习经验交流
			比学赶帮超
打造精品课堂	11月3日	纵观各类课堂教学可以发现，富有生成性的精彩课堂总离不开教师对经典案例素材的巧妙设计。营造思维课堂，打造精品课堂，调动学生的积极性	积极快乐的课堂
			中心发言带动课堂
			面对未来，春暖花开
竞争与合作	11月17日	学习少不了竞争，但竞争同样需要合作；懂得合作即能增强彼此的力量，达到成功；这种合作的真谛，强调双赢的原则	经营我的高中时光
			勇于竞争，善于合作
			竞争与合作辩论赛
情绪管理指导系列	12月1日	让学生初步学会调节情绪，了解情绪产生的原因；有效管理自己的情绪，使自己经常拥有快乐的情绪	积极快乐的情绪调控讲座
			学会宽容，善待他人
			面对未来，春暖花开

续表

主题系列	时间安排	德育目标	参考题目
生命教育系列	12月15日	引导学生增强生命意识。生命于每一个人只有一次，唤醒学生爱护自己的生命，赋予生命更丰富的内涵，并慢慢享受生命的过程	生命，需要你的珍爱
			追求，让生命之花怒放
			请不要在春天采摘秋天的果实
责任教育系列	12月29日	引导学生明白责任是做应该做的事情，责任就是为了自己的明天、为了亲人的寄托、为了国家的强大、为了人类的安宁与幸福而努力去抵制一切不良诱惑，尽力去做最好的自己	我与集体共成长
			对不良网络说不
			环保，我能为你做些什么
读书教育系列	1月12日	引导学生多读健康向上的好书，增强其分辨是非的能力，发挥好书籍对学生树立正确世界观、人生观、价值观的重要导向性作用	“有效课外阅读”讲座
			来自伟人的精神力量——名人传记阅读
			“我阅读我快乐我智慧”演讲比赛

第二，阶段性主题。针对班级不同阶段的特征和学生身心发展的规律设置不同的班会主题。不能随意确定主题，必须和某个阶段的需要结合起来。比如，高一新生入学后的习惯养成教育，高一下学期的学习方法指导；高二上学期的学习技巧巩固，高二下学期的正确对待早恋教育；高三上学期如何应对学习压力提高学习效率教育，高三下学期的升学和专业选择教育；等等。

高一新班级刚刚组建时，同学们来自不同初中、不同地域，彼此陌生又带着新奇感，他们对新的班级和学校充满期待，希望能够尽快融入这个群体。这时班主任可以从“适应新环境”和“养成好习惯”两个方面来设计体验式主题班会的主题。组织了“我们的新家”“赞一下我的同桌”“我们都是班级的主人”等主题班会,这些活动使学生迅速熟悉起来,并产生了集体的归属感和荣誉感。为了培养好的习惯,可以进行“好习惯,好人生”“让标准成为习惯”等主题团队活动。再比如,在每次大型考试之前,学生普遍存在不同程度的考试焦虑,心理压力较大。这时候,开展以“如何正确对待考试”主题班会很好地帮助学生摆正心态,正确应考。高二学生已经比较成熟,自我意识显著增强,他们大都个性张扬,有时候自负,有时候自卑,有时候激情四射有时候又垂头丧气,类似的种种矛盾状态经常同时存在。应该以成长和责任为主题帮助学生面对成长中的问题。高三阶段高考是无法回避的问题,高考的巨大压力往往使学生产生精神上的问题。开展以应试技巧和心理疏导为主题的班会有其现实性。

第三,节日性主题。传统节日是中华文化的重要载体。开展节日性主题班会是学习各个节日中所蕴含的文化的重要方式。中国传统节日有春节、清明节、中秋节、七夕节等。比如,清明节放假绝不是为了让人们休息几天,而是让人们通过追思先人,学习先人的品德,同时也让人感受亲情之珍贵而珍惜身边的人。中秋节又叫“仲秋节”“团圆节”,是汉民族古老而传统的节日。以中秋节为主题开班会主要让学生体验阖家团圆的美好、培养学生热爱家人热爱生活。

第四,时事性主题。这类主题往往是社会的热点问题,有较强的时效性。班主任要善于观察和提炼新闻事件中蕴含的教育因素。比如,有一段时间全社会都在热议“中国梦”,班主任可以设计召开了“中国梦,心动不如行动”的主题班会,通过讨论,让学生认识到,要实现中国梦,必须从我做起,从小事做起。

四、设计方案

主题班会方案是主题班会效果的重要保证,是实施班会的蓝图,体现了班主任的教育能力和教育智慧。从主题的选定到资料的搜集,再到思路的整理,最后形成主题班会方案的过程也是班主任进行教育科学研究的过程。体验式主题班会一般分为以下几个部分。

（一）主题名称

主题名称是主题班会最重要的信息。它体现了主题活动的教育目标、教育内容，是教育内容的高度概括。主题名称要意义深刻，生动活泼。表达的方式还要符合学生的语言表达特点。

（二）活动目标

活动目标是主题班会的出发点和归宿点，它规定了主题班会要达到的教育效果。

（三）活动要素

活动的时间、地点、对象。主题班会一般以班级为单位，在教室、操场和心理活动中心等场所，对象是学生群体。

（四）活动准备

指的是为保证活动顺利开展而做的组织上和场地、器材的前期工作。

（五）活动过程

活动过程部分是主题班会方案的核心部分，详细描述了主题班会的组织实施过程，包括每个阶段的用时安排，确定主持人及其主持词，还有班主任最后的总结提升等。活动过程按照计划进行，同时要随时注意生成性的问题的出现，特别是户外进行的团体心理辅导和拓展活动，要随时监控，预防可能出现的风险。

（六）总结和反思

反思是很好的发展方式，主题班会活动开展之后，对活动的反思、总结是我们应该完成的一项基本程序。通过反思，可以使活动的教育效果得以加强，从而使以后的活动得以优化，活动的拓展也可以使教育得以延续和深化。

第三节　体验式主题班会组织与实施

一、组织实施过程

组织实施是指在选定主题，撰写好活动方案之后，在班主任的指导与参与下，班级全体成员共同实施计划的过程。第一，要合理分配安排时间；第二，要选好主持人；第三，要计划好参加主题班的人员，是否有其他老师、学生家长参加；第四，要准备好场地和多媒体等设施。

（一）主题导入

导入是体验式主题班会的第一个环节，好的导入设计在班会一开始的时候就深深地吸引学生。学生不喜欢说教，最好不要把说教作为导入形式。主题班会的导入形式要符合以下几点要求。第一，简洁。一节班会课才45分钟，如果导入过于冗长，就会头重脚轻，必须开门见山，开宗明义。第二，生动。要把导入设计得新颖、有趣，可以利用图片、视频等方式增强其生动性。第三，启发性。好的导入在引起学生兴趣的同时还能引起学生的思考。对于抽象思维能力较强的高中生来说尤其重要。

开头部分要引人入胜，主题导入的方式有很多，比如，故事导入，通过讲故事的形式，引入主题；视频、图片导入，这是常见的形式，它的显著优点是其直观性；小游戏导入，通过一个紧扣主题的游戏导入班会课。所有的导入，都要注意导入主题的素材必须和班会主题相一致。比如，在“习惯的力量”主题班会上，用“叉手”小游戏导入：“请大家注意，请按照要求做动作，请大家自然地双手交叉握在一起，连续做三次，最后一次保持交叉状态，请大家看看自己的左手大拇指在上还是右手的大拇指在上？再叉手几次看看，每次的动作都一个样吗？这说明了什么？”通过这个活动，同学们认识到“习惯”这个概念。认识到习惯是人的行为倾向，是稳定的自动化的行为。习惯有着强大的惯性作用，很难改掉习惯。所以我们要尽可能地养成好习惯，改正坏习惯。

(二)实施阶段

这是主题班会核心的部分。通过有效组织活动,创设体验的情境,经过讨论和分享感悟使学生深刻学习、体会教育内容。笔者学校的教育实践中,曾经尝试过体验型、讨论型、表演型、叙事型等各种活动形式,虽说各有长处,但体验式主题班会的效果最为明显。[①]问卷调查中学生回答“你认为哪种主题班会形式好? A.活动体验式;B.班主任主讲式;C.自由讨论式”时,65.2%的学生选A,27.6%的学生选B,18.5%的学生选C。可见,大部分学生喜欢活动体验式主题班会。事实上,教学实践中我们常常采用以体验型为基础的综合型活动。

第一,主持人的确定。以前主题班会大都由班主任主讲,慢慢地变成了“一言堂”。现在大多数班主任都把班会的主人交给了学生,这充分发挥了学生的主体作用,但也存在问题。比如,学生的主持成为完全预设的表演,使学生有“演戏”的感觉,在这种认识的前提下,大部分同学沦为旁观者是无法进行真正的体验活动的。班主任和学生共同主持是目前较为科学的方法。班主任来引领和掌控班会的开展,指导学生开展活动。

不管谁来主持,班主任都不能游离于班会课堂,要适时调控主题班会的进程和时间分配。在活动进行过程中,如果大家兴趣浓厚,积极参加讨论,这种情况下可以延长讨论时间,缩短其他环节的时间,或者把剩下的内容放到下一节主题班会来进行。

第二,情境的设置。体验需要在一定的活动情境中进行,使学生多种感官和思维深度参与进来。情境的创设必须具有真实性和典型性,能触发学生的思考,这样才能让学生在仿真的环境中感觉到身临其境,触发更深的情感体验,得到理性感悟,达到知情意行的和谐发展。

一方面,要根据教育目标和教育内容选择事例。教育内容要分解细化,所选择的主题班会小活动要与具体的教育内容相一致。因为体验式主题班会的时间有限,要避免好几个活动来体现一个内容。另一方面,要符合学生的年龄段特征和生活经历和生活环境。这样实实在在身边的和当前的社会热点的生动、典型的活动才能震撼学生,产生体验。如

①郑学志.高中主题班会设计技巧与优秀案例[M].北京:中国轻工业出版社,2012:231-234.

主题班会“捡垃圾不是小事”中可以进行如下几个小活动：一是表演小情景剧，一个宿舍因为不讲卫生，垃圾遍地，宿舍里的学生得了痢疾，影响了学习和生活，时间过后同学们认识到了卫生的重要性。二是带领学生到校园和餐厅实地查看学校的卫生状况，从而对学校的卫生现状有了更真切的认识。通过分享感受，使学生产生了要从自身做起不乱扔垃圾，保持良好卫生习惯的认识。

第三，体验式主题班会要采取多种形式创设情境，充分利用图片、视频、音乐等方式来增强直观性。采用小游戏、小故事、小品、情景剧、户外团体心理辅导等方式来增强效果。

（三）总结提升

班主任和学生在班会结束时总结活动感受，深化、提升主题。这是必不可少的一个步骤。我们常看到这样的情况，班会开始后，班主任就退到了幕后，直到班会结束时候，才简单地说“大家的表现很优秀，我们的班会很成功”等。这样总结教育价值和意义不大。活动结束时，班主任全面总结，结合学生的体验感悟，重新回扣主题，使教育目标得以真正实现。由于不同学生有不同的认知能力和价值观，同一个活动会有大相径庭的感想，有的甚至是错误的观点。这种情况下，班主任在总结发言的时候，必须表明正确的世界观、人生观和价值观。同时，帮学生分析，使其认识到失之偏颇的观点看法。另外，班主任的总结要真情实感，如果班主任游离于主题班会之外，不参加学生的活动，不和学生交流感悟，他的总结发言是很难打动学生的。比如，感恩主题班会中，学生被孝子的故事感动得热泪盈眶的时候班主任却无动于衷，那么学生会以为老师只是教育别人，甚至认为老师很无情。这种情况下，无论班主任总结得多么精彩，都没有教育效果了。道德濡化道德，情感感染情感。班主任的真情流露会进一步感染学生。比如，在一个主题班会上，班主任在总结发言中和学生谈自己的辛酸童年和艰苦的奋斗史：少年时母亲去世，父亲在有残疾的情况下，坚持劳作供养孩子上学，就在自己大学毕业，有了经济能力想让父亲过好日子的时候，父亲却因劳累过度去世。对父亲深深的愧疚一直在他心底。老师深情地说：“树欲静而风不止，子欲养而亲不待。孝敬父母不能等到成功的时候，要从小事开始，回报父母。”老师的真情投入让学生热泪盈眶。师生感情也进一步加深。

二、组织实施效果

(一)寓教于情,以情感其情

体验式主题班会开展过程中,我们注意结合学生青春期特点,选取学生身边的情景事例再现,结合高中生的思想水平,创造开放式表达情景,让学生各抒已见,互相交流逐渐形成正确的看法,取得了理想的效果。

比如,为了让学生了解如何面对压力,化压力为动力,保持积极乐观的生活和学习态度。可以开展题为"压力减减减"的主题班会。班会可以采用情景剧的形式,情景剧表现以A(剧中人)在考试前两周、考前半小时、考试中和考试不及格后所承受的种种压力来展开,看过之后,学生B说:"从A身上我看到了自己的影子,虽然压力没有这么大,也经常感到很痛苦。我可不能像A那样,那样父母会很难受。"C说:"看了表演我懂得了人活着就会有压力,关键是想办法解决问题,化压力为动力,对自己要有信心,相信天道酬勤。"

还有一个例子,学生Z上初中的时候就迷上了网络游戏,沉迷其中不能自拔,成绩下降严重。高中入校后,仍然难以戒除网瘾多次偷偷外出上网。班主任老师为此多次进行思想教育,效果不明显。为了帮助沉迷网络的学生,班主任组织了"别让网络毁掉人生"主题班会。班会上让学生们观看了电影《网络妈妈》,电影中网络给青少年和家庭带来的危害让Z同学非常震撼。然后班主任又给学生播放了事先录制的部分有上网习惯的孩子的父母的视频,视频中父母情真意切甚至声泪俱下地要求孩子远离网吧,好好学习。看着视频同学们感动得流下了眼泪。在观后感中Z同学写道:"看电影的时候,感到非常恨自己,电影里那个坏孩子做的事我都做过,这么多年我的学习、我的生活都让网络游戏给毁了。看到爸爸妈妈为我操心,感觉自己真不是东西,可是我学习早就落下了,不愿学习,也没别的爱好,到时候控制不住自己的网瘾。"针对Z同学存在的问题班主任采取了相应的措施来帮助他。第一,让同学在学习上帮助Z同学,老师也在课堂上给予更多的关注,有点进步就表扬,逐步培养Z同学对学习的信心和兴趣。第二,鼓励Z同学参加健康向上的团体活动,比如打篮球、跳街舞等，用健康的兴趣来替代坏习惯。现在的Z同学已经变成了爱学习、积极向上的学生。

（二）寓教于人，人心度人心

注意结合不同学生的个体差异，因材施教，设置体验情景；针对学生思想品德方面存在的突出问题，采用多种班会设计形式，触动学生心灵，使学生在体验中形成正确的世界观、人生观和价值观。

以主题班会“换位思考”为例，说明体验式主题班会的实施效果。

班会目的：让同学们了解矛盾存在的普遍性，知道换位思考的重要性，帮助他们从实际出发去感受父母、老师的辛苦，从而能彼此沟通、互相理解。

班会形式：①情景剧表演、讨论、自由发言等。②本次班会中，班主任为主导，学生参与为主体，在每个环节后，有同学或班主任进行点评，并给出温馨提示。

班会准备：第一，教师准备。包括：制作班会总体流程；搜寻“换位思考”的典型故事；制作PPT幻灯片；播放主题曲《如果我们换一换》。第二，学生准备。四名学生准备情景剧《我们小组不欢迎你》（一反：情景再现；一正：虚拟情景）；四名学生准备情景剧《“主副”课堂》；两名学生准备情景剧《我和爸爸换个位》。

班会流程如下。

第一，班会基本情况。

时间：高二下学期

地点：教室

主持人：班长、学习委员

参与者：班级全体同学、心理学老师、班主任

第二，班会程序。一是班长总结我班争做“优秀班集体”“先进团支部”取得的成绩和不足，并严肃批评发生在上一周的小组调整风波；二是表演情景剧《我们小组不欢迎你》（真实情景再现）；三是分小组召开分会议讨论矛盾发生的根源（引出话题：换位思考）；四是将《我们小组不欢迎你》变为《我们小组欢迎你》进行情景虚拟，主持人给出温馨提示；五是分小组召开会议列举生活中的一些矛盾冲突，并通过换位思考进行解决；

六是展示典型案例《"主副"课堂》《我和爸爸换个位》；七是针对两个案例自由发言；八是心理学老师讲解ABC理论（从心理学的角度理解换位思考，专业知识资料由心理学老师准备）；九是总结换位思考的重要性；十是播放歌曲《如果我们换一换》，结束本次班会

第三，主持人总结：换位思考可以带给我们哪些好处。

换位思考可以让我们解决矛盾，减少摩擦，消除隔阂；换位思考可以让我们心情愉快，关系和谐；换位思考可以让我们的学习有所进步；换位思考可以让世界充满理解，充满爱！

换位思考就好比一面镜子，同学们往往可以在这面镜子中清楚地照出自己的错误；换位思考可以让同学们超越狭隘心灵的束缚，真正做到超越"自我"；换位思考可以让自己在宽容别人的时候也给予自己一片"清凉"。"换位思考"就是人类社会得以存在和发展的重要法则。

主持人：今天的班会，我们不讲什么大道理，只是实实在在的事例和真真切切的感受，真心希望同学们能学会换位思考，理解你周围的人，从而建立一个和谐的环境。最后让我们在一首美妙的旋律中结束我们的班会。（播放视频）

在设计想法的时候，班主任力求让学生们理解换位思考的含义，即放到对方的位置，站在对方的角度来考虑问题。换一个角度看问题，往往带来另一种分析结果，甚至改变自己的思维和判断，让自己的生活充满活力和阳光。

对高中生进行换位思考的教育，帮助其建立一个健康乐观的心态，既能有利于建立良好的人际关系，又能增强解决实际问题的能力，有利于个人的发展和社会的和谐。比如上述案例，班级正在推行争优创先、争做先进团支部活动。为建设一个文明和谐的班集体，必须先让学生学会沟通和相互理解。本节班会，就是为解决两个同学之间发生的冲突事件开始的。通过情景剧《我们小组不欢迎你》（是学生刚刚发生矛盾的情景再现）和虚拟情景剧《我们小组欢迎你》让学生通过对比体会到，当站在另一个角度看问题的时候，很多事情可以理解，很多矛盾可以避免。

然后再通过情景剧《"主副"课堂》和《我和爸爸换个位》来进行换位思考，理解与学生接触最多的人：老师和父母。课堂总结是主题班会的点睛之笔，班主任尽可能用简练的语言概括出换位思考的重要性和对自

己对社会的好处。

为了增强班会效果，班会结束后可以进行后续安排。第一，请同学们用换位思考的方式，将自己平时不开心的事情换一个角度分析一下，可以写在日记上自己保存，也可以和老师一起分享，一起探讨。第二，观看相关节目，让“换位”升级，从另一个世界感悟生命，走向成熟。

本次班会课比较成功的地方是形式比较多样，学生参与度较高，从实际出发，学生对话题比较感兴趣，而且其中也夹杂着某些心理辅导课的特征，各环节层层深入，环环相扣。

进行主题班会教学要与时俱进，以素质教育、新课程理念为指导并结合学校的教育教学实际进行。要以学生为主体，在班主任的指导下开展德育活动。体验式教学法通过创设一定的情境引起学生的积极的、主动的情感体验，从而激发学生的学习动机。民主、轻松、愉快的氛围更容易激发大脑的活力，从而大大提高知识的认知和理解。

体验式主题班会既是活动也是课程。它的活动教育原则、情感体验原则、主体参与原则和认知升华原则规定了它设计和组织实施的基本要求。情感体验是其显著特点，感悟分享、价值澄清之后的道德践行才是最终实现“知情意行”相统一的真正目标。在这个价值多元化的社会，教育者要关注社会的发展方向，和学生“三观”的变化。学生作为学生思想教育主要方式的主题班会也要与时俱进，不断提高其教育的科学性和实效性，认真研究包括体验式主题班会在内的各种主题班会开展形式，促进学生的全面发展。

参考文献

一、专著

[1]王红予.班主任管理策略[M].成都:电子科技大学出版社,2017:23-24.

[2]常华锋.中学班主任工作艺术[M].北京:首都师范大学出版社,2012:45-46.

[3]秦启文.公共关系心理学[M].上海:华东师范大学出版社,2002:228.

[4]郑小兰.改变一生的60个心理学效应[M].北京:中国青年出版社,2009:15.

[5]杜克.班级管理[M].北京:科学出版社,2005:55.

[6]郑永廷.思想政治教育方法论[M].北京:高等教育出版社,2010:147.

[7]苏霍姆林斯基.给教师的建议[M].武汉:长江文艺出版社,2014:228.

[8]劳凯声.教育法学[M].沈阳:辽宁大学出版社,2000:128.

[9]李宁.高中班级管理的实践探索[M].青岛:中国海洋大学出版社,2019:47-48.

[10]郭春飞.主题班会教研故事[M].上海:同济大学出版社,2017:7-8.

[11]陶行知.陶行知全集(第二卷)[M].长沙:湖南教育出版社,1985:289-290.

[12]郑学志.高中主题班会设计技巧与优秀案例[M].北京:中国轻工业出版社,2012:231-234.

二、期刊

[1]李红育.以己度人换位思考——浅谈教学中教师的心理换位[J].中学语文,2017(03):119.

[2]李玉红,张世雷.谈教育激励理论在初中班级管理中的应用[J].新校园(中旬),2016(09):178-179.

[3]邢金萍.教师职业倦怠的背后——教师职业倦怠相关因素的调查与研究[J].河南大学学报(社会科学版),2006(01):160.

[4]杨静.新课程背景下高中阶段班级活动的实施与策略[J].基础教育论坛,2022(32):38-39.

[5]张俊华.浅谈当代社会舆论对教师职业倦怠的影响[J].科技资讯,2011(34):228.

[6]章劲元,雷光辉,张伟楠,陈建文.中小学教师工作压力对其职业倦怠影响的建模研究[J].西部素质教育,2022,8(23):116-117.

[7]胡振京,杨春芳.学校管理改进亟待提升治校理念[J].天津市教科院学报,

2018(05):13.

[8]丁钢,李梅.中国高等师范院校师范生培养状况调查与政策分析报告[J].教育研究,2014(11):95.

[9]张金红.班会对于班级管理的促进作用[J].科学大众(科学教育),2016(4):99.

[10]杨忠芳.充分发挥班会作用,破解班级管理难题[J].文学教育(下),2019(05):168-169.

[11]陈乔珍.德育教学在高中班主任班级管理中的应用措施[J].教学管理与教育研究,2022,7(23):126-127.

[12]吴启霞.德育一体化视域下高中主题班会序列化设计与实践路径的探究[J].新智慧,2022(27):54-55.

[13]林小棉.体验式教学法在《职业规划与就业指导》课程中的实践[J].广东轻工职业技术学院学报,2013(02):13-14.

[14]何锦鹏.体验式主题班会课的设计与实践[J].中学课程辅导,2022(06):97-98.

三、学位论文

[1]万红霞.论中学班级民主管理及其路径[D].武汉:华中师范大学,2014:9-10.

[2]王牧云.新时代高中班主任班级管理创新研究[D].呼和浩特:内蒙古民族大学,2019:23.

[3]陈丹.初中青年班主任角色转换问题的研究——以上海市田林康健学块为例[D].上海:上海师范大学,2011:11-12.

[4]闻待.论高中教育的多样化发展[D].上海:华东师范大学,2010:21-22.

[5]原黎黎.新媒体背景下大学生理想信念教育有效路径研究[D].石家庄:河北师范大学,2017:24-25.

[6]谢雨诺.当代中国实现人的全面发展的路径研究[D].吉林:东北电力大学,2018:20-21.

[7]李晗.高中主题班会设计现状与优化策略[D].武汉:华中师范大学,2018:17-19.

[8]陈玩勤.网络环境下高中主题班会活动的实施现状及优化策略研究[D].深圳:深圳大学,2018:60-61.